Romance Andaluz

Edison Carneiro
pelo Espírito Laura

Romance Andaluz

Aliança

2ª edição, Fevereiro/2017, do 1º ao 2º milheiro.

Título
Romance Andaluz

Autor
Edison Carneiro / Laura

Revisora
Sônia Cervantes

Diagramação
Jayres Gomes

Capa
Equipe Editorial

Impressão
Mundial Grafica Ltda

Ficha Catalográfica

Dados Internacionais de Catalogação na Publicação (CIP)
(Câmara Brasileira do Livro, SP, Brasil)

Laura (Espírito).
Romance Andaluz / pelo Espírito Laura;
[psicofragado por] Edison Carneiro.
-- São Paulo : Editora Aliança, 2017.

ISBN 978-85-8364-051-6

1.Espiritismo 2. Psicografia 3.Romance espírita
I. Eugenio, Adriana de Souza L. II. Título.

16-07681 CDD-133.9

Índice para catálogo sistemático

1. Romance espírita psicografado: Espiritismo 133.9

Editora Aliança
Rua Major Diogo, 511 - Bela Vista - São Paulo - SP
CEP 01324-001 | Tel.:(11) 2105-2600
www.editoraalianca.com.br | editora@editoraalianca.com.br

Sumário

Autoria

Ao grande anônimo, o bom Deus, criador onipotente de todos nós e fonte última de todo bem e de todo amor, a nossa gratidão.

Frequentando o "Lar de Maria e Jeremias", pequena instituição espírita, situada na Zona Norte de São Paulo, passei a ver, mentalmente, cenas durante as reuniões, de forma não muito nítida, mas que ia anotando resumidamente, para em casa desenvolvê-las em texto, redigindo os capítulos.

Nas cenas que via, não me era possível distinguir os nomes dos personagens, razão por que são fictícios, imaginados por mim.

Algumas cenas marcantes, permitiram situar o romance no tempo e no espaço, porém os detalhes de ambientação histórica e geográfica foram formulados por mim, com base em enciclopédias e navegação na internet, pois nunca estive na Espanha ou na Argentina.

A certa altura do romance me veio à mente que quem me assistia na elaboração dos textos era a personagem que nomeei como Laura, e a quem atribuo a autoria espiritual da história.

Senti muitas emoções assistindo e descrevendo as cenas. Frequentemente, as lágrimas corriam pelo meu rosto, o que atribuo ao envolvimento mediúnico e a ter tido alguma participação na história em alguma encarnação passada.

Ao concluir o romance, tive a sensação, aliás muito comum nesse tipo de trabalho: o texto que eu produzira era bem inferior ao original; ao transportar a história do plano espiritual para o terrestre, perdi trechos importantes, não transmiti seu forte colorido por incapacidade mediúnica, de expressão escrita e mesmo conceitual; todavia, era melhor entregar o texto ao destinatário, com imperfeições, do que sonegá-lo com a desculpa de que não estava completo.

Se pelo menos algumas ideias expressas no livro forem úteis, proporcionando material para reflexões e um entretenimento sadio, dou-me por recompensado.

Edison Carneiro
São Paulo, dezembro de 2002.

Prefácio

A narrativa que você vai ler é a história de uma família como tantas outras, mas única, pois cada família tem uma história exclusiva.

Alguns lugares-comuns: "a família é a base da sociedade", "a família é a célula da sociedade", "a criminalidade em geral e a toxicomania em particular são resultados da desestruturação familiar" etc.; "lugares-comuns" esses que são a expressão da verdade.

Cabe, ainda, a pergunta: quais os componentes do vínculo familiar? Como torná-lo sólido e estável?

Há muitas receitas e a qual esta história propõe pode ser resumida na palavra "fidelidade".

A fidelidade quando dirigida à família, muita vez é, num primeiro momento, circunscrita à fidelidade conjugal, e, em seguida, mais reduzida ainda ao significado "ausência de adultério"– visão acanhada e simplista.

A fidelidade é a base de todos os vínculos familiares: conjugal, paternal, materno-fraternal; ela abrange não somente a ética no relacionamento sexual, mas engloba ainda a sinceridade, o devotamento, a responsabilidade.

A fidelidade produz a confiança e para que essa confiança seja plena, há a necessidade de demonstrá-la sempre, continuadamente, nos atos mais simples: um deslize não solucionado a põe por terra; um único cheque sem fundo, não explicado, nos abala o crédito; uma única mentira que pregamos no nosso filho; um simples ato desonesto em relação ao nosso irmão; pequenina calúnia que propalamos a respeito do nosso pai e a confiança cai por terra: foi demonstrada a infidelidade.

Não somos perfeitos, cometemos deslizes, mas podemos corrigi-los. Da mesma forma que podemos nos dirigir ao credor, compor e quitar nossos débitos, reavendo o crédito, assim também teremos que fazer com os familiares, não deixando "débitos" em aberto; proceder a reconciliações, angariar créditos com atos de devotamento, ter transparência nos relacionamentos, ressarcir prejuízos devem ser procedimentos diários na vida familiar.

A fidelidade deverá nascer no nosso amor, crescer no nosso pensamento, florescer em nossas palavras e, principalmente, frutificar em nossos comportamentos e atos concretos.

Assim fazendo, a família será constituída, ampliada, mantida, e as afeições superarão tudo, inclusive a morte. Um exemplo disso é a história de uma família que nos contaram, e que recontamos a você.

1ª Parte

A constituição da família

Em que é apresentada a maioria dos principais personagens e cenários, e também em que alguns, aparentemente, saem de cena.

1

Avozinho, com quem sonhas?

Sentado na cadeira de balanço, barba e bigodes brancos, o velho patriarca espanhol adormecera.

Vestido sóbria e elegantemente, sua figura espalhava, na sala grande, um clima de simpatia. Embora engessada parcialmente pelos preconceitos da época, sua mente, apoiada num coração bom, possuía uma razoável faixa de liberdade.

As botas luzidias traziam um pouco de terra da extensa propriedade rural, na qual estivera há pouco. Aquela terra, solo de Andaluzia[1], onde seu pai nasceu, onde ele cresceu e viu chegar ao mundo seus filhos e netos, era o seu grande tesouro.

Como seu coração se enternecia ao pisar naquele chão; aquela terra parecia impregnar sua carne e seu sangue.

Embora mantivesse distância de seus empregados e agregados, no geral, queria-os bem e via aqueles homens, mulheres e crianças como uma extensão de sua família. Quando alguém ia embora, fosse pela morte, no triste cortejo fúnebre até o pequeno cemitério da aldeia próxima, ou vivo e alegre em busca de novas oportunidades nas colônias americanas, uma sombra de tristeza se apossava dele, e o velho sentia como se tivesse sofrido uma amputação.

*

Mas, agora, dormia profunda e calmamente e, avô, sonhava com o neto Diego.

---

[1] **Andaluzia**, região da Espanha.

Diego, filho único de sua filha Mercedes, era um moço bonito de 20 anos, cabelos negros e encaracolados, personalidade forte, objetivo, com uma relativa pureza moral. Relativa, porque ao lado de algumas virtudes louváveis como o amor à verdade e à honestidade, havia uma natureza apaixonada, ardente, que o levava, por vezes, a desequilíbrios e excessos.

Assim, naquela primavera florida e perfumada, no alvorecer do século XIX, o velho Dom Afonso Rodrigues no seu sonho via Diego gerindo a propriedade, amando a terra, e, como ele, tendo filhos e netos naquele canto da Espanha, perpetuando-lhe o nome através da descendência.

Enquanto o avô dormia placidamente na sua poltrona, Diego cavalgava pela grande propriedade, acompanhando os diversos trabalhos da fazenda, cuja atividade principal era a criação de cavalos da raça Andaluz.

Embora de olhos abertos e atentos, Diego também sonhava. Na sua mente desenhava-se uma figura de mulher, cabelos negros, tez clara, olhos azuis, mais para alta do que para baixa, corpo bem desenhado, porte elegante. Maria era o seu nome.

Maria era objetivamente mulher. Há homens e mulheres em que a condição de homem ou mulher não são as que mais se destacam. A condição profissional, o talento para uma determinada arte, o apreço por uma posição ou uma pessoa, o cargo, a família etc. são o que mais os identificam.

Explicitando: definindo uma dada pessoa poderíamos afirmar: João é marceneiro; Paulo é pintor; Márcia é irmã de Helena; Joaquim é político...

Conhecendo, porém, Maria, a primeira ideia que nos vinha era: “eis uma mulher”. As outras dimensões daquele Espírito pareciam apagadas diante dessa primeira medida.

Não que Maria fosse um poço de sensualidade, mesmo porque a condição feminina abriga valores muito mais amplos que a simples sensualidade: o sentimento maternal, o gosto pelas coisas do lar, a proteção ao homem, uma sensibilidade arguta para os jogos e nuanças da emoção, uma certa delicadeza, uma forte receptividade abrindo as portas do ser e, finalmente, a sensualidade feminina que, sem dúvida, tem papel importante no fato de ser mulher.

Essa pequena digressão sobre a mulher descreve a personalidade de Maria.

*

No verão, na estiagem prolongada, o capim seca por largas extensões e qualquer faísca pode gerar um incêndio de grandes proporções.

Diego, no seu verão, era um enorme campo ressequido, ansiando realizar-se como homem. Maria não era uma faísca, era uma tocha grande e viva, movendo-se rapidamente, visível a quilômetros de distância, ardendo na grande noite dos olhos negros de Diego.

Andaluzia

*A **Andaluzia** situa-se ao sul da Espanha, é composta de oito províncias; ao norte a serra Morena com suas minerações, ao sul o rio Guadalquivir; é banhada pelo oceano Atlântico e pelo mar Mediterrâneo; o clima é quente e seco, no verão chega a 36ºC; o nome advém dos cavalos da raça andaluz nativos da região.*

A história de Andaluzia se perde na noite dos tempos: ao longo dos séculos foi passando de mão em mão, o que a tornou uma mescla infindável de costumes, religiões, artes, formas de vida etc. Fenícios, cartagineses e romanos a dominaram; converteu-se ao cristianismo em 250/300. Depois sucederam-se bárbaros e o domínio árabe, onde teve seu momento de esplendor: muçulmanos, cristãos e judeus convivem solidariamente, apoiados num mesmo fundo cultural comum. Reconquistada pelos católicos, iniciou-se um longo período de obscuridade: proíbe-se o idioma, a liberdade religiosa e os costumes tradicionais; a inquisição assassinou e sequestrou os bens de inúmeros andaluzes e a partir do século XIV teve numeroso aporte de ciganos. No século XIX foi invadida pelos franceses, que assumiram o trono espanhol.

O cavalo Andaluz

O ***cavalo Andaluz*** *é a raça de cavalos mais antiga que se conhece. A sua presença na península Ibérica (Portugal e Espanha) é confirmada há mais de 25.000 anos através de pinturas rupestres encontradas em cavernas.*

O seu nome é correlacionado à sua velocidade. Provavelmente foi dessa raça de cavalos (Andaluz) que se originou o nome da região – Andaluzia.

No final da idade da pedra (4 a 5 mil anos a.C.) já era usado como cavalo guerreiro, em virtude de sua agilidade, docilidade, resistência e excepcional capacidade de aprendizado, vocação que manteve até o início do século XX, o que comprovam alguns sítios arqueológicos no norte da Espanha.

Os mecanismos da evolução, ao longo dos séculos, geraram na península Ibérica, rústica, montanhosa, com pastagens desfavoráveis e escassas, um cavalo forte, ágil, capaz de lutar por sua sobrevivência nas situações mais difíceis. Nos séculos XVII a XIX foi muito usado pela realeza e nobreza europeias em virtude de sua grande beleza e facilidade de adestramento.

A raça Andaluz é chamada de puro-sangue lusitano, quando de origem portuguesa; puro-sangue espanhol, quando espanhola.

O Andaluz é tido como um dos cavalos de preço mais elevado do mercado.

2

O incêndio

O céu cobria-se de nuvens na tarde primaveril e fiapos de azul tornavam-se raros.

Diego esporeava o belo cavalo Andaluz que, assim como o dono, estava nervoso.

Curiosamente, o clima interior de Diego refletia o exterior. Por dentro e por fora daquela alma, contrastes, paradoxos.

Flores coloridas e leves, céu pesado e cinzento: ideais unidos a uma paixão carnal e intensa.

Perfumes e trovões: sentimentos nobres ao lado de um imediatismo grosseiro.

Lamentavelmente, Diego não tinha o hábito da prece. Aceitava Deus, mas o seu Deus era distante e encapsulado numa montanha de ritos, preconceitos e contradições.

Naquela tarde, se um vidente o olhasse, divisaria em torno de sua cabeça três rostos sombrios[2]. Dois deles mergulhados em seus próprios dramas e o terceiro estampando um riso escarninho, incansavelmente repetido, que mais se assemelhava a um cacoete.

*

O jovem aproximou-se da casa de Maria, ou, mais precisamente, da casa do encarregado da fazenda.

---

[2] Os Espíritos influenciam nossa vida: os bons para o bem, os maus para o mal; essa influência geralmente não é percebida por nós.

Antônio, pai de Maria, viúvo há vários anos, possuía sangue nobre. Filho bastardo de um barão, reconhecido pelo pai, mas alijado da herança, encontrou refúgio na propriedade de Dom Afonso, de quem era aparentado.

Maria era filha única. Havia recebido educação esmerada e era a grande motivação de vida do pai.

Após os cumprimentos normais, Diego pediu para falar em particular com Antônio.

Expôs-lhe com objetividade suas intenções com relação a Maria:

— Antônio, quero casar-me com sua filha e preciso saber sua posição, antes de comunicar a minha decisão ao meu avô.

Antônio ouviu surpreso a proposta de Diego. Cauteloso, considerou mentalmente que deveria agir com prudência; não queria desagradar ao avô nem ao neto e supunha que o avô não simpatizaria com a ideia. Havia ainda Maria, que, embora de temperamento ameno e trato fácil, era, muitas vezes, irredutível nas suas decisões.

Antônio sentiu-se espremido, sabendo que um passo em falso poderia custar-lhe o emprego e jogá-lo num mar tempestuoso de incertezas e dificuldades.

Todos esses raciocínios aconteceram em poucos e lentos segundos. Resolveu postergar para ganhar tempo.

— Senhor, a sua intenção muito me honra, mas para poder responder-lhe de forma definitiva, tenho de consultar Maria. Preciso agir com cautela, pois dada a minha palavra, a minha dignidade não me permitirá voltar atrás.

— Chame-a então, Antônio. Ela está a poucos passos daqui, do outro lado da porta.

Mais encurralado ainda, Antônio começou a sentir um frio estranho que gelava as suas entranhas, tentou argumentar, mas a voz ligeiramente trêmula o enfraquecia.

— Mas, senhor Diego, este é um assunto que gostaria de conduzir com mais vagar, com mais calma...

— Antônio, estamos calmos, afinal, é uma simples pergunta.

— Talvez ela queira tempo para refletir...

— Não quero ser indelicado, mas ouçamos isso da sua própria boca.

— Senhor, eu não posso...

— Por que não? Vamos, chame-a.

Antônio cedeu. Seu raciocínio não estava mais lúcido, suas emoções estavam descontroladas.

Maria entrou.

Os olhos de Diego brilharam.

Antônio, sério, procurava ocultar sua contrariedade.

Diego foi direto ao ponto:

— Maria, quero casar-me com você. Aceita?

Maria era sensível e perspicaz, sabia dos motivos das visitas frequentes de Diego, seus olhares quando se cruzavam mostravam claramente o que se passava, tanto que respondeu sem pestanejar:

— Sim, aceito.

Um calor subia por todo o corpo de Diego e de Maria, enquanto um frio descia pela coluna de Antônio.

— Falarei com meu avô e marcaremos as bodas para daqui a três meses. Nesse período peço-lhe permissão para fazer a corte à sua filha. Boa tarde.

Beijou levemente o rosto de Maria e saiu.

3

O sangue é ruim

Impetuoso e irrefletido, saindo da casa de Antônio, Diego galopou até a mansão da fazenda.

A chuva já se derramava sobre a propriedade empapando a terra. Alguns relâmpagos esparsos cruzavam o céu.

O cavalo galopava solto, a chuva batia-lhe na face, as nuvens desfazendo-se em água tornavam-se mais transparentes e uma luz difusa iluminava a tarde; isso tudo dava a Diego uma sensação de liberdade.

Sua mente agora focalizava o avô, que sempre lhe fora uma fonte de carinho e compreensão. Parecia-lhe lógico, coerente, que o avô compreendesse de pronto seu amor e lhe desse todo apoio na realização de seu sonho conjugal. Embora com essa certeza, algo o incomodava; leve angústia oprimia-lhe o peito, furtando-lhe um pouco da enorme liberdade e autoafirmação que o envolvia.

Chegando à sede da propriedade entregou o animal a um cavalariço.

Entrou resoluto à procura do avô. A roupa encharcada ia fazendo um rastro molhado no chão; ao tirar o chapéu, nas saudações de praxe, uma pequena poça d'água formou-se sobre o tapete.

O avô brincou com sua aparência:

— Meu neto, você traz a chuva para dentro de casa?

— A chuva é boa, vovô, fortalece a terra. Trouxe um pouco dela na roupa e nos cabelos para que o senhor lhe sinta o cheiro e seja estimulado em face das futuras colheitas; toda planta deve dar o seu fruto na estação apropriada.

— Que belo discurso, meu neto, e você, tronco do meu tronco, quando virá a dar seus frutos?

— Breve, vovô, breve. E a propósito, esse será o tema de nossa conversa. Peço a sua bênção para casar-me com Maria, filha de Antônio. Ela é uma boa e bela mulher que lhe dará bons e belos bisnetos.

Dom Afonso foi pego de surpresa. Sentiu-se como um peixe sendo fisgado. Silenciou, procurou controlar suas emoções. Amava o neto e não queria feri-lo; qualquer sofrimento daquele moço repercutia duplicado no seu próprio coração, mas não podia permitir que o neto fizesse uma tolice.

— Diego, sente-se aqui perto e deixe-me segurar a sua mão.

Diego percebeu a reação de Dom Afonso e dirigiu-se lentamente em direção ao avô.

— Desaprovas, vovô?

— Meu neto, eu o amo e desejo o melhor para você, e Maria não é a melhor escolha. Eu abriguei Antônio e procuro tratá-lo bem; não posso esquecer, entretanto, que ele é um bastardo; esse é um problema insolúvel. Há um segundo empecilho igualmente insolúvel: Maria, mesmo tendo pouco, tem o seu sangue e casamento entre consanguíneos pode trazer descendentes degenerados. Tudo nela é bom exceto o sangue, e o sangue é a base na constituição da família. Lidando tanto com animais, no aperfeiçoamento de nossos cavalos, você entenderá com clareza o meu ponto de vista: para termos uma cria de alto valor há dois pré-requisitos – é preciso que o reprodutor e a égua tenham excelente ascendência atestada num *pedigree*; que não possuam a mesma parcela de sangue. Maria tem ancestrais incertos e um oitavo do seu sangue.

O Espírito que ria continuamente assoprou no ouvido de Diego:

— Maldito preconceito!

Intempestivo como era, Diego cerrou os dentes para não repetir a expressão e tirou a mão de entre as do avô e o velho sentiu, como uma punhalada, a repentina quebra do clima afetivo que os unia. Abatido pelo golpe decidiu desconversar:

— Vá enxugar-se, meu neto, pôr roupas secas, depois conversaremos com mais vagar sobre o seu futuro.

Diego, que fazia um esforço sobre-humano para conter-se, achou melhor acatar o conselho e saiu sem pronunciar palavra, mas sua expressão afirmava uma série de coisas penosas para o avô, que sentia uma onda de aborrecimento invadir-lhe a alma, murchando a sua bondade natural e fazendo crescer a sua dureza de coração enraizada na terra ruim de seus preconceitos e orgulho.

4

Formulando problemas e buscando soluções

Estabelecido o conflito, seguiu-se um esfriamento entre o avô e o neto.

O caráter impulsivo do neto, antes considerado virtude, passou a ser visto como defeito que crescia dia a dia na cabeça do avô.

Os preconceitos do avô, que eram tolerados pelo neto, que inclusive compartilhava alguns, também cresciam na mente de Diego, que esquecendo as virtudes e o amor do avô, passava progressivamente a vê-lo como um velho ignorante e de coração duro. A ideia do avô de comparar o seu casamento ao cruzamento de animais com objetivo de aperfeiçoamento dos rebanhos o indignava especialmente.

Cresciam dois muros entre aquelas duas almas.

Esses muros, embora alimentados pelos defeitos de cada um eram induzidos por Espíritos desencarnados, que se valendo da invigilância dos dois, iam desunindo aquelas almas afins mais e mais.

Diego afastou-se da casa de Antônio, porém o incêndio, que Maria provocara em seu coração e vida, alastrava-se.

Surpreendido com a reação do neto, Afonso ia percebendo que a afeição pela moça lançara raízes profundas no coração de Diego e a questão a que se propunha era: como estirpar essa afeição sem comprometer de vez seu relacionamento com a pessoa mais importante de sua vida?

Precisava do neto afetivamente e para garantir sua posteridade. Sua visão de imortalidade não se relacionava a uma vida após a morte, mas sim com a perpetuação de seu nome pela descendência. Perder o neto ou perder a descendência adequada que viria por meio do neto, significava para ele morrer; pior ainda, ser assassinado. E em situação tão extrema qualquer solução seria válida, já que estaria agindo em legítima defesa.

Diego tinha outro tipo de problema: sua fortuna, sua posição social, o orgulho do nome, tudo vinha do avô. Perder o avô significava perder a fortuna e a posição, ser reduzido à situação de homem comum, e como constituir família nessa situação? Que felicidade poderia proporcionar à mulher amada e aos futuros filhos, reduzido à condição de homem sem importância? Maria o aceitaria ainda? Ter Maria e perder o resto valeria a pena? Diego não estava disposto a correr esses riscos.

Como mudar a maneira de pensar do avô? Ou, qual seria a resposta a uma pergunta que o enchia de medo, e que não tinha coragem de formular conscientemente: como se tornar independente do avô sem renunciar ao nome e à fortuna?

Aquelas duas mentes poderosas martelavam horas a fio, buscando penosamente uma solução.

E o jogo de xadrez continuava: Diego poderia encontrar uma forma de esperar e aguardar pacientemente a morte do avô; em contrapartida o avô não ficaria numa atitude passiva. Certamente procuraria outra moça, que se enquadrasse nas suas expectativas, e o forçaria a um casamento indesejado para resolver o impasse. Poderia também pressionar Antônio para casar Maria com outro, ou enviá-la a um convento, prática comum na época.

Diego era filho único de Mercedes, filha de Afonso. Antenor, pai de Diego e marido de Mercedes, era discriminado por Afonso, pois não tinha o seu sangue. Antenor não podia sequer dar opiniões nos negócios da família e vivia à sombra de Mercedes, ambos personagens secundários – Mercedes por ser mulher, Antenor por não ser um Rodrigues.

Antenor morreu relativamente jovem, com trinta e poucos anos. A partir daí Mercedes passou a viver com o pai, e os laços entre Diego e Dom Afonso foram se estreitando mais e mais. A figura da filha e da mãe foi perdendo importância para o avô e o neto, que se completavam e se entendiam mutuamente.

Mercedes percebendo que algo andava mal, procurava o filho, pois o amava, mas Diego punha-se na defensiva e não expunha seus problemas.

O avô que, no âmbito familiar, só se abria com o neto, sentia-se completamente isolado, pois não admitiria tratar de seus problemas pessoais nem com a filha, por ser mulher, nem com um empregado, por se achar superior, nem com outros amigos da nobreza, por achar humilhante.

Criado o conflito, Diego sentia-se sem rumo. O estremecimento de seu afeto pelo avô retirava-lhe, em vários sentidos, o chão sob os pés.

A mente quando se concentra na solução de problemas materiais, tendo por objetivo apenas interesses pessoais, fica impermeável à ação vivificadora que o afeto tem sobre nós, e era a seguinte a situação daqueles Espíritos:

Antônio defendia o emprego e o conforto.

Diego defendia a herança econômica e social.

Afonso defendia a imortalidade pela descendência.

Maria defendia a possibilidade de tornar-se uma senhora dentro da nobreza espanhola.

Todos lutando por quimeras, deixando de lado os verdadeiros tesouros que possuíam no coração:

Antônio esquecia-se de que era possuidor de notável tino administrativo e de uma filha inteligente e sensível que o amava.

Diego esquecia-se de seus valores morais e intelectuais que permitiriam a luta e a vitória, mesmo fora da sombra do avô; deixava de lado a expressiva coleção de afetos representada pelo avô, pela mãe e por Maria.

Afonso esquecia-se de que mais importante do que o vínculo carnal era o vínculo afetivo que o unia ao neto pelos profundos laços de afinidade e toda uma comunidade que dependia dele. Que era mais importante viver eternamente no coração do neto, do que em papéis de registros de nascimento.

Maria esquecia-se de que mais importante do que fúteis considerações da alta sociedade, era ser amada por um jovem saudável e forte que tinha todas as condições para realizá-la como mulher.

5

A fuga

Embora dependente do avô, Diego tinha alguns bens: joias de família, títulos bancários e dinheiro vivo. Tudo isso somado daria para um homem modesto viver provavelmente por toda uma vida.

Influenciado por inimigos espirituais, que atuavam na sua mente despercebidos, encontrou uma solução para seu problema: abandonar a fazenda, consumar o casamento com Maria e aguardar algum tempo para que o avô se acostumasse com a ideia, que poderia ser inclusive reforçada com um bisneto. Feito isso, reconciliar-se com o avô e retomar sua vida e sua posição.

Impulsivo como era, abrasado pelo desejo, em duas semanas pôs o plano em prática.

Não necessitava da bagagem, o que simplificaria o plano.

Levaria seu criado Carlos e sua mulher Dolores, ambos de absoluta confiança e que o conheciam desde criança.

Escreveu duas cartas, uma para o avô e outra para Antônio, em que especificava suas razões, solicitava a compreensão de ambos, isentava Antônio de qualquer responsabilidade e prometia voltar.

Noite alta, partiram ambos rumo à felicidade, deixando atrás de si dois homens profundamente angustiados e envergonhados. Exatamente os dois homens que mais os amavam sobre a face da Terra.

Diego resolveu postergar o casamento para quando chegassem ao seu destino, com isso ganhariam agilidade na fuga.

Em busca de tranquilidade, resolveram deixar a Espanha, refugiando-se na Itália, na região dos Alpes, visto a França estar mergulhada em grande agitação política.

Fizeram a viagem por terra, margeando a costa do Mediterrâneo, o que lhes proporcionou um cenário maravilhoso. De dia o céu, o sol, a temperatura amena, o calor do aconchego, o mar muito azul, os ares e as flores da primavera, o relevo levemente acidentado, a variedade das cidades e portos, a visão dos navios, com suas velas brancas recortadas contra o oceano. Durante a noite aproximavam-se do mar e na praia, os quatro – Diego, Maria, Carlos e Dolores – cantavam e dançavam o flamenco.

"Abandonaram suas respectivas casas para fundar um novo lar, tornaram-se uma só carne", no dizer de Moisés, referendado por Jesus.

O calor da paixão, as sensações carnais eram fortalecidas pelo vigor juvenil e extremada carência, pois ambos eram castos; o sabor da aventura embriagou suas almas e adormeceu suas consciências.

Naquele jovem casal, todavia, estavam presentes, ao lado do desafogo dos desejos saciados, as vibrações insalubres dos processos de culpa advindos não do relacionamento em si, não da prática sexual propriamente dita, mas da atitude diante dos pais, perante a família, em face dos compromissos profissionais, no caso de Diego.

A fuga pode ser muito romântica, mas continua sendo fuga e, no caso, era emblema de covardia.

Para aquelas duas almas resolutas, o sentimento de covardia era extremamente corrosivo.

Mesclado àquele fundo de sombras viam-se luzes: luzes do amor que os unia, luzes nascidas do potencial maternal de Maria e dos ideais de renovação de Diego.

Assim somos nós: casas espirituais com suas varandas ensolaradas, dormitórios aconchegantes, cozinhas repletas de afazeres diários, porões e sótãos cheios de pó e de objetos inúteis, onde não temos coragem de entrar.

A consciência da própria covardia perante a vida era um réptil asqueroso nos porões mentais do jovem casal.

Chegados a uma aldeia piemontesa, depois de quase dois meses de viagem, casaram-se na pequena igreja, crendo-se quites com Deus. Maria já estava grávida.

Alugaram uma casa no campo e mergulharam na ventura do convívio.

O Flamenco

O flamenco é uma música e dança características da Andaluzia. Sua origem se perde nos séculos tendo sido influenciado por romanos, fenícios, cartagineses, gregos, judeus e árabes. A partir do século XV teve forte influência dos ciganos.

O flamenco é uma forma artística que envolve os seguintes intérpretes: os "cantaores" que cantam, os guitarristas que acompanham e os "bailaores" que dançam. Por vezes o "cantaor" se acompanha na guitarra.

É uma forma artística apaixonada e sensual, na qual os artistas dão vazão às suas paixões, também chamadas de duende. O duende é a alma do flamenco.

O "cantaor" e o guitarrista expressam o duende não só através do som, mas também com gestos fortes, quase violentos. O "cantaor", ao canto, acrescenta os suspiros, alongando as notas em quase gemidos. E os "bailaores" expressam o duende em coreografia própria, com fortes batidas no solo, valendo-se eventualmente de castanholas para acentuar o ritmo.

Na época em que transcorreu o romance, o flamenco era executado publicamente apenas em tabernas e estalagens de bairros pobres, porém, os andaluzes, em geral, o apreciavam muito e o executavam de forma reservada, como nessa cena do nosso romance, onde o nobre Dom Diego e Maria permitiam-se dançá-lo na praia deserta, acompanhados por Carlos, que fazia o papel de guitarrista, enquanto Dolores era o "cantaor".

6

O ócio

Diego era um homem ativo, acostumado a resolver problemas, tomar decisões na direção da propriedade do avô, enfrentar conflitos que naturalmente surgiam, deslocar-se constantemente dentro da propriedade ou até Sevilha. Ali, apesar da presença atraente de Maria, da beleza dos Alpes italianos, que via ao longe da varanda de sua casa, não tinha o que fazer. O ócio o enervava, precisava de ação, de movimento, de problemas.

Algo importante aconteceu naqueles meses. Não tendo nada o que fazer, Diego, que ocasionalmente bebia um pouco além da conta, havia aumentado bastante o seu consumo de álcool.

*

Maria mantinha-se ocupada quase todo o tempo; moça prendada, dedicava-se a tecer, costurar e bordar as peças do enxoval para o futuro filho ou filha, com extrema alegria e carinho. Além disso, contando com o auxílio de Carlos e Dolores, administrava a casa procurando torná-la mais agradável.

Preocupava-se com o filho que viria: não bastava dar-lhe roupinhas bonitas, ele precisaria de ambiente saudável, familiares amorosos, uma pátria; não suportava a ideia de criá-lo em país estrangeiro; seu filho para crescer precisava do ar espanhol.

Passados os meses, uma saudade grande do pai e do avô, do próprio Solar, invadiu o coração do jovem casal.

Repentinamente decidiram voltar. A Andaluzia os atraía como um poderoso ímã.

*

Reiniciaram o longo caminho de volta. O inverno já estava chegando ao fim.

Resolveram voltar por mar; o clima político na França lhes inspirava um grande temor. Embora as boas relações entre a Espanha e a França revolucionária, o ruir da nobreza, a ascensão de Napoleão ao comando de uma das principais nações da Terra, fazia-lhes perceber o quanto era instável a ordem política e social daqueles países dominados pelo "despotismo esclarecido".

Sem maiores acidentes, salvo o enjoo constante de Maria, agravado pelo desconforto dos navios de então, chegaram a Sevilha, desembarcando no seu movimentado porto fluvial.

Alugaram uma pequena propriedade nos seus arredores, onde se instalaram com conforto e privacidade.

Maria estava prestes a dar à luz, já quase nove meses haviam se passado. Resolveram então obter notícias dos familiares, posto que desde a noite da fuga não mantiveram qualquer contato com o Solar.

*

Diego valeu-se de Carlos como mensageiro para levar duas cartas, noticiando a novidade do próximo filho e expressando a vontade de voltar.

Carlos voltou alguns dias após com notícias estarrecedoras.

O avô estava muito doente. Antônio, atemorizado após graves altercações com Dom Afonso, havia se matado. Quem respondeu à carta foi Mercedes, mãe de Diego, suplicando a volta imediata do filho para assumir o controle da situação que estava muito difícil, complicada, mais ainda por parentes afastados que se movimentavam na disputa da herança, antevendo a morte do velho e contando com o desaparecimento de Diego.

Sugeria que deixasse Maria em Sevilha, sob os cuidados de Dolores, e viesse sozinho para o Solar, para ganhar tempo e depois a mandasse buscar.

O jovem casal desabou. Maria em prantos procurava controlar-se para não prejudicar o filho, no que foi auxiliada por Diego, que tudo fazia por acalmá-la, preocupado igualmente com sua gestação.

Resoluto, agiu rápido, tomou rapidamente as providências necessárias e partiu ao cair da noite, ao encontro da tristeza e da luta naquele fim de inverno.

Antes de despedir-se de Maria, tomou quase uma garrafa de vinho.

Sevilha

*A cidade de **Sevilha** situa-se na planície da Andaluzia, na margem esquerda do rio Guadalquivir, a cerca de 87 km do oceano Atlântico. O clima é moderado, mas no verão pode atingir até 36 ºC. Na época do romance ocorriam por vezes enchentes advindas do transbordamento do Guadalquivir.*

À direita do rio, encontra-se Sevilha, tradicional com os bairros pobres de Tiana, com uma parcela razoável de ciganos.

Sevilha exerceu importante papel na época cartaginesa. Conquistada pelos romanos, tornou-se a capital da província da Hispânia Bética; passou por conquistadores diversos como o resto da Andaluzia; com a descoberta da América em 1492 seu porto fluvial era o ponto de ligação com o Novo Mundo, reforçando seu poderio econômico; considerada a capital da Andaluzia, tornou-se importante centro artístico e intelectual onde se destacaram pintores como Velázquez e Murillo; sua universidade criada em 1502 era muito bem conceituada.

Em 1718, perdeu o monopólio de comércio com as Américas e não suportou a concorrência do porto de Cádiz; na época em que se passa o romance, foi ocupada pelas tropas francesas em 1808 e libertada em 1812.

7

Um dia de sol

Amanhecia quando Diego transpôs a divisa da grande propriedade. Avistou as casinholas dos camponeses com as luzes ainda acesas e uma imensa ternura tomou conta do seu coração.

Breve, o sol nascia, vermelho e belo, dissolvendo a névoa que se formava nas regiões baixas e o céu azul clareava os campos preparados para o cultivo.

Os perfumes da manhã tornavam o ar delicioso quando Diego se aproximou do Solar dos Rodrigues. Toda aquela visão enchia o coração de energias novas, e mediante aquela beleza exterior era impossível manter sombras interiores.

*

Diego entrou em casa exausto, mas com muito bom aspecto. Havia estafado quatro cavalos para fazer a viagem em apenas 14 horas.

Sua mãe correu para abraçá-lo e pô-lo a par dos detalhes das tristes novidades. Apesar do assunto sombrio, a alegria de rever o filho e tê-lo ali, ao seu lado, a enchia de esperança.

Pedro, um dos seus primos, filho de sua tia caçula, jovem de apenas 19 anos, mas muito inteligente e culto, tinha vindo para “auxiliar” o avô; arrogante e ambicioso, recebeu Diego com frieza e superioridade:

— Eis que volta o filho pródigo. Diga-me, Diego, você chegou a experimentar a lavagem dos porcos?

— Não, Pedro, porém procure falar de forma mais conveniente senão serei obrigado a expulsá-lo de nossa casa, o que seria muito desagradável para nós dois.

— Ah, está tentando tomar as rédeas novamente?

— Não tenho tempo agora, Pedro, mais tarde recebê-lo-ei no meu gabinete.

— Espero que não fuja novamente...

Diego deixou Pedro falando sozinho e dirigiu-se rapidamente ao quarto do avô.

A visão do quarto amplo, o avô recostado na cama, cabelos em desalinho, tocou profundamente seu coração. Sentiu-se novamente menino e correu em direção ao leito, tomando, entre as suas, as mãos do avô.

— Avozinho!

— Diego, me abrace, meu neto, preciso do seu calor, que um frio estranho me persegue.

As lágrimas rolaram no rosto daqueles dois homens.

Trocadas as manifestações de carinho, Diego falou sério e firme:

— Perdoe-me.

— Enterremos o passado. O que está feito, está feito. Precisamos iniciar o plantio dos cereais, ir até Sevilha resolver alguns negócios na capital da província e encontrar um substituto para Antônio. Pedro parece um abutre agourando minha morte, mas preso a este leito não tive como mandá-lo embora, pois temia um assassinato. Providencie um tabelião o mais rápido possível para que eu torne patente a sua condição de sucessor, o que desestimulará Pedro de qualquer aventura.

— Fique tranquilo, vovô, que vou agir com a maior presteza.

De forma dinâmica, Diego começou a tomar as providências necessárias.

Valendo-se da colaboração de dois empregados de confiança, sigilosamente, encarcerou Pedro num dos quartos da mansão, incomunicável; ao criado de Pedro, que passou a procurá-lo por toda parte, informaram que seu amo havia partido para Córdoba, com urgência, deixando recado para que fosse encontrá-lo.

Enviou mensageiros à propriedade próxima solicitando o concurso de amigos de seu avô na documentação da sucessão; assumiu pessoalmente as funções de Antônio enquanto localizava um administrador.

Em duas semanas as coisas voltavam à normalidade.

Resolvidas as questões mais urgentes, libertou Pedro, que partiu cheio de impropérios e ameaças de vingança.

*

Nos seus contatos anteriores com o avô, não haviam tocado no nome de Maria, nem nos acontecimentos que cercaram a morte de Antônio. Mas como o clima afetivo e de mútua compreensão havia voltado, aproveitando o ensejo, Diego abordou o assunto:

— Nesses próximos dias trarei minha esposa para casa.

— A esposa de meu sucessor terá o meu respeito e o seu lugar é ao lado de seu marido.

Nenhuma palavra mais foi trocada a respeito do assunto.

Na semana seguinte, como combinado, Diego foi buscar Maria; a viagem foi demorada, levando três dias em virtude do estado adiantado de gravidez.

Dois dias após a chegada, Maria deu à luz a um lindo menino, que recebeu o nome de Javier. E um mês depois, Dom Afonso partia em direção à vida maior, cercado pelo carinho de todos, familiares, empregados e vizinhos.

*

A mudança tão brusca de atitude dos moradores do Solar deveu-se à troca do critério de valores.

Alguém passa vinte anos respirando sem dar-se conta da importância do ar; contrai uma bronquite forte, a noite custa a passar, os músculos do abdome doem pelo esforço de respirar; a sensação de asfixia é angustiante; finalmente a crise passa e o doente, ao respirar aliviado novamente, afirma:

— A coisa mais importante do mundo é poder aspirar livremente.

Duas semanas bastaram para que se transformasse o valor do ar de "irrelevante" para "muito importante".

O mesmo se deu com aquele grupo familiar: detalhes da certidão de batismo de Maria, expressões grosseiras do avô, brilho social, tudo isso evaporou-se diante da necessidade da própria sobrevivência e dos entes queridos.

Um dos inúmeros benefícios da crise, das situações difíceis por que passaram no seu relacionamento foi torná-los menos fúteis e ensiná-los a valorizar os fundamentos essenciais da vida.

8

A vida continua-I

A vida segue interminável, continuando para os que ficam, prosseguindo para os que partem.

Nossos olhos carnais, obstáculos fornecidos pelo cérebro físico, associados a uma certa dose de dúvida e confusão mental, são fatores que nos impedem de ver os que desencarnaram.

Ideias errôneas a respeito da morte, fantasias propaladas e absorvidas ao longo dos séculos, pressões culturais diversas, processos de culpa arraigados no nosso subconsciente, dificultam a vivência clara das realidades espirituais.

Mas, na história de cada um, não há o último dia, o fim absoluto.

*

A morte do pai e do avô foi um rude golpe para o casal, atenuado pela chegada do novo membro da família.

Responsabilidades familiares, econômicas e sociais produziram um rápido amadurecimento nos dois jovens.

A preocupação de Maria em brilhar na alta sociedade espanhola foi substituída pelo desejo de bem desempenhar suas funções de mãe, esposa e senhora do Solar.

Aliás, a fuga, por ocasião do casamento, provocou muitos mexericos que a levaram a um certo isolamento e aversão às festas e aos bailes da nobreza.

As crianças, inúmeras na extensa propriedade, despertaram seu amor materno e consequente zelo. Por meio das crianças, aproximou-se das famílias. A sua simpatia, sua inteligência, o fato de "hoje" tornar-se a "senhora", porém sem deixar de compreender de perto a vida dos empregados, pois ainda "ontem" era filha de um deles, tornou-a, em poucos meses, juíza e advogada dos empregados: procuravam-na para decidir o nome de um novo filho, para aconselhar diante de um futuro casamento ou resolver uma disputa entre famílias.

Havia ainda a necessidade de cuidar da própria aparência, pois para Maria era importante ser atraente para Diego, e ser atraente não era apenas ser uma mulher bonita, queria também ser culta e prendada, inteirar-se dos seus negócios para poder auxiliá-lo nas decisões.

*

Fortalecer a propriedade, ampliá-la pela aquisição das terras vizinhas, torná-la modelo pelo apuro da raça dos animais nela criados, encontrar novos mercados, notadamente no exército espanhol que comprava muitos cavalos, tomava bastante tempo de Diego.

*

Mas, mesmo vivendo em constante correria, encontrou, Diego, tempo para prestar uma homenagem ao avô, que constantemente estava na sua lembrança: encomendou, a um escultor, uma estátua do avô, a ser feita com base em um retrato a óleo que possuía.

Destinou-lhe um lugar de destaque no pátio do Solar.

Pablo, o escultor que contratou, era um homem sensível, experiente no ofício e dedicou-se ao trabalho com afinco.

Para maior fidelidade da obra, Diego quis que a escultura não retratasse apenas os traços do avô, mas também sua personalidade no que possuía de bom, talvez para esquecer os sentimentos de culpa que adquirira nos acontecimentos que cercaram o seu casamento. Desejava assim que a escultura expressasse a bondade, a firmeza e a dignidade de Dom Afonso Rodrigues.

O que foi resumido no parágrafo anterior em três palavras, consumia no entanto horas de conversa com o escultor. Era prazeroso para Diego conversar sobre o avô.

A despeito da distância econômica e social, estabeleceu-se entre Diego e Pablo um elo de simpatia e amizade.

Certa feita, numa dessas conversas, enquanto Diego contava emocionado as histórias de Dom Afonso, Pablo o interrompeu com uma observação que provocou arrepios em Diego:

— Dom Diego, estou vendo o seu avô ao seu lado.

— Como assim?

— Estou vendo Dom Afonso, como eu vejo o senhor. Ele sorri e me cumprimenta. Nesse momento ele está falando, embora eu sinta muita dificuldade em entender o que ele fala.

Diego, apesar do susto, diante da inesperada revelação, num misto de incredulidade e carência, disse:

— Gostaria de estar no seu lugar, Pablo, vê-lo e abraçá-lo, pois sinto uma saudade imensa dele.

— Ele nesta hora o abraça carinhosamente. Pede que lhe diga que sempre o acompanha e está grato por sua demonstração de carinho. Agora está se despedindo e desaparecendo de minha visão...

Os dois homens ficaram silenciosos por alguns momentos, tocados de intensa emoção. Pablo aturdido e Diego mergulhado num doce enlevo.

Esse fato aliado à profunda compreensão que existia entre os dois, levou Diego a contratar Pablo em caráter permanente.

Pablo mudou-se para a propriedade com a família e finda a escultura passou a ser o artista do Solar, pois além de escultor era pintor, tinha excelentes ideias em jardinagem e arquitetura, e Diego queria um trabalho permanente de embelezamento do Solar.

9

As virtudes moram na alma

Noite linda, noite de luar. Céu salpicado de estrelas e enfeitado de nuvens brancas, poucas e puras, iluminadas pela lua.

Noite perfumada e de temperatura amena.

Pirilampos alegram os campos.

Noite de encantamento.

*

Maria, bela no seu vigor de mulher jovem, vestida com esmero, adornada de joias de valor, passeia abraçada a Diego pelas alamedas do jardim do Solar.

Os dois esposos falam pouco, sentem que suas almas se reúnem num amor antigo. Imagens esmaecidas pelo tempo flutuam breves e diáfanas na sua visão mental. Sentem na alma, no fundo do coração, o sabor do infinito, da eternidade...

*

Naquela noite vem à lembrança de Diego estudos que fizera dos diálogos de Platão. Não sabe por que as palavras passam a nascer fáceis em sua boca.

— Maria, nesta noite tão bonita, minha mente se povoa com as ideias de Platão, que li num livro, ainda na adolescência. Platão dizia que tínhamos muitas vidas, que a morte não existe. Argumentava que assim como o claro procede do escuro, senão não poderia clarear e o escuro procede do claro senão não poderia escurecer, da mesma forma a morte procede da vida e a vida da morte, ou seja, da mesma maneira que os mortos são provenientes dos vivos, os vivos também têm sua origem nos mortos, concluindo: temos muitas vidas.

— E como, Diego, não há lembrança das vidas passadas?

— Isso era explicado pelo mito do rio Letes, o rio do esquecimento. Ao nascer, a alma passava por esse rio e perdia a lembrança do seu passado, que só retomaria quando morresse novamente e atravessasse o rio de volta. Quantas vezes, nas eras passadas, teremos olhado essa mesma lua e caminhado abraçados?

— Sempre tive a sensação de conhecê-lo de longa data. Mesmo na primeira noite, apesar de minha virgindade, pareceu-me evidente que já havia partilhado o leito com você inúmeras vezes.

*

Os dois emudecem e usufruem aquele momento de paz conjugal.

Ao caminhar abraçados sentem os pequenos movimentos do corpo, um do outro, pisam o solo da Espanha e aquele chão lhes pertence, e essas três posses: do cônjuge, da nacionalidade espanhola e do Solar dos Rodrigues, lhes é fonte de imenso prazer.

*

Na caminhada, param em frente à estátua de Dom Afonso.

— E ele, onde estará? Certamente não está no cemitério da aldeia. Lembra-se de quando contei a você que Pablo o viu ao meu lado?

— Será que voltará um dia a viver aqui?

— E Javier, nosso filho, de onde veio? Qual será o seu destino?

— Já está na hora de providenciarmos outro, Maria. Precisamos nos empenhar mais nessa agradável tarefa, brincou Diego.

— Sinto saudade do meu pai, Diego. O que terá se passado, no fundo da sua mente, para dar fim à própria vida. A sua morte faz-me sentir culpada. Toda noite oro à Virgem Santíssima por ele. Que ela possa libertá-lo dos tormentos do purgatório; não acredito que tenha ido para o inferno, pois recebeu os sacramentos antes de morrer.

— É, a arma estava mal carregada, e a bala não perfurou todo o peito... Mas deixemos de lembranças tristes, mulher, e sintamos a beleza da noite

— Chega de filosofias. Nesta noite vamos sentir apenas um ao outro, disse Maria beijando o marido.

Afastaram-se lentamente da estátua de Dom Afonso.

Uma ou outra estrela cadente cruza o céu.

*

Vários olhos invisíveis acompanhavam o jovem casal: olhos atormentados e tristes; olhos ternos e amorosos; olhos sutis, perspicazes e alegres; olhos grosseiros e abobalhados. Entre esses olhares, um se distinguia: o olhar de Dom Afonso, pleno de bondade e ternura pelo jovem casal.

Distante, no espaço longínquo, numa região escura do plano espiritual, segurando o peito com as mãos, estava Antônio, maltrapilho, olhar vítreo, fixado no gesto com que findara a própria existência. Gritava:

— Não me deixem morrer!

Mar humano, pleno de diversidade e adversidade, mas sempre sob a proteção de um Deus grande, bom e justo, olhando por todos os seus filhos.

*

Quando Diego e Maria entraram na mansão, a noite prosseguia plena de estrelas enquanto a lua derramava seu clarão sobre tudo e todos.

Noites perfumadas da Andaluzia, tão belas, tão densas de emoção e lembranças...

10

A verdade brilha - I

Manhã de abril, primavera, flores, uma vibração diferente no ar frio, porém agradável.

Javier havia completado um ano; era um menino forte e gorduchinho. Havia já uma expectativa quanto à nova gravidez de Maria.

Diego levantou-se pleno de energia, vontade de viver, de realizar.

Feita a higiene matinal, vestido, tomado o desjejum, montou seu cavalo e foi percorrer a propriedade.

Repentinamente deparou-se com uma cara nova; um homem moreno, pele curtida pelo sol, vestido de forma muito simples, camisa aberta no peito, galopava ao seu encontro.

— O que você faz aqui? Não o conheço – falou um tanto ríspido Diego.

— Somos ciganos, senhor, e pedimos abrigo em suas terras.

— Como você sabe que eu sou o senhor destas terras?

— Porque me informaram, eu o avistei ao longe e vim ao seu encontro, senhor Diego.

— Quantos são?

— Nosso grupo é composto de 57 pessoas entre homens, mulheres e crianças. Enquanto estivermos em suas terras poderemos domar cavalos, consertar utensílios e o que mais desejar e poderá nos pagar dois terços em produtos e animais e um terço em dinheiro. Não faremos nenhum mal. Partiremos no fim do outono do ano que vem, pois desejamos passar o inverno no sul onde o clima nos será mais favorável.

— Está bem! Podem acampar no norte da fazenda perto do local conhecido como Praia do Rio das Pedras. Próximo do rio e naquele local plano ficarão bem instalados. Tenho que domar 100 cavalos e estou necessitando de bons domadores.

— Nós temos cinco muito bons e que estarão ao seu serviço. Muito obrigado, senhor Diego. Ficaríamos muito honrados se o senhor viesse ao nosso acampamento dia 25 de abril, sábado, para assistir a algumas danças e experimentar algumas iguarias que modestamente gostaríamos de oferecer-lhe.

— Está bem! – respondeu Diego esporeando o cavalo.

*

Aquele grupo de ciganos trouxe uma certa alegria a Diego. Retirados de Sevilha, capital da Andaluzia, o contato com pessoas novas era mínimo e embora fossem comuns na Espanha daquele tempo, era raro ter ciganos na fazenda. Suas roupas coloridas, seus cantos e suas danças eram um acontecimento digno de nota na vida pacata e monótona da fazenda.

No sábado à tarde, Diego, Maria, Javier, Mercedes e outras figuras notáveis do Solar lotaram três coches e foram ao acampamento cigano.

Recebidos com todas as honras pelo chefe, assistiram ao flamenco, comeram alguns quitutes e resolveram perambular pelo acampamento.

Maria, como sempre encantada pelas crianças, logo ficou amiga das mães e dos seus rebentos, informando-se sobre nomes, idades e pequenos problemas de saúde.

Diego decidiu conversar com os domadores e descobrir se tinham algum conhecimento a mais sobre cavalos que lhe pudesse ser útil.

*

Um dos ciganos, Honório, interrompeu-o e, com certo acanhamento, chamou-o de lado:

— Posso falar-lhe em particular, senhor Diego?

— Claro, o que você deseja? – disse Diego afastando-se para uma caminhada com o cigano.

— Não sei como o senhor vai receber o que vou dizer-lhe, mas sinto que devo dizer-lhe.

— Pode falar, homem! Não se intimide! Não sou bicho que morda!

— A vida que tem pela frente, senhor Diego, terá muitas adversidades. Lendo seu rosto, vejo nuvens sombrias formando-se no horizonte.

O senhor enfrentará situações difíceis no campo do sentimento, mas se agir com humildade, conseguirá vencer essas contrariedades e ter uma velhice tranquila, cercado de netos e de muito amor. Entre os mortos o senhor tem amigos e inimigos que o acompanham. Procure orar a Deus e pensar sempre no velho de bigodes brancos que o acompanha, para ele melhor auxiliá-lo. Evite o vinho, armadilha que pode destruí-lo. Faça o bem a todos, que o bem é a melhor defesa. Perdoe-me dizer-lhe isso e não entenda como ofensa ou desrespeito, pois todos estamos muito agradecidos pela sua generosidade, e seríamos incapazes de fazer mal, na menor coisa que fosse, ao nosso benfeitor. Disse-lhe essas coisas por gratidão e para alertá-lo.

Diego ouviu surpreso aquelas ideias, expostas de forma simples e humilde. A pureza quase ingênua daquele homem pobre, tornava absurda qualquer reação agressiva ou arrogante.

— Por que você me diz essas coisas, amigo? – falou Diego numa voz baixa e grave, com um acento quase afetivo.

— Porque leio o seu rosto e sinto-me no dever de preveni-lo. Sou um cigano errante, sem dinheiro nem instrução, que muitos tratam pior que a um animal. O senhor é um homem rico e considerado, nobre e proprietário de terras; uma distância enorme nos separa, mas o senhor foi bom com o meu povo, e, com o devido respeito, eu o sinto como um irmão a quem estimo e a quem devo ajudar com meus recursos e com o meu saber.

— E o que mais tem a dizer-me?

— Vivemos muitas vidas, e nas vidas passadas o senhor praticou muitas maldades. Hoje, o senhor vive um só amor na figura da senhora Maria, mas em vidas passadas o senhor destruiu muitos lares, matou homens e desonrou mulheres. Nesta vida o destino vai cobrar-lhe parte dessas dívidas.

— Onde você aprendeu essas coisas?

— Meu pai, que aprendeu com meu avô, ensinou-me a ler o rosto das pessoas.

— E o que mais?

— Por hoje já falei bastante, mais um pouco e o senhor ficará sabendo todos os segredos dos ciganos – brincou Honório despedindo-se:

— Que os bons Espíritos, ou melhor, os santos anjos possam protegê-lo sempre, senhor.

*

No quadro de seu destino passado e futuro assinalado por Honório, este tinha usado uma proporção maior de cores sombrias, o que havia realçado algumas claridades, como a "velhice cercado de netos". Diego sentia, no entanto, uma sensação de bem-estar. Observava Maria com Javier nos braços, profundamente interessada naquelas crianças morenas e pobres, e uma grande ternura invadiu seu coração.

A tarde chegava ao fim, a estrela vespertina pontilhava o céu atraindo outras e mais outras, que principiavam a brilhar contra um azul, que sucessivamente ia ficando mais escuro, tendendo ao marinho.

A pequenina caravana abandonou o acampamento cigano de volta ao Solar.

As lanternas dos três coches, com suas luzes amarelas, desfilavam na escuridão...

Ciganos

Os ***ciganos*** *têm origem no norte da Índia; eram nômades e por séculos percorriam sempre o mesmo roteiro; por motivos ainda não esclarecidos, abandonaram seu roteiro habitual e migraram para o Ocidente (1000, 1200 d.C.?), passando pela Pérsia e estacionando no Egito, donde vem a sua denominação (Egipician -> gitano em espanhol -> cigano em português).*

Abandonaram o Egito atravessando Gibraltar (estreito que separa a Espanha da África) e a partir da Espanha se espalharam pela Europa. Trouxeram da Índia a crença nas encarnações sucessivas; várias tribos tinham como costume as mulheres "lerem" as mãos (quiromancia) e os homens o rosto.

O seu amor apaixonado pela liberdade, a ausência do conceito de nação, para os ciganos mais autênticos sua pátria é o mundo, os levou a serem amados por alguns, temidos por outros, sua história foi permeada por proteções e perseguições, a mais terrível das quais ocorreu no século XX em que quase foram exterminados pelos nazistas.

11

A reflexão anuncia a madureza

As mortes de Dom Afonso e de Antônio, a visão de Pablo, a lembrança das ideias de Platão, as predições de Honório despertaram em Diego o gosto pela reflexão. Muitas vezes se surpreendia pensando sobre tudo aquilo, com a mente tentando penetrar o sentido da vida, as relações de causa e efeito, tanto do mundo moral quanto do mundo natural.

De outro lado, à medida que se conscientizava de suas responsabilidades na direção da propriedade, que não se limitava aos aspectos meramente administrativos, mas também na solução de problemas familiares, afetivos, de saúde, partilhas de bens entre os empregados, que o procuravam pedindo seu conselho, elegendo-o como mediador, juiz e conselheiro nas suas causas, forçava-o ao amadurecimento.

Maria, igualmente, imiscuía-se na vida dos moradores da fazenda, movida não por questões administrativas, mas sim pela sua sensibilidade tocada de compaixão perante as dificuldades que os moradores do Solar enfrentavam. Maria já o procurava com problemas concretos, solicitando recursos e providências para melhorar as condições de vida das famílias dos empregados.

Essas inúmeras questões, às quais devia dar alguma resposta, alargavam a visão de mundo de Diego e Maria, ampliavam a sua família, que ia englobando todos os moradores da propriedade.

*

Nas suas divagações filosóficas, Diego encontrava em Maria uma ouvinte atenta e interessada. Ela pouco falava, mas em pequenos detalhes sua sensibilidade descortinava um mundo novo, ou melhor, uma maneira nova de ver as coisas que aconteciam desde o começo do mundo.

— Veja os olhos daquela menina, Diego. Você percebe que estranha mistura de inteligência e tristeza eles revelam? De onde virão essas duas qualidades? Por que Deus a fez assim? Ou será que foi ela mesma que se fez assim? Queira Deus que a inteligência consiga abrir uma porta para que entre a alegria nos seus olhos, afastando a tristeza. Rezarei por ela, pedindo à Virgem Santíssima que a ajude.

*

A notícia de um novo filho encheu Diego de amor e entusiasmo. O crescimento da barriga de Maria era para ele como a multiplicação de um imenso tesouro.

Completada a gestação, Maria deu à luz uma menina. A pobrezinha, todavia, tinha uma má formação congênita.

Seus pezinhos eram tortos e seu rostinho, embora não deformado, era bem feio.

Esses defeitos ao invés de desestimularem Maria, atiçavam seu sentimento maternal, que tratava a filhinha com grande ternura.

Diego teve reação diferente: vendo aquela menininha indefesa e enferma, carne de sua carne, sangue de seu sangue, sentiu um forte sentimento de culpa.

Além da surpresa, pois aquela era uma situação absolutamente nova para ele, Diego foi vitimado pela inexperiência; acostumado à saúde e à beleza, coisas que tinha em si, na esposa e no primeiro filho, sentia grande dificuldade em lidar com a doença, com a feiura, com um quê de apagado que aquele rostinho lhe transmitia.

Sentiu um forte apelo: buscar alívio no vinho, mas as palavras do cigano Honório, com quem sua vida se cruzara de forma tão rápida, haviam ficado em sua mente. Analisando-as, procurando a verdade, chegou à conclusão de que vinha num processo de dependência crescente; decidiu cortar o mal pela raiz e não bebeu mais nenhum tipo de bebida alcoólica.

De onde vinha aquele rostinho embaçado? Qual o motivo para Deus o castigar daquela maneira? Seria mesmo um castigo aquela filhinha que despertava em Maria tanta ternura maternal? Não era ela um presente de Deus, uma oportunidade de proteger e fazê-la feliz, tornando-a uma pessoa mais digna e amada?

Ali estava o sangue de seu sangue, uma outra imagem de si próprio. Diego sabia que tinha um lado sombrio: aqueles pés virados pareciam indicar a dificuldade que tinha em caminhar, sua propensão à fuga. Suas explosões de cólera com os empregados humildes, as veladas censuras que fazia, vez por outra, ao zelo que julgava excessivo de Maria com as crianças da propriedade, denotavam sua face feia.

As palavras do avô com relação aos riscos do casamento consanguíneo também ecoavam frequentemente na sua mente, que era um jogo de luz e sombra.

*

Depois de seis meses nesses conflitos, surgiu para Diego o dia do batizado de Isabel, sua filhinha, preparado com o máximo carinho por Maria.

Nesse dia, vendo os cuidados de Maria, que havia vestido a menininha com todo o esmero, observando a alegria da esposa, sentiu a presença de Deus. Não do Deus terrível ou grotesco, que por vezes era apresentado pelo padre da aldeia, mas daquela força justa e sábia, que punha a misericórdia ao lado do crime, a compaixão com a dor, a providência a serviço da necessidade; aquele Deus que tinha o poder de alterar o seu destino e tomou uma importante decisão: Isabel era sua filha pela carne e o seria também pelo coração; em silêncio, no íntimo do seu pensamento naquela festinha familiar, jurou amor eterno àquela menininha; em tudo e por tudo lutaria pela felicidade da sua filha.

Assim como era fiel à esposa, seria eternamente fiel aos seus filhos, custasse o que custasse. Aquelas três criaturas seriam a razão máxima do seu viver e tudo sacrificaria por elas, se fosse necessário.

12

Quem ama o feio, bonito lhe parece

Isabel e Javier cresciam, amigos e saudáveis, conquanto os problemas advindos da má-formação congênita de Isabel.

Com pouca diferença de idade, elegeram um ao outro como principais companheiros dos brinquedos infantis.

Vez por outra, Javier perdia a paciência com a irmã, que não conseguia acompanhá-lo nas correrias e estrepolias pela casa, mas essas crises de irritação eram raras, o mais comum era pegar na mão da irmãzinha e carinhosamente conduzi-la, auxiliando-a nos seus passos trôpegos, ou carregá-la, abraçando-a de encontro ao peito e elevando-a alguns centímetros do solo.

Isabel era bastante mimada e com o tempo tornou-se graciosa com gestos tímidos e afetivos, assídua frequentadora dos joelhos do pai e do colo da mãe.

A convivência fez esquecer o seu aspecto feio; todos a queriam bem, chegavam até a achá-la bonitinha e ela crescia cercada de carinho.

*

Diego, Maria e os filhos viviam um período de felicidade. E o entusiasmo de Diego por novos filhos diminuiu depois do sucedido com Isabel.

Maria ainda ficara grávida mais uma vez, mas essa nova gestação não foi completada. Um aborto espontâneo ocorreu no sexto mês de gravidez. Isso os levou a desistir de aumentar a família.

Fortalecido financeiramente, Diego resolveu expandir suas atividades, montando um estabelecimento comercial em Sevilha, que atendesse, principalmente, suas vendas ao governo espanhol.

Para seu maior conforto nas estadas na capital andaluz, comprou uma propriedade próxima à cidade, encarregou Pablo, o escultor, de reformá-la, deixando-a leve e bonita como um "Palácio de Verão".

Usando muito a cor branca e detalhes em madeira, conduzindo com maestria um pequeno riacho, formando lagos em meio ao jardim que aprimorou, plantando muitas flores, Pablo deixou a nova moradia com uma atmosfera de suavidade e alegria, diferente do Solar que aliava solenidade a alguma tristeza.

Diego, vez por outra, levava Maria e os filhos para passarem algumas semanas no "palácio de verão"; a viagem, a mudança de ares, a casa com seus lagos e jardins, tudo isso era uma festa para todos, que levavam uma vida quase reclusa no Solar.

*

Os anos passavam céleres. Diego vivia afastado da vida social de Sevilha e suas intrigas. Não participava dos movimentos políticos; seu relacionamento com o governo era meramente comercial.

Embora carregasse um título de nobreza, era tido como um matuto e os nobres se referiam a ele com um certo desprezo, como "o cavalariço", "o criador de cavalos". Maria, nos fuxicos da corte, era chamada de "a linda bastarda".

Diego pouco se importava com isso, pois sentia grande satisfação com o aperfeiçoamento da qualidade de seus animais e seus olhos brilhavam quando via galopando um dos seus puros-sangues. Também o fato de sua fortuna aumentar ano após ano, dava-lhe uma sensação de dever cumprido com seus ancestrais, principalmente com seu avô e com seus descendentes.

O convívio com a mulher e os filhos era-lhe extremamente prazeroso. Podia dizer-se que os quatro comiam, bebiam e respiravam o amor recíproco.

13

A política se complica

Javier completara seis anos e a Espanha vivia um dos períodos mais agitados de sua história, movimentos políticos se sucediam, revoltas internas explodiam em vários pontos do país, a situação se agravara com a dependência que a Espanha tinha da França, culminando com a subida, ao trono espanhol, de José Bonaparte, irmão de Napoleão.

A submissão da Espanha à França, no início do século XIX, não fora aceita passivamente e inúmeros grupos guerrilheiros opunham-se à dominação francesa, e era comum verem-se escaramuças entre o exército franco-espanhol e os diversos grupos de resistentes que tinham como objetivo a independência da Espanha.

Excessos eram cometidos de parte a parte, com cenas de selvageria e farto derramamento de sangue.

*

Dado esse cenário confuso, Diego decidiu emigrar para a América.

Possuía um tio na Argentina, José.

Trocou cartas, pedindo informações quanto à viabilidade de passar alguns anos na Argentina, num lugar onde pudesse manter a sua vida tranquila, oferecendo segurança à família, até que as coisas serenassem na Espanha e aí voltaria para o seu querido Solar.

A resposta do tio foi entusiasta: o receberia com muito prazer, lhe daria todo apoio e que sua propriedade próxima a Buenos Aires estaria à sua disposição.

Diego decidiu partir.

*

A viagem foi preparada meio às pressas.

Expectativas sombrias e otimistas se misturavam. Promessas de esperança: novas terras, novos ares, distância das convulsões sociais europeias; riscos da viagem: naufrágio, dificuldade em transportar valores, ameaça de piratas, a Argentina de então era entendida como região desconhecida e selvagem.

Concluídos os preparativos, Diego resolveu levar apenas a mulher, os filhos, a mãe e os empregados Carlos e Dolores, considerando que com uma pequena comitiva tudo seria mais fácil, passando despercebido.

*

Madrugada coberta de nuvens cinzentas.

Uma carruagem e uma pequena charrete partem do Solar.

Na carruagem estão Diego e a família carregando a bagagem e tendo Carlos como cocheiro. Atrás segue Dolores conduzindo a charrete.

Embora o esforço em ver o lado bom das coisas, o clima psicológico era de desolação, apreensão e medo.

Maria segue num dos bancos tendo um filho de cada lado, que periodicamente abraça, transmitindo seu amor e proteção. Faz algumas brincadeiras nas quais Diego participa, mas o casal está evidentemente preocupado.

Recordam mentalmente a fuga que precedeu o casamento e sentem-se fugindo novamente: o mesmo clima de aventura, mas sem a jovialidade e a despreocupação que acompanhou a sua deliciosa viagem de núpcias.

14

O canhão

O canhão estronda, surdo, grave, ao longe.

Há cheiro de pólvora queimada no ar.

O mesmo vento trouxe o cheiro e o som.

O mar está longe ainda, o dia custa a passar.

Por infelicidade quebra um eixo da carruagem.

Carlos parte em busca de algum carpinteiro que possa consertá-lo, mas com a aproximação das tropas francesas tudo é confuso, tudo é difícil.

Diego fica com a família.

Na beira da estrada, sentado à sombra de uma árvore, Diego vê franco-atiradores se espalharem pelo campo tentando conter o avanço das tropas francesas.

Ribomba ritmada a artilharia francesa: de quando em quando trovões se misturam às explosões dos canhões.

Começam a espocar estampidos e a infantaria francesa troca tiros com os guerrilheiros da resistência espanhola.

Diego vê-se com a família no meio do tiroteio.

Maria cobre os filhos com o próprio corpo e ora fiel à sua "Virgem Santíssima", suplicando pela vida dos filhos; Mercedes se ajoelha e resolve acompanhar a nora de mãos postas.

Diego procura ansioso um abrigo, não sabe o que fazer.

*

Próxima à estrada, a uns quatrocentos passos, há uma casa em ruínas. Decide que ali estarão melhor protegidos.

Maria vai na frente correndo com as crianças, leva Isabel num dos braços e dá a outra mão a Javier; Diego vai mais atrás amparando Mercedes, sua mãe.

Maria, tão doce, tão afetiva, tão meiga, tão bela é atravessada por uma bala de fuzil.

Ferida nas costas e perdendo bastante sangue, corre ainda com os pequenos e cai ao chegar à casa: na agonia da morte, ora:

— Senhora Santa Virgem, cuida dos meus filhos, que me sinto partir... Seja mãe desses pequeninos, que tão tenros ficam órfãos... Uma golfada de sangue a interrompe, mas com esforço prossegue:

— Ave Maria, cheia de graça, o Senhor é convosco, bendita sois vós entre as mulheres, bendito seja o fruto do vosso ventre. Santa Maria, mãe de Deus, rogai por nós agora e na hora de nossa morte. Amém.

Nova golfada de sangue, e Maria entrega sua alma a Deus.

Diego chega ileso com a mãe.

Olha Maria caída e ensanguentada, compreende que está morta.

Ah! Que dor infinita vê-la partir em situação tão trágica.

As crianças choram assustadas agarradas à mãe.

O sangue de Maria que deu à vida aos dois pequenos, agora lhes empapa as roupinhas, sempre cuidadas com carinho e zelo.

Ao ver-se molhada pelo sangue da mãe, embora não ferida, Isabel grita, grita, e agarra Javier com desespero...

Diego está completamente desorientado...

Cai de joelhos ao lado de Maria...

*

Um grupo de soldados franceses entra na casa em ruínas, baionetas caladas na ponta do fuzil.

Os soldados veem a seguinte cena: um homem ajoelhado com os olhos muito abertos, uma mulher deitada, ensopada de sangue, duas crianças gritando e chorando, também cheias de sangue, e uma senhora distinta (Mercedes), patética, os cabelos grisalhos, desgrenhada, sentada no chão de pernas abertas, olhos fechados e mãos postas.

Um dos soldados olha Diego nos olhos, e ao invés de cravar-lhe no peito a baioneta, vira o fuzil e lhe dá uma coronhada na cabeça.

Diego cai desmaiado ao lado de Mercedes.

Aquela cena é tão plena de dor, que os soldados saem rápido da casa.

*

Mercedes abre os olhos, faz um esforço enorme para sair do estupor, move-se um pouco e põe a cabeça ferida do filho sobre o seu regaço.

A saia que é azul-marinho, vai ficando escura com o sangue que verte da cabeça de Diego.

Balbucia algumas palavras tentando acalmar os netos, puxa os pequenos para si.

Mercedes, meiga, com as lágrimas escorrendo pelo rosto, pensa em Deus, passa a mão de leve nos cabelos do filho, e reza.

Mercedes sente a vida doer: dói o corpo, dói a alma.

*

O céu cinzento é substituído pela noite, a chuva cai.

As crianças cansadas adormecem.

Mercedes tem seus olhos negros abertos, mas a escuridão a impede de ver.

O tempo se escoa lento.

Vozes da noite: Diego delira falando palavras desconexas; vez por outra as crianças, dormindo, choram e chamam pela mãe; lá fora imprecações dos soldados; tiros de fuzil que vão se tornando escassos; o canhão solta seu rugido cada vez mais longínquo; finalmente silencia.

Um vulto luminoso abraça Mercedes e chora também, enquanto faz suas preces.

Uma sensação de alívio, de calor, envolve a alma da mãe de Diego, e um pensamento tênue e luminoso desponta na sua mente, qual pequenina estrela: dentro de algumas horas um novo dia irá nascer.

Finalmente ela dorme nos braços espirituais de seu pai, Dom Afonso.

Noite atormentada, noite escura e sofrida...

2ª Parte

A ampliação da família

Em que vários personagens se encontram e também em que alguns, infelizmente, se perdem.

15

Amanhece um dia cinzento

A chuva lavou o ar e perfumou a Terra.

O céu ainda estava cinza, mas a vegetação se vestia de um verde mais vivo.

Mercedes acordou com a claridade da madrugada penetrando a casa em ruínas.

Mais lúcida, depois de algumas horas de sono, readquiriu a condição de pensar: precisava sair dali e conseguir auxílio.

Aliviada, percebeu que o filho ainda respirava, retirou sua cabeça delicadamente de seu colo, levantou-se e saiu.

A carruagem havia sido incendiada, os cavalos desapareceram.

Destacavam-se os cabelos brancos de uma senhora, entre os arbustos, onde a vegetação era mais alta:

— Aqui, aqui, senhora, socorra-nos pelo amor de Deus!

— Senhora Mercedes, graças a Deus e à Santa Virgem, pensava que todos haviam morrido, gritou Dolores vindo correndo.

Mercedes, que não havia reconhecido a criada num primeiro momento, e que sempre havia posto uma distância entre ela e os empregados da fazenda, dirigindo-lhes a palavra quase exclusivamente para dar ordens ou tecer críticas ao seu trabalho, naquela manhã jogou por terra seus preconceitos sociais e econômicos e abraçou Dolores, chorando. As palavras saíam aos poucos, em meio aos soluços:

— Maria está morta... Diego muito ferido... os netos dormem... bateram em Diego... Maria morreu rezando... Isabel gritava...

— Não chore, dona Mercedes, Carlos logo vai aparecer, em tudo daremos um jeito, procure ficar calma.

Com cuidado entraram na casa. Rasgaram das suas abundantes anáguas tiras de pano e enfaixaram a cabeça de Diego.

*

Dolores narrou rapidamente o que havia acontecido desde que partiu com Carlos na sua pequena charrete em busca de um eixo sobressalente: como a charrete era muito lenta, Carlos hospedou Dolores num sítio próximo, desatrelou o cavalo e saiu em busca de um carpinteiro, embora tenham ouvido o barulho das tropas, a casinhola dos camponeses, que ficava a uns dois quilômetros da estrada por onde havia passado o grosso do exército, foi ignorada pelos franceses.

*

Dolores achou melhor Mercedes ficar ali, enquanto ela foi até à família que a havia hospedado. Pouco depois voltava com duas moças, uma bilha d'água e alguns pães.

Limparam o sangue das faces de Diego e dos netos e os levaram para fora da casa em ruína.

Tomaram pequena refeição à base de pão e água e voltaram para arrumar o cadáver de Maria da melhor forma.

Diego continuava desmaiado delirando, vez por outra.

Às 10 horas chegou Carlos. Vinha exultante, com o eixo atravessado na sela do cavalo, mas ao enxergar a carruagem queimada, uma expressão de profunda tristeza se desenhou no seu rosto e lágrimas correram abundantes quando soube da morte de Maria.

*

Alguns problemas práticos deveriam ser resolvidos: estavam praticamente sem dinheiro, dependentes da caridade daqueles camponeses pobres, pois tudo o que tinham – roupas, dinheiro, pertences pessoais – estava na carruagem que havia sido incendiada; o único meio de transporte era o cavalo e a charrete de Carlos, que dava para acomodar apenas duas pessoas e uma mala; Diego estava sem condições de ficar em pé; o cadáver de Maria estava insepulto.

Deram a Diego meia garrafa de rum para entorpecê-lo perante as dores morais e físicas.

Maria foi sepultada num pequeno cemitério, numa ermida, ali perto, envolta num lençol, cedido pelos camponeses.

A cerimônia fúnebre foi breve: Mercedes, Carlos, Dolores, Isabel e Javier ajoelhados, chorando e rezando. Diego dormindo sob o efeito da pancada e do rum. Alguns camponeses entre respeitosos e desconfiados fazendo o sinal da cruz.

Esta foi a última solenidade, na Terra, para aquela que, um dia, sonhou brilhar na alta sociedade espanhola.

16

O triste regresso

Na madrugada seguinte, após pernoitarem na casa dos camponeses, partiram em pequena comitiva.

Diego, Isabel e Dolores na charrete, Javier, Carlos e Mercedes a pé. Dolores insistiu para que Mercedes fosse na charrete, mas ela não aceitou. Com o tempo e o cansaço, deixou o orgulho e a vergonha pelo tratamento dado aos seus empregados nos últimos trinta anos e resolveu ir revezando--se com Dolores na caminhada.

Arrependida, descobriu que deixara de partilhar, por todos aqueles anos, da amizade sincera daquele casal que, embora pobre e iletrado, era muito mais nobre e sensato que seus fúteis amigos, condes e barões da corte espanhola.

Ao anoitecer do quarto dia chegavam de volta ao Solar.

Sujos pela viagem, acabrunhados, mais pareciam pobres peregrinos do que senhores daquelas terras.

Mercedes e Diego, silenciosos, alheios; Carlos e Dolores absortos em divagações; Javier e Isabel com os olhos vermelhos, agarrados um ao outro.

Carlos e Dolores se encarregaram de transmitir as tristes notícias; a morte de Maria sensibilizou a todos.

*

A situação de Diego não era boa. Na sua cabeça não havia nenhum osso quebrado; após alguns dias recuperou a saúde, porém algo se partira fragorosamente na sua alma: taciturno, calado, apático, não tocava no nome de Maria e se afastava caso a mencionassem na sua presença.

Principalmente à noite, ouvia-se no Solar os lamentos das crianças entremeados pelo choro:

— Quero a mamãe! Quero a mamãe! Estou com saudades da mamãe!

Diego procurava acalmar os filhos que se agarravam a ele; mantinha-se em silêncio, acariciando-os com uma expressão vaga e gestos quase mecânicos.

Os negócios não mais o motivavam; passou a descurar-se da aparência pessoal, tratava a mãe de maneira seca e continha a custo o enfado e a irritação, quando ela o cercava com seu carinho maternal.

Não mais cogitou de emigrar para a América.

O exército francês notificou Diego que devia entregar 500 cavalos para colaborar no esforço de guerra. O oficial encarregado de levar os animais ficou surpreso com a completa indiferença de Diego diante do sequestro.

As grandes doses de rum que lhe deram por ocasião da morte de Maria tiveram uma consequência nefasta: para conseguir pegar no sono necessitava de maciças doses de álcool. Aos domingos após o almoço e por vezes até em dias da semana era comum vê-lo dormindo embriagado em plena tarde.

Sem um administrador seguro no leme, o patrimônio amealhado com tanto esforço por Dom Afonso e ele, foi sendo dissolvido rapidamente.

Não mais foram ao "Palácio de Verão".

Trevas densas desciam sobre o Solar: em todos os aposentos, uma atmosfera de angústia e tristeza tornava penosa a vida e a convivência.

17

Onde está Maria?

Maria não havia conseguido ser uma estrela na nobreza espanhola, mas espalhada a notícia de sua morte, em cada casinhola da grande propriedade brilhava a luz de um sentimento de gratidão. Velhos, crianças, mães pobres, todos tinham dela uma grata lembrança: uma palavra amiga, um agasalho no inverno, um gesto de ternura, um conselho, uma receita de cozinha, a indicação de um chá para uma dificuldade de saúde, a solução de um problema de relacionamento e até alguns casamentos havia ajudado a consolidar.

Assim, após sofrer o impacto da tempestade de sua morte trágica e violenta, nascida da semeadura dos ventos da paixão e da traição, plantados em vidas passadas, Maria, após a morte, via um céu coberto de estrelas proveniente de sua recente sementeira de ternura e compaixão, enquanto senhora do Solar.

*

Embora a atmosfera decadente, descrita no capítulo anterior, Javier e Isabel oravam à noite e pela manhã à Virgem Santíssima, como sua mãe os havia ensinado. A prece das duas crianças eram um foco de luz naquela casa.

*

Um ano passado, Pablo, o escultor, sensível às manifestações de carinho dos camponeses e pressionado por sua criatividade artística, depois de passar duas semanas concebendo um projeto e fazendo desenhos, pediu o auxílio de Deus, de alguns santos de que era devoto e da Virgem Santíssima e chegou em Diego. Resolveu falar diretamente, sem preâmbulos, pela manhã, quando o humor do senhor do Solar estava menos depressivo:

— Dom Diego, peço sua autorização para construir uma capela dedicada à Virgem Santíssima e que seja um túmulo digno de sua falecida esposa. Todos aqui no Solar a amavam e sentem-se tristes pensando na senhora sepultada tão longe. Permita-me realizar essa obra. Em seis meses, valendo-me de três auxiliares, tudo estará pronto e transladaremos o corpo.

— Dói falar ou pensar em Maria, mas meus filhos precisam lembrar da mãe. Você está autorizado, contrate seis auxiliares e faça o trabalho em três meses; não precisa me expor os detalhes.

*

Pablo dedicou-se com todo empenho ao trabalho.

Na capela, Pablo evitou o solene e o suntuoso, que não combinavam com a alma da querida falecida; de outro lado não economizou em leveza, alegria, simplicidade e luminosidade.

Na estrutura do projeto Pablo utilizou de preferência a circunferência; a capela era circular, num dos lados um pequeno semicírculo definia uma parte mais elevada onde ficava o altar, volteando esse pequeno semicírculo os bancos, bastante confortáveis, que eram dispostos também em semicírculo, como num anfiteatro. Na nave central fez pequeno mausoléu subterrâneo para abrigar os restos mortais de Maria e de outros familiares que viessem a falecer, cobrindo a entrada do mausoléu uma lápide circular em plano levemente mais baixo, com uma estátua de um anjo cuidando de algumas crianças.

Vitrais igualmente circulares com vidros em tom azul-claro, rosa e amarelo davam a iluminação natural e bem suave, porém colorida, que se alterava com o movimento do sol, onde conforme a hora do dia preponderava determinada cor. Nessa profusão de brinquedos com a luz, Pablo projetou um detalhe muito engenhoso: um pequeno vitral colorido no teto deixava entrar um raio de luz rosada do sol, que era conduzido por espelhos, estrategicamente colocados; no meio da manhã o raio surgia iluminando a face do anjo que havia no túmulo de Maria; com o movimento do sol o raio de luz ia descendo até atingir o peito da estátua na altura do coração, quando então desaparecia.

Quanto aos quadros, Pablo valeu-se de um pintor, pouco conhecido, Gonzáles, mas muito talentoso. Escolheu apenas cenas alegres do evangelho: a multidão celestial cantando "glória a Deus nas Alturas, Paz na terra e boa-vontade para com os homens" nos acontecimentos do Natal; Jesus transformando água em vinho nas bodas de Caná; Jesus abençoando os pequeninos; Jesus pregando as bem-aventuranças etc. Gonzáles entrou no clima de alegria, e pintou as figuras bíblicas com leves sorrisos.

*

Terminada a construção, Pablo reuniu alguns homens e partiu com o cura[3] da aldeia em busca dos restos mortais de Maria que foram trazidos para a capela.

*

Maria morreu há mais de um ano.

Domingo pela manhã.

O sol esplende.

Os camponeses do Solar, com seus melhores trajes, estão reunidos no pátio; algumas tendas foram levantadas para abrigar melhor as pessoas. Roupas coloridas, crianças brincando.

O cura conseguiu trazer um bispo para a cerimônia de sepultamento e sagração da capela.

O bispo de feição carrancuda, conteve a custo seu desagrado face à alegre capela. No sermão da missa, louva a finada, mas seu sermão é duro, entremeado de latim, várias vezes usa a expressão "fogo do inferno eterno", porém poucos entendem o que fala; de outro lado, sua roupa vermelha e espalhafatosa dá um sabor infantil ao ato litúrgico, e sua voz grave parece compor com outros sons mais agudos do ambiente.

Um pequeno coral canta músicas religiosas.

Embora seja uma cerimônia fúnebre, um clima de festa invade o ar.

Concluída a missa, faz-se uma fila. Os camponeses vão entrando na capela, ajoelham-se e fazem suas preces por Maria.

Diego, sério ao lado da mãe e dos filhos, sente um alívio penetrar sua alma.

Naquele domingo não bebeu.

*

À noite, Diego voltou sozinho à capela deserta, onde algumas velas iluminavam frouxamente o ambiente. Examinou cada detalhe do trabalho

[3] Pároco, sacerdote católico responsável por pequeno povoado.

de Pablo, sentou-se num banco de madeira. Depois, movido por um impulso irresistível, ajoelhou-se, beijou a lápide e chorou longamente.

*

Animados com a capela, as duas crianças resolveram fazer lá suas preces matinais diárias e insistiram com o pai para que os acompanhasse. Meio relutante a princípio, Diego cedeu, e com o passar dos dias, naquela capela silenciosa e bonita, Diego começou, inconscientemente, a conversar mentalmente com a esposa falecida como se ela estivesse presente.

Com o fio do pensamento novamente ligado ao Espírito de Maria, percebeu que os mecanismos de sua mente voltavam a funcionar, e dizia, animado, aos filhos todas as manhãs:

— Hora de conversar com as duas Marias – referindo-se à esposa e à mãe de Jesus.

O terreno da sua alma arrasado naquela tarde trágica, quando a esposa partira, voltava a mostrar brotos verdes.

*

Curiosamente, cada um tinha uma opinião sobre onde estava Maria.

Diego afirmava:

— Maria está em toda parte; onde vou, a sinto.

As crianças com os dedinhos apontando para o Céu, afirmavam:

— A mamãe está lá.

Pablo referia-se à "capela onde mora Maria".

Os parentes de Sevilha, sarcásticos, afirmavam que a "linda bastarda", que tanto envergonhou os Rodrigues pela sua condição social, está morta e finalmente enterrada.

Uma mãe pobre, a quem Maria amou e serviu, pondo a mão no peito, disse à sua amiga, também beneficiada pela esposa de Diego:

— A senhora do Solar não morreu; ela estará sempre viva no nosso coração.

A amiga fez um aceno de concordância com a cabeça. Seus olhos não chegaram a lacrimejar, mas foi visível a sua vermelhidão.

*

Bendiga sempre a prece, seja qual for o seu credo. A prece é o grande remédio da alma, sempre eficaz quando nasce do coração e jamais fica sem resposta.

Na alegria ou na tristeza, na penúria ou na abastança, na saúde ou na doença, busca o plano superior, busca o que você considera santo: Deus, Jesus, Nossa Senhora, santos de sua devoção, benfeitores espirituais e abra o seu coração. O céu enviará luz ao seu Espírito e tudo terá um encaminhamento melhor.

Diego necessitou da capela projetada por Pablo. É provável que você não tenha condições práticas ou financeiras de construir uma capela, porém, qualquer lugar pode ser transformado num local de oração, basta que você procure Deus com amor e entendimento, com a alma e devoção. E seja na via pública, no local de trabalho, no quarto, na sala, no automóvel em meio ao trânsito congestionado você encontrará o bom Deus e o reino dos céus, que não vêm com aparência exterior, mas estão dentro de nós.

18

O raio de sol

Todas as manhãs era motivo de encantamento ver o surgimento do raio de sol e o seu movimento através da estátua, que obviamente representava Maria. As crianças viam isso com grande expectativa e aguardavam o fato como um momento mágico, onde a presença de Maria, na capela, parecia ficar mais intensa.

*

Alguns meses após a consagração da capela, numa manhã levemente fria, seu interior dava a impressão de estar envolto numa tênue névoa.

Nessa manhã quando o sol iluminou o rosto da estátua, Diego viu, com nitidez, Maria, vestida com simplicidade e elegância, de pé atrás da estátua. Seu rosto transmitia alegria, doçura, amor, inteligência, e uma indefinível emoção tomou conta de Diego:

— Sua mãe está viva, eu a vejo, está linda, louvado seja Deus –, exclamou Diego com a voz trêmula pela emoção.

As crianças não a viam, mas tinham plena consciência da presença da mãe:

— “Mamacita, mamacita”– diziam.

E ali ficaram os três, estupefatos. Repentinamente, Diego ouviu a voz de Maria, acompanhada do brilho do olhar que partia de seus olhos azuis e doces:

— Diego, levanta-te, trabalha! Todos precisamos de você. Esforce-se na prática do bem, abandona de vez o álcool que furta a sua dignidade. Enche-te de vida. Que exemplo você está dando para nossos filhos? Essa capela é um lugar de beleza e doçura, mas saiba que sempre estou contigo, não o abandonarei nem aos nossos filhos. Reconstrua sua vida, você é jovem e tem muito a contribuir para a nossa Espanha e para todos que aqui vivem. Nessa época de turbulência dê um exemplo de moderação. Não é a França que esmaga a Espanha; a Espanha está sufocada pela ignorância, pelo preconceito, pela cobiça e inveja que nos desunem. Seja você nesses tempos um raio de fé e de esperança para todos.

Diego nada respondia, tolhido pela emoção.

Maria aproximou-se, beijou Diego nos lábios e desapareceu. O raio de sol iluminava agora o coração da estátua.

Diego caiu de joelhos.

Pelo resto de sua vida, ao lembrar-se daquele beijo, sentiria ainda o contato daqueles lábios.

Curiosamente, mesmo levando em conta a ardência e a aventura de sua lua de mel e todos os anos de vida conjugal, que foram pautados por um grande entendimento sexual e afetivo, nenhuma carícia superou a emoção daqueles lábios espirituais, roçando os seus, levemente, naquela capela ao lado dos filhos.

*

Embora viesse melhorando sensivelmente após adquirir o hábito de frequentar a capela e orar com os filhos, aquele dia foi um marco na vida de Diego.

O evangelista Lucas, nos "Atos dos Apóstolos", descrevendo a visita de Ananias a Paulo[4], menciona que Ananias impõe as mãos sobre os olhos de Paulo, que estava cego, e escamas lhe caem dos olhos e o apóstolo recupera a visão.

O raio de sol, a visão, as palavras, o beijo de Maria alteraram profundamente o psiquismo de Diego, que passou a ver a vida com bons olhos novamente.

Saiu da capela um novo homem: Isabel no colo, Javier pela mão, cheio de vida, sentia nas duas crianças aliados poderosos a lhe transmitirem força e fé, e refletia: "os dois andaluzes, que conduzia, mereciam receber de herança um pedaço do solo de uma Espanha melhorada, livre, onde pudessem desenvolver sua inteligência e, principalmente, sentimentos fortes e bons, porque ser andaluz é principalmente ter um coração cheio de amor".

[4] Atos dos Apóstolos, cap. 9.

A família estava novamente unida, a morte vencida, uma mulher bonita e forte o amava, o sol batia em seu rosto e ele pisava o chão que lhe pertencia, caminhava com firmeza e pressa, unido a Deus na direção do cumprimento de seus deveres.

Os cabelos negros, com alguns fios brancos, tornavam-se mais brilhantes pelo suor que brotava de leve.

A pequena curvatura nas costas que adquirira nos últimos dois anos desapareceu por encanto.

Sentia-se cheio de vigor, a objetividade cristalizava-se na sua mente e desenhava-se no queixo que adquiria uma expressão determinada, porém sem arrogância ou grosseria.

*

Voltando ao Solar atirou-se aos papéis, fez cálculos, tomou decisões importantes nos negócios e foi chamando um a um, seus homens de confiança, dando ordens, traçando planos, resolvendo problemas.

Os capatazes levaram aos demais empregados a notícia que o senhor do Solar, Dom Diego Rodrigues, que todos conheciam, estava de volta ao trabalho e um clima de esperança e energia espalhou-se rapidamente por todos os moradores da fazenda.

*

Às 22 horas, Diego recolheu-se ao leito.

Antes de dormir recordou o beijo de Maria e sentiu novamente (seria o poder da lembrança ou ela novamente presente?) os lábios de Maria roçando os seus e adormeceu profundamente.

19

A volta por cima – I

A situação financeira era bastante difícil. Dedicando-se ao trabalho e concentrando-se naquilo que sabia fazer melhor, gerir a propriedade, criar e vender cavalos de raça, Diego conseguiu evitar a bancarrota, porém os quase dois anos de descaso perante os negócios, aliados à situação política instável, foram extremamente danosos.

Para continuar operando comercialmente teve que dispor de grande parte das terras e outros bens que havia laboriosamente conseguido nos primeiros anos de seu casamento.

Tentou manter até o último momento o "Palácio de Verão", que lhe trazia recordações tão gratas dos anos felizes que passou ao lado de Maria, mas não foi possível, teve que vendê-lo para pagar dívidas inadiáveis.

O Solar foi mantido com grande sacrifício.

Superada a crise financeira, o grande proprietário rural havia deixado de existir: a população da fazenda que havia chegado a quase mil pessoas, era agora pouco mais de duzentas e seu patrimônio estava reduzido à quarta parte.

Embora a contenção drástica de despesas, permitiu-se manter Pablo, o escultor, que poderia ser considerado como um luxo excessivo, mas que havia se transformado em um amigo, quase um irmão e que deixara de ser entendido como empregado. Referindo-se a Pablo dizia:

— Perdi os anéis, mas mantive os dedos de Pablo; eles produzirão novas joias.

Carlos e Dolores iam envelhecendo, Mercedes tomou a seu cargo tratá-los com todo o carinho. Deixaram inclusive sua casinha para os filhos já crescidos e passaram a residir no Solar.

*

Os cabelos brancos em poucos anos se alastraram pela cabeça de Diego.

Nesse período, o jovem viúvo era um partido interessante para muitas mulheres: se não era abastado, era nobre e rico.

Sofria o assédio dos vizinhos que o instavam a recompor parte da propriedade por meio de casamentos de interesse, e dos parentes de Sevilha que vez por outra procuravam solucionar o problema de alguma filha que estava passando da época, tida como adequada para o casamento.

Diego, entretanto, levava uma vida casta e celibatária. A luta para a sobrevivência do Solar, a presença de Maria que sentia frequentemente, a educação dos filhos não abriam espaço para que uma semente romântica pudesse ser abrigada no solo do seu coração, crescer num namoro, florescer num noivado e frutificar num casamento.

Com o tempo as coisas foram se estabilizando e a situação era essa:

*

Javier: dezoito anos, belo rapaz, bom filho, sensato, trabalhador e religioso, algo tímido, criado na fazenda era arredio perante a sociedade e só ia a Sevilha para auxiliar o pai na condução dos negócios. Diego e Pablo haviam cuidado de sua educação, transmitindo-lhe tanto os conhecimentos práticos de administração rural quanto um verniz humanista representado pelos clássicos de então. Para sua idade era um grande conhecedor de cavalos e de seu mercado.

*

Isabel: 16 anos, não era atraente – de pé, andando ou imóvel, o defeito dos pés tirava-lhe toda a graça, parecia estar se equilibrando numa corda bamba; sentada, ressaltava o seu rosto que não era bonito. Isabel havia sido excelente menina, porém ao desabrochar como mulher e perceber sua falta de encanto, adotou comportamento psicológico estranho: ora falava muito, tentando afirmar-se socialmente, ora se fechava num mutismo acentuado, não estando para ninguém. Isso preocupava o pai e o irmão, que nas suas crises não mais encontravam o comportamento afetivo e meigo que a caracterizava na infância. Eram comuns nela, inclusive, expressões de revolta, muito daninhas, por sinal, pois acrescentavam antipatia à sua falta de beleza. O carinho com que Diego se esforçava por cercá-la, fiel à promessa feita no dia de seu batizado, exercia uma influência salutar em Isabel, que parecia colher no amor do pai energias que não a deixavam desabar de vez.

Diego: quarentão, grisalho, homem bonito, saudável, situação econômica estável, porém limitada, sem muita expectativa de expansão; muito mais humano que na mocidade, próximo de Deus, refletindo muitas vezes filosoficamente sobre a vida e a morte. Conquanto a energia, a comum expressão de bondade e compreensão, um observador mais atento surpreenderia nuvens de tristeza passando sobre seu olhar. Essas nuvens provinham de sentimentos de culpa não resolvidos, adquiridos em momentos críticos de sua vida.

*

Diego não foi bem-sucedido nas suas fugas:

A primeira, no casamento, trouxe consequências funestas, das quais as mais tristes foram o suicídio de Antônio, pai de Maria, e a antecipação da morte de Dom Afonso, o avô.

A segunda, para a América, escapando dos problemas políticos da Espanha, resultou de forma indireta na morte da esposa e nos duros traumas dos filhos, introduzindo desequilíbrios psicológicos, principalmente em Isabel.

A terceira, pela recaída no álcool, produziu o grave desequilíbrio financeiro, que quase implicou a perda completa dos seus bens.

Curiosamente, o sentimento de culpa mais forte, e que resistia ao tempo, era pela fuga após a morte de Maria. As anteriores tinham alguma justificativa: a concretização do casamento com a mulher de seus sonhos e a viagem à América em busca de situação melhor para a família, mas a terceira não tinha nenhuma explicação a não ser a covardia perante a dor.

20

O encontro

— Vire-se para a direita, bem devagar, você está sob ameaça – disse uma voz brincalhona e a seguir perguntou:

— O que está vendo?

— Uma estrada deserta – respondeu Javier participando da brincadeira.

— Por que palmilhá-la só, se você pode trilhá-la bem acompanhado, ao lado de uma moça inteligente e sensível?

— E por quanto tempo a terei a meu lado? As mulheres mudam como o vento e muitos a disputam.

— Mas eu a um só quero, pois quero o melhor e o melhor é você.

— E se chegar a noite, e a escuridão nos envolver?

— O amor tem estrelas.

— E se o frio nos paralisar a marcha?

— O amor terá o seu calor.

— Laura, esta conversa está me tirando o fôlego...

— Pois a mim, dá fôlego para lutar por você...

— Pois que seja, Laura, eu aceito o seu pedido. Posso selá-lo com um beijo? – Falou Javier, com o rosto vermelho pela emoção que o jogo psicológico com a filha de Pablo lhe havia provocado.

O sol se punha no crepúsculo majestoso. Ondas de silêncio rolavam suaves pela tarde amortizando os ruídos dos pássaros e das pessoas.

Por ser o primeiro naquele tom, o diálogo já tinha ido muito longe. Caminharam em silêncio, lado a lado. Os olhares por vezes se cruzavam com forte intensidade.

A juventude, o ar do campo, a beleza da tarde, tudo os estimulava.

Ao se aproximarem do Solar ainda ficaram alguns minutos de pé, imóveis, na aventura da descoberta um do outro, os corações batendo forte. Depois se separaram, sem sequer se tocar, com receio de que aquele momento encantado se desfizesse.

*

— Javier, o que você tem? Por que esse ar absorto, dando até suspiros? Alguma mulher entrou em sua vida, ou será que saiu?

— Entrou, meu pai, entrou fundo, está na minha cabeça, no meu coração, corre pelas minhas veias misturada ao meu sangue.

— Quem?

— Laura.

Diego refletiu, lembrando-se do seu passado, confessando o seu amor ao avô. Recordou nitidamente até as expressões faciais de Dom Afonso. As palavras "o sangue é ruim" voltaram aos seus ouvidos. Havia uma grande distância social e econômica entre ele e Pablo. Pablo era um homem íntegro, mas os artistas naquela época eram vistos como irresponsáveis. Considerou os constrangimentos que Javier, tímido por natureza, teria ao apresentar o sogro e a sogra aos parentes nobres. De outro lado, do que lhe servira a condição social? Vivia recluso, cuidando da fazenda, da família e dos seus cavalos. Embora com seus títulos, não era chamado pelas costas de "Diego, o criador de cavalos"? A distância das futricas da sociedade espanhola não era para ele um descanso? O seu caminho não seria também o melhor para o filho? Não era bom poder escolher com liberdade a mulher que ele quisesse, independentemente de qualquer interesse material ou social?

Uma outra questão, no entanto, surgia: o que lhe garantia que Laura não estava usando o filho simplesmente como trampolim econômico e social? Ela era três anos mais velha que ele, e sabia, por Pablo, de sua perspicácia e inteligência. Considerou que um pouco de água fria viria a temperar a fervura, mas com cuidado para não apagar de vez o fogo. Levado pelo hábito de conversar mentalmente com Maria, falou consigo mesmo.

— E agora, Maria, o que faremos? Vê, o filho do nosso amor cresceu e agora quer seguir o seu próprio caminho. Vou pôr um freio tomando cuidado para não quebrar os dentes do cavalo. Está bem assim?

Sentiu um calor suave, gostoso, invadir o seu corpo. No seu entendimento aquele calor significava que a esposa aprovava.

— Javier, seja prudente nesse assunto. Recobre o autocontrole, volte a agir de forma atenta e enérgica. Não quero que nossos empregados passem a zombar de você por esses trejeitos ridículos. Nossa situação atual, como você bem sabe, não permite devaneios. Não admitirei qualquer ato da parte de vocês que comprometam minha amizade com Pablo. Ele é pobre, porém honrado e amigo. Falarei com ele, para permitir que você frequente sua casa, e conheça melhor a sua filha. Não quero que se encontrem a sós pelos campos, não quero falatórios. Pedirei à sua avó para convidar Pablo e a família para jantar conosco de vez em quando.

Aquelas palavras assustaram um pouco Javier, mas não deixou de perceber que continham um consentimento implícito, o que o ajudava a dar consistência aos seus sonhos românticos.

*

Javier não ignorava os transtornos que o casamento com alguém de condição social inferior significava naquela sociedade estratificada e preconceituosa, mas considerava que Laura valia a pena.

Laura era fisicamente uma moça comum, o corpo valorizado pela juventude, uma aparência saudável e ia parando por aí. O que estimulava Javier era a sua inteligência e a ousadia, incomuns nas mulheres daquele tempo, educadas para a submissão.

Embora a falta de recursos e sem condição de oferecer bons professores e preceptores à filha, Pablo havia, ele mesmo, procurado transmitir-lhe tudo o que sabia e incentivá-la na leitura dos livros do Solar, que Diego lhe cedia sempre que necessitava, autorizando-o, inclusive, a comprar alguns, vez por outra.

Laura escrevia com elegância, tocava bem guitarra, tinha boa voz para o canto. Embora tivesse algum jeito para as artes plásticas, não herdara o talento do pai nesse campo. Não tinha condição de ser uma artista profissional, mas para amadora, estava bem acima da média.

21

Namorando em noites estreladas

Javier vinha a galope montado num belo cavalo tordilho; exímio cavaleiro procurava saltar eventuais obstáculos que encontrava pelo caminho.

Seu destino: uma casa modesta oculta entre árvores centenárias; àquela hora, no cair da tarde, galinhas, ovelhas e cabras circundavam a casa aguardando a última refeição do dia.

Alertadas pelo barulho dos cascos do animal e de seu arfar nervoso, duas mulheres saíram da casa; Laura e Cecília, sua mãe, o receberam de braços abertos.

Cecília fazia o papel de cavalariça conduzindo o cavalo para o estábulo próximo à casa.

Laura, que sabia da chegada do pretendente, procurava se apresentar bem, já estava vestida para a noite, vestido modesto, mas elegante, confeccionado pela própria mãe.

As visitas de Javier à casa de Pablo se repetiam pelo menos três vezes por semana. Como dizia Laura:

— Javier chega sempre com as estrelas!

Pablo retornava do trabalho, mais tarde, e se dirigia para o banho.

Logo depois sentavam-se à mesa para o jantar. Cecília caprichava no cardápio, por vezes Laura acrescentava algum prato especial, feito por ela mesma. Embora simples, não faltava um copo de vinho e um bom queijo de leite de cabra.

Após o jantar, Laura tocava guitarra e cantava lindas canções. Uma noite ou outra dançava o flamenco, fato que aquecia sobremaneira o sangue de Javier.

Pelo menos uma vez por semana Laura ia jantar no Solar, onde era recebida com muito carinho por todos, inclusive por Diego, que a chamava de "minha futura filha"; era um namoro saudável, vivido em meio à grande simplicidade, conquanto o título de nobre espanhol de Javier.

No futuro Laura experimentaria ambientes sofisticados, finas iguarias, mansões, roupas caras feitas por costureiros afamados e amizades cultas, mas certamente a época de namoro com Javier foi a mais feliz de sua vida.

22

A volta por cima - II

Viver as oportunidades que se nos apresentam na jornada evolutiva da vida; não ver com tristeza as situações novas: mudanças de rumo muitas vezes vêm para melhor; não cercar a novidade com expectativas descabidas; nada indica que algo por vir seja espetacular ou muito melhor que o atual.

A novidade pode chegar sob diversas formas: um invento; uma alteração na situação política, social ou econômica; uma mudança de residência; uma pessoa...

O gatilho que disparou a forte renovação que ocorreu no Solar, modificando a vida de todos que lá residiam, foi Laura, a namorada de Javier.

Isabel, de início, reagiu de forma desconfiada, com uma ponta de despeito, depois foi se adaptando. Ao perceber que Laura não tinha o menor preconceito ou mórbida compaixão diante dos seus problemas e mesmo fazia brincadeiras delicadas com eles, e que talvez viesse a ser parte da família, encontrou na forte personalidade da namorada do irmão um apoio e um carinho de irmã mais velha que a cativou, aliviando as suas fortes carências afetivas.

Javier, após o primeiro impacto, asserenou-se e passou a conviver com Laura com mais naturalidade. Para alcançar o nível de maior maturidade da namorada, fez um esforço para amadurecer (ou parecer mais adulto) e tentar a todo custo manter a posição de chefe do casal, o que, a bem da verdade, não era fácil, tratando-se de Laura, uma matriarca nata.

Diego, com o avanço do romance, vislumbrou os netos, a descendência, a continuação do seu trabalho e da sua família pela perpetuação da espécie. Isso foi uma emoção nova, uma motivação importante.

Laura sentiu-se dando um grande passo: sua inteligência impunha realização, e a ascensão social permitiria a ela fazer, crescer, afirmar-se. Gostava de Javier, tinha a intenção de amá-lo e respeitá-lo, estava convicta de satisfazer-se plena, afetiva e sexualmente com o belo e vigoroso filho de Diego, mas realizar-se em todos os campos da vida, social, financeiro, político era o que mais a atraía. Em suma: havia um amor sincero, mas a paixão pelo poder era mais forte.

Laura não almejava o poder como fonte de lucro, de comodidades, pois prezava as coisas simples, ou mesmo de destaque, já que era indiferente ao aplauso, desejava o poder pelo poder, saber que dirigia, que poderia fazer valer a sua vontade, essa era a sua grande fonte de estímulo e satisfação.

23

Pré-requisito: um bom plano

Com o prosseguimento do namoro, tornou-se hábito Laura jantar com a família Rodrigues. Ela passou a aproveitar o ensejo para espicaçar Javier e, principalmente, Diego, com novas ideias, opinando sem timidez sobre a condução do Solar, com um desembaraço e inteligência que encantava Javier e preocupava Diego:

— É preciso procurar novos mercados para os cavalos, fora da Espanha, porque além de a Espanha estar empobrecida, aqui os cavalos andaluzes, embora apreciados, são comuns; no exterior eles são raros e, raridade, diferença são muito valorizadas pelos nobres. Numa viagem bem planejada seria possível estabelecer agentes comerciais na França, Inglaterra, Itália, com quem a Espanha tem boas relações no momento e posteriormente ir estendendo a rede. Como reforço devemos também distinguir os andaluzes, em geral, dos andaluzes produzidos pelos Rodrigues. A produção poderia ser aumentada com o arrendamento das terras vizinhas, que forneceriam rações em troca de uma percentagem dos animais.

E ia por aí além, tentando instilar na cabeça dos dois a expansão do poder econômico da família. Outras vezes tocava na questão política:

— Devíamos nos sacrificar, convivendo mais com a nobreza espanhola, embora a natural aversão que sentimos pelas futilidades e fuxicos da corte, é lá que estão pessoas importantes, pessoas que decidem, que podem dar a necessária cobertura às nossas atividades, permitindo-nos ter o apoio da monarquia, que será indispensável em operações de escala maior...

Curiosamente, conquanto eventuais expressões de desagrado em Diego, Laura conseguiu motivá-lo positivamente. Sentado na sua escrivaninha passou a refletir:

— Será que ela não teria razão? Não tinha agido nos últimos anos numa posição muito defensiva? Não teria sido melhor partir para novos negócios, ao invés de dedicar-se exclusivamente a evitar a ruína do negócio atual? Uma postura comercial mais agressiva não teria dado melhores resultados? Preocupara-se muito em manter, guardar, preservar, defender; não seria mais acertado ampliar, expandir, criar, arriscar calculadamente, atacar enfim?

Se aquela moça da roça não se intimidava em pensar e ousar nos negócios, quanto mais ele, Diego, muito mais experiente e capaz, vivendo naquele mundo há mais de 40 anos, tendo recebido tantas instruções de Dom Afonso, seu avô, que tinha mais de 70 anos de prática, o que não poderia fazer? Tentando competir com a futura nora, da qual gostava, mas que achava um tanto petulante, resolveu mostrar do que era capaz: tinha inteligência, coragem e ousadia, e além disso, experiência, tradição e sabia esperar.

*

Noite após noite no seu gabinete foi esboçando um extenso plano para o Solar, para ser realizado em dez anos e que devolveria à fazenda seu antigo poder.

Mas o plano não era uma volta ao passado? A dor, o trabalho árduo, as quedas morais haviam esculpido a alma de Diego; havia também a mulher amada, invisível, porém presente no fundo da sua alma. O plano que fazia não era simplesmente a realização de um negócio; deveria ser uma prova de amor à mulher eleita. Lembrava-se, nos mínimos detalhes, do afeto de Maria para com as crianças pobres da fazenda: por que não lhes dar de presente uma escola? Via, em pensamento, Maria receitando os seus chás: por que não montar um hospital que atendesse à população da fazenda e os vizinhos? Diego sentia que aquele cuidado com os detalhes das coisas que a esposa prezava seriam entendidos por ela como presentes mais preciosos, do que o nome e todas as joias de valor que lhe dera.

No seu íntimo, após todos aqueles anos de separação, estava tão casado quanto no nascimento dos filhos. Isabel e Javier, depois de crescidos, iam raramente à capela da Virgem Santíssima, ele, todavia, jamais faltava; toda manhã, religiosamente, era encontrado ali, fazendo suas preces. Dava-lhe enorme prazer moral a sua fidelidade, e a consecução dos seus planos no novo Solar seria sua maior demonstração de amor à esposa.

*

Delineado o plano, passou a discuti-lo com Javier e Pablo, que contribuiria no projeto das construções e tornaria tudo mais bonito. Os seus capatazes também foram ouvidos, para enriquecerem a concepção original com novas ideias, e sentirem-se coautores, consequentemente mais motivados e comprometidos com sua execução.

Conversou com Laura sobre o plano um tanto constrangido no começo. Mas ao perceber sua inteligência com relação aos negócios ficou satisfeito em não excluí-la; na sua morte ou velhice, não seria ela o braço direito de Javier, na manutenção da propriedade?

Ao inteirar-se detalhadamente sobre o que o futuro sogro havia planejado, Laura mostrou-se surpresa com a competência de Diego. Não ficaram íntimos, mas ficaram mais amigos, respeitando-se mutuamente.

*

Diego melhorou seu humor, suas gargalhadas se tornaram mais comuns, quando deu início à realização de seus ideais.

Laura procurou não demonstrar a sua própria alegria. Ninguém percebeu sua verdadeira motivação: dera um passo importante em direção aos seus ideais; dentro de si considerava que havia conseguido um colaborador importante, não só para planejar, como também para conduzir as reformas que desejava; sentia-se como um chefe de exército ao conquistar um bravo e competente general para lutar a sua guerra.

Mas havia uma diferença fundamental na postura de ambos: Diego entrava na luta com todo empenho, cheio de fé e esperança, apoiado no amor que sentia pela família, olhos postos no céu; Laura assistiria à luta, apaixonada pelas perspectivas de poder, com os olhos voltados para a Terra.

24

As mãos

O escultor martela o buril arrancando lasca após lasca do bloco de granito.

Foram necessárias três parelhas de bois robustos para arrastar a pedra bruta até a oficina-ateliê.

Vez por outra, dá polimento à parte da pedra já lascada e passa a mão pela escultura de olhos fechados, sentindo-a e crendo que os dedos serão mais fiéis que os olhos na aferição da forma.

Na bancada, alguns desenhos a carvão dão a ideia do que pretende: a escultura de um cavalo, que expresse docilidade, elegância, força e resistência.

A facilidade: o granito por si já traduz resistência e força; o desafio: como expressar docilidade, agilidade e elegância através daquela pedra dura.

Do mesmo modo que a escultura vai tomando forma na pedra, acomodando-se aos eventuais defeitos e falhas que a pedra apresenta, dentro da mente de Pablo também o projeto inicial vai se modificando, à medida que se realiza.

*

Diego entra silencioso na oficina.

Pablo está de costas para a porta grande, de maneira que o bloco de pedra à sua frente receba toda a luz, visto a porta, sempre aberta, ser a única fonte de luz do local.

Lá fora ouve-se um tropel de cavalos. Pablo se vira e vê Diego. Silencia por alguns segundos, depois como se saísse de um profundo devaneio, diz:

— O que deseja? Em que posso servi-lo?

— Venho pedir a mão de sua filha em casamento; o meu sangue se unirá ao seu por meio de Javier e Laura.

— Não será imprudência levar a filha do homem de avental, que ganha o pão com os calos de sua mão, para a mansão do fidalgo?

— Não, pior seria se fosse filha de um homem sem caráter, que tivesse as mãos cheias de crimes e trapaças. Se Laura tem as mãos tão honradas quanto as do pai, somente poderá enriquecer a minha casa.

— Pois seja como o senhor e eles querem. Porém, eu tenho duas condições: o sogro pobre do fidalgo rico e senhor dessas terras, continuará trabalhando suas pedras, seus tijolos e suas tintas como sempre fez; em outras palavras: concedo a mão de minha filha, mas não as minhas; a segunda condição é que continuarei vendendo o meu suor pelo mesmo preço. Devido à distância econômica que nos separa, a preservação da minha dignidade exige que fique bem claro que nesse momento estou concedendo, jamais recebendo, ou muito menos ainda, vendendo.

— Condições de um homem de bem e honrado, que eu aceito. Seja então um aperto de mãos o selo do nosso compromisso.

Diego estendeu sua mão fina que foi calorosamente apertada pelas mãos calejadas de Pablo. Enquanto isso os dois homens se olhavam no fundo dos olhos, tentando um compreender o que o outro pensava, e também testemunhar o que ia no fundo do seu sentimento.

Após o cumprimento, Diego saiu sem trocar mais palavras com Pablo.

Voltando para casa falou, entretanto, a Maria:

— Maria, gosto do estilo dele, nas esculturas, nas pinturas, nas construções e sobretudo, nos atos. Se a filha seguir o exemplo do pai, Javier receberá um dote sem preço: a honradez.

25

O casamento

É manhã de primavera.

Javier completa 21 anos nesse dia.

*

Parentes e amigos de Sevilha vieram em pequeno número assistir a uma cerimônia que a maioria considerava vergonhosa para os Rodrigues: Javier casar com uma mulher do povo, sem brasões, que mal sabe quem foram seus ancestrais. Isso depunha contra o nome dos Rodrigues em geral, e sentiam-se prejudicados pela escolha de Javier.

Não bastava o pai, Diego, que tanto embaraço trouxe ao nome da família, com seu casamento secreto com Maria, filha de um bastardo, para agora terem de engolir a filha de um pedreiro partilhando seu sobrenome.

— Tal pai, tal filho – comentavam.

*

Todos os moradores do Solar foram convidados. Suas roupas domingueiras e coloridas, seu modo de falar alto, suas gargalhadas, espalhavam um verdadeiro clima de festa.

Dois novilhos haviam sido mortos e o cheiro da carne assada misturado a outros quitutes espalhava-se pelo ar.

Os camponeses, na sua maioria, fizeram questão de presentear o filho "do meu compadre" ou "do meu padrinho" Dom Diego. Foi preciso levantar um pequeno cercado para os presentes vivos: galinhas, cabras, e muitos outros animais domésticos; um cômodo do Solar foi ocupado por uma montanha de flores, plantas, bordados e artesanatos.

Alguns traziam um simples ramo de flores, ou um bolo feito especialmente para os noivos. Essa delicadeza de espírito, manifestando-se em sinais de amizade, falavam fundo ao coração de Diego e de seus filhos.

*

Javier um tanto tenso.

Diego sereno.

Laura muito alegre, sabendo que é invejada e isso lhe dá uma sensação de sucesso. A expectativa da intimidade conjugal com Javier também a estimula. As naturais pressões do sexo estavam chegando a um nível insuportável para os dois, e o fato de a noite de núpcias estar a poucas horas lhe traz uma espécie de alívio, da calma do vento antes de desabar o temporal.

Isabel, nos seus 18 anos, tudo observa e embora seus problemas psicológicos, irradia doce alegria; os laços de profundo amor que a unem ao irmão, fazem que, ao vê-lo feliz, sinta-se igualmente feliz.

Pablo e Cecília, vestidos com distinção, mas sem ocultar sua condição de plebeus, passeavam, sendo frequentemente abordados por Diego, que se empenhava para que fossem cercados de toda a consideração.

*

Um dos presentes à cerimônia destoava dos demais. Antero, aparentado distante, não tinha o sangue dos Rodrigues. Havia sido trazido pela mãe, que vislumbrara na festa a oportunidade de fazer que o filho respirasse os ares do campo e saísse da toca.

Antero era cego, "comia e dormia" música, não era fácil conseguir que abandonasse seus exercícios musicais para se aproximar de outras pessoas. Pálido, na casa dos trinta anos, mãos finas de pianista, magro e encurvado, uma expressão alheia, na qual a cegueira reforçava o seu deliberado isolamento, ingênuo, dependente da mãe.

Um grupo de jovens, observando Antero e Isabel, resolveu fazer uma brincadeira de mau gosto:

— Antero, você precisa se aproximar de Isabel, irmã de Diego. É uma moça linda, fogosa, e que vai lhe proporcionar mais prazer do que você jamais imaginou. Embora solteira, é uma amante muito disputada e tem uma queda pelo exótico. E você, com sua cegueira, e seus dons musicais, tem um quê de diferente, ao qual absolutamente ela não resistirá..., e a armadilha foi por aí afora.

Antero, extremamente carente, entre pessimista e esperançoso, caiu no engodo.

Isabel havia se dirigido a um banco do jardim, e estava sentada, imersa nos seus pensamentos.

Conduziram Antero até o banco onde estava Isabel, fizeram as apresentações, e foram se esconder atrás de alguns arbustos para observar a cena, fazendo comentários galhofeiros e sarcásticos, com objetivo de colher detalhes para enriquecer suas conversas de salão:

— A aleijada e o cego...

— Feitos um para o outro...

— Se ele pudesse ver seu rosto, cairia do banco...

— Fariam um belo par: ele trôpego carregando-a às costas, e ela, entre crises de raiva, indicando-lhe o caminho...

Isabel na sua inocência, alegre pelo casamento do irmão, e por ter Laura, que ela já considerava uma irmã, oficialmente na família, estava com espírito receptivo, e dada sua alternativa de ficar calada ou falar muito, entra pelo caminho de falar muito.

Antero entende a loquacidade de Isabel como caminho livre e julgando-se a sós com ela no jardim, decide pelo ataque frontal e imediato.

Pede para tocar-lhe, para poder visualizá-la por meio das mãos, apalpa o seu rosto, e imediatamente desloca as mãos para baixo e acaricia os seios de Isabel, com uma certa violência.

Isabel desvencilha-se, energicamente.

— O que você está pensando? Tente mais alguma coisa e meu pai e meu irmão farão que pague com a vida seu atrevimento!

Mas num lance tragicômico, Isabel cai do banco. Antero sem perceber o que estava acontecendo, procura desculpar-se:

— Não me leve a mal, senhorita, foi sem querer, eu não posso vê-la... aconteceu alguma coisa... a senhorita porventura caiu?

Alguns do grupo que haviam planejado a brincadeira saem de trás dos arbustos, seguram o ventre e riem a bandeiras despregadas.

Vendo-os, Isabel percebe que caiu numa armadilha, num acesso de raiva e dor, fica ainda mais descontrolada e não consegue ficar de pé.

— Malditos, perversos, vão embora, desapareçam, vocês não são gente, são animais, são mil vezes mais horríveis do que eu com minhas pernas tortas e meu rosto de cereja.

Os gozadores riem ainda mais dos impropérios de Isabel e vão se afastando lentamente, com seus comentários grosseiros.

Antero se recompõe e entende finalmente o que fizeram com ele:

— Perdoe-me senhorita, eles me enganaram, a descreveram como uma moça leviana, e eu indesculpavelmente caí no engodo.

A seguir, estendeu os braços em direção a Isabel e auxiliou-a a sentar-se e prosseguiu:

— Isabel, nós que temos defeitos físicos devemos encarar de frente nossas dificuldades, e não permitir que elas comprometam o que temos de bom. Você tem dificuldades para caminhar, mas tem que entender que é só essa a sua limitação, todas as outras oportunidades da vida estão abertas para você, e você não é inferior por ter as pernas tortas, como eu não valho menos por ser cego.

Naquele momento, aos dezoito anos, tendo aquele defeito desde que nasceu, Isabel percebeu, pela primeira vez, que não era a única deficiente física do mundo.

Conversaram quase por uma hora, Antero falava abertamente da sua cegueira, e Isabel desabafou, entrando em minúcias sobre seus problemas, isso lhe fez um grande bem.

A diferença de idade, dava a Antero um certo ar paternal, que sensibilizou Isabel, sempre carente de proteção; a ingenuidade e a vivacidade de Isabel, o profundo amor que tinha pelo pai e pelo irmão, também calaram fundo em Antero. Um clima de afinidade se estabeleceu entre os dois, comprometeram-se, inclusive, a trocar correspondência. Antero era amigo das cartas e dada a dificuldade de locomoção a mãe lhe servia de secretária escrevendo e lendo sua correspondência.

Isabel ficou satisfeita com o novo relacionamento, e resolveu apresentar Antero ao pai, que devia, segundo o seu entendimento, compartilhar de tudo o que acontecia na sua vida. Diego dedicou alguns minutos a Antero. Embora com uma certa surpresa, tratou-o de forma afetiva em consideração à filha.

No meio do tumulto do casamento, Isabel fez com que Laura e Pablo também conversassem com Antero. Laura, que também era instrumentista, tratou com simpatia Antero, Pablo, artista plástico e Antero, músico, tiveram grande facilidade em compreender-se, e quem os observasse, pouco tempo depois de terem sido apresentados, os consideraria amigos de longa data.

Antero sentiu-se encantado com a acolhida de todos. Tinha ouvido falar em Diego, o grosseiro criador de cavalos, mas percebeu que a realidade era bem outra. Sentiu um ar bem mais puro naquela família, do que no ambiente artificial de Sevilha, e manifestou o seu apreço, repetindo por várias vezes a Isabel:

— Você é uma moça de sorte. Está cercada de pessoas que têm um coração.

Naquele dia de casamento, na noite da cegueira de Antero, que não era apenas física, nasceu uma lua, a afeição por Isabel, e também quatro estrelas: a simpatia por Diego, Javier, Laura e Pablo.

Os gozadores tinham sido proféticos em dois pontos: ele carregaria Isabel, suprindo a sua insegurança, e ela faria com que ele enxergasse, mostrando os exemplos de amor que haviam no seu lar.

*

O casamento de Javier e Laura foi celebrado na capela da Virgem Santíssima.

A maioria das mães é extremamente fiel no amor aos filhos, embora a maioria dos filhos seja ingrata. Mesmo quando partem para o lado de lá, é muito provável que continuem velando pelos filhos, pois há uma grande semelhança entre as mães e as estrelas: brilham mais na noite escura, e acima das nuvens, nas tempestades.

Todos os acontecimentos, inclusive os que envolveram Isabel, foram acompanhados por uma mulher, muito bonita, de cabelos grisalhos, olhos azuis profundos e doces. Na hora do casamento estava ao lado de Diego, envolvendo-o ternamente. Quando Javier e Laura se ajoelharam para receber a bênção nupcial, ela se dirigiu até o casal, ajoelhou-se um pouco atrás, e os abraçou, enquanto elevava seu rosto para o céu e orava a Maria, Mãe de Jesus, pela felicidade dos dois, aliás o que tinha feito sempre por Javier, mesmo naquela noite trágica, esvaindo-se em sangue.

Invisível aos olhos carnais, Maria havia decidido acompanhar Diego no envelhecimento físico e ia se mostrando sucessivamente mais velha, mas sua madureza nada tinha de decadente, dava mais força moral à sua aparência.

Ela, que na Terra havia viabilizado alguns casamentos, como Espírito auxiliava os filhos na constituição da família.

26

A maledicência é irmã da mentira

Em Sevilha, na sala elegante, cavalheiros e senhoras distintas conversam para matar o tempo. Diego é o tema das fofocas.

— Pobre Diego, um casamento infeliz com um fim trágico: a esposa assassinada. Passa-se o tempo e não consegue atrair nenhuma mulher com quem possa refazer a vida. O filho mais velho, um matuto, casa-se com a filha de um pedreiro da fazenda. Na minha opinião isso só pode ter acontecido em virtude de alguma gravidez indesejada. A outra filha, aleijada, une-se a um cego, que vai morar com ele, aumentando-lhe os problemas. Isso deve ser castigo de Deus para um homem sem religião. Fez uma capela na fazenda que mais parece um salão de festas.

— Isso vem da sua educação. Dom Afonso é o culpado; Diego foi criado entre cavalos, passando o dia nas estrebarias, pisando esterco. Diego é nobre pelo sangue, mas sua alma é bruta, sem nobreza, e sua cabeça sem inteligência. Sua mente é de um cavalariço.

— Você tem razão, aí estão seus problemas. A nobreza se apoia em dois princípios: o ócio e o orgulho. A humanidade é dividida entre nobres e plebeus. Os plebeus, incapazes de apreciarem as coisas boas e sofisticadas da vida, foram feitos para o trabalho e demais atividades grosseiras que lhes ajudem a passar o tempo. Aos nobres, Deus destinou os finos prazeres e os grandes feitos que exigem tempo livre, ou seja, o ócio. O orgulho é a grande muralha mantida pelos nobres que dividem os dois grupos. Diego absolutamente não é nobre, pois é um homem sem orgulho, trata os inferiores como iguais, não sabe manter distância da ralé; de outro lado consome o seu tempo trabalhando como um burro de carga sem tempo para cultivar os finos prazeres, que certamente não aprecia.

— Voltando atrás na conversa, não acho que Dom Afonso tenha alguma coisa a ver com isso. Creio que o principal culpado é o rum, que toma bastante desde a mocidade.

— Entretanto, sei de fonte limpa, que ultimamente as pesetas chovem em torno dele.

— Dinheiro é sorte. O diabo deve ajudá-lo.

— Quem o ajuda é a sua avareza, leva uma vida de frade: come com os empregados; veste-se com simplicidade; tem um único criado, assim mesmo um velho; nunca soube que viajasse para o exterior; nem sequer tem uma amante...

— Vamos mudar de assunto, senão daqui a pouco começaremos a sentir cheiro de esterco aqui na sala.

27

A verdade brilha - II

Tarde chuvosa, fria, aconchegante.

O trabalho na fazenda está encerrado.

Numa sala do Solar a lareira está acesa.

Ao calor da lenha queimando acrescenta-se o aconchego da canção que Antero compôs e que executa ao piano; Laura o acompanha com sua bela voz de soprano.

Isabel, quem diria, casou-se. O ventre proeminente anuncia novo habitante no Solar.

O filho mais velho de Javier e Laura, Afonsito, está com quatro anos, uma garotinha de dois anos, Laurita, corre pela sala com seus passos trôpegos.

*

Diego, sentado na poltrona, ouve a canção e deixa-se levar pelos pensamentos.

Talvez sonhe, talvez imagine, talvez viva, por momentos, num outro mundo. Passeia de mãos dadas com Maria por uma bela alameda:

— Esse é o lugar em que vivo, Diego, aqui não há guerras, não há cobiça, todos trabalham tendo o bem comum como objetivo.

— Quisera estar aqui com você.

— Você está aqui, comigo, nesse momento.

— Quisera estar sempre.

— Sempre, nem eu estou. Com frequência vou a outras regiões desse mundo espiritual, algumas se caracterizam pelo sofrimento e pela ignorância. Vou também à Terra, à Espanha, ao nosso querido Solar, onde agora seu corpo descansa. Viajo bastante, meu pai, Antônio, está vivendo situações difíceis na América, onde renasceu. Sempre que posso vou vê-lo e auxiliá--lo. Sou muito grata a você, meu amor, pois lhe devo, em parte, a felicidade que desfruto. Ao me tornar senhora do Solar, você me deu a oportunidade de praticar pequenas obras, que me ajudaram muito quando aqui cheguei. Jesus, no seu Evangelho, propôs a parábola do mordomo infiel: "o mordomo de um poderoso senhor foi acusado de dissipar seus bens e estava em risco de perder sua mordomia. Para granjear amizades, que o auxiliassem, o mordomo infiel adulterou os débitos dos devedores do seu senhor para menos. Para quem devia, por exemplo, 100 medidas de azeite, anotou 50, para quem devia 100 alqueires de trigo anotou 80 etc. O senhor sabendo disso, louvou o mordomo infiel, por granjear amigos com as riquezas da injustiça". Assim fiz eu, dei do que lhe pertencia, e isso foi muito bom para nós dois. Podia ter feito muito mais, mas o que fiz, valeu.

— Em que direção você acha que devo agora concentrar meus esforços?

— Você, nessa altura, está livre para agir. Os negócios estão novamente florescentes e Javier com o apoio de Laura tem condição de manter o rumo. Neste século XIX acontecerão grandes modificações, prepare-se para elas. Faça a sua sementeira. Divulgue o saber difundindo a alfabetização entre os pobres, tanto adultos quanto crianças. Instrua-se no Evangelho de Jesus, leia e medite o novo testamento, procure descobrir o conteúdo de cada versículo. Compile os mandamentos de Jesus e procure segui-los. Temos obras importantes a fazer e você deve estar preparado.

A seguir, beijou-o nos lábios, leve e docemente.

*

Diego acordou com um carinho da neta Laurita que beijava sua mão.

Lembrou-se do cigano Honório e de sua previsão de uma velhice tranquila ao lado dos netos. Rememorou as vicissitudes por que passara nos últimos 20 anos e da paz que sentia no ninho familiar. Onde estaria Dom Afonso, seu avô? Seu olhar dirigiu-se automaticamente para Afonsito. Ele não tinha feito nenhuma sugestão, Javier firmou o nome, logo no início da primeira gravidez de Laura, de forma taxativa:

— Se for homem, e será, terá o nome de meu bisavô: Afonso, Dom Afonso, senhor desse Solar.

*

Quais seriam as novas lutas que o futuro lhe reservaria? Sua velhice seria pontilhada pela decadência física? Ao se aproximar dos 50 anos, alguns sinais já apareciam: não cavalgava com o mesmo desembaraço e elegância, a força física diminuíra, os cabelos grisalhos, algumas rugas... Mas ainda tinha muita disposição, refletiu.

Mercedes e Dolores haviam partido com a diferença de poucos meses, Carlos continuava fiel ao seu lado.

Antero, com sua música, havia enriquecido a atmosfera do Solar; a harmonia de suas canções, o seu desinteresse por coisas materiais, seus amigos músicos que vinham visitá-lo às vezes, tudo isso contribuía para uma espiritualização do ambiente.

Isabel com sua afirmação como mulher resolvida, estava mais esperançosa e equilibrada. A maternidade que se avizinhava a tornava extremamente afetiva.

Laura o assustava um pouco com a sua determinação em vencer, sem muita preocupação com a lisura dos métodos. Exercia forte domínio sobre Javier, mas felizmente havia alguns pontos em que o filho não transigia, nem permitia questionamentos. Ele, Diego, mantinha as rédeas e fazia questão de assumir pessoalmente as decisões mais importantes; isso também lhe dava alguma segurança, embora soubesse que Laura não podia ser subestimada; sua capacidade de conduzir, influenciar e atingir seus objetivos era notável, e ia aumentando com o tempo e a prática.

*

A noite chegou e os grandes candelabros de prata foram acesos.

A chama das velas, movimentadas pelo vento suave que penetrava na sala, pareciam centenas de bailarinas dançando em perfeito sincronismo, os mesmos movimentos.

Carlos veio anunciar que o jantar estava servido. Seguiram os casais:

Javier e Laura, Isabel e Antero, Diego e Laurita que quis a mão do avô. Depois de alguma hesitação, Afonsito decidiu tomar a mão do avô, Laurita cedeu e optou pelo colo de Carlos, muito jeitoso com crianças, cativando-as com histórias e brincadeiras.

Enquanto jantavam, a conversa seguia espaçada e calma, com comentários triviais sobre a comida e acontecimentos do dia.

Diego, um tanto alheio, participava vez por outra enquanto pensava novamente: por quanto tempo Deus lhe permitiria aquela vida feliz?

28

A escola

O Solar dos Rodrigues recuperava o seu poder.

O criatório de cavalos crescia, ia se aproximando da meta fixada por Diego: produção anual de 2.000 animais. A população da propriedade passava de 200 famílias, que implicavam mais de 400 jovens e crianças.

*

Com o passar dos anos, a atividade comercial, embora com volumes expressivos, tornava-se enfadonha para Diego.

Sentia-se cada vez mais atraído por atividades que satisfizessem o seu coração. Era inabordável por mulheres. Elas tentavam laçar o cinquentão rico e ainda charmoso, mas Diego mantinha-se firme, tratando-as fria e formalmente. Maria estava sempre presente em sua cabeça e em seu coração; a sua fidelidade à esposa falecida lhe dava enorme satisfação e a certeza de que esse seria o preço que pagava para unir-se a ela quando a morte o levasse.

Os seus acessos de cólera com os empregados tornaram-se raros. Era comum encontrá-lo em alguma casinha visitando um doente, ou simplesmente fazendo uma cortesia. Atendia de bom grado aos convites para padrinho de casamento e batizados, e ao longo do tempo acabou tendo algumas centenas de afilhados, que conforme o costume da época, vinham respeitosamente beijar a sua mão. Esses convites tinham uma ponta de interesse, porque sempre rendiam um presente, que para aquela gente pobre tinha muito valor, mas eram também o resultado da gratidão, do respeito e da amizade.

*

À época do namoro de Javier e Laura, incluíra no seu projeto de 10 anos uma ideia, que se resumia, nas suas anotações, num simples nome: "Escola Dom Afonso Rodrigues".

A influência persistente de Maria, que ia se acumulando no seu inconsciente ao longo dos anos, foi se cristalizando na necessidade imperiosa da realização desse projeto. Sentia cada vez mais forte a vontade de expressar seu amor pela fazenda, pelos empregados, pela Espanha.

Era quase físico o desejo de afirmar a pureza de coração, a alegria e a esperança, numa obra compartilhada com todos.

Necessitava de um parceiro para a realização do sonho: detalhá-lo, edificá-lo, pô-lo a funcionar. Naturalmente, embora já envelhecendo, ninguém melhor que Pablo, além de amigo, aparentado.

Pablo acolheu a ideia com entusiasmo, e passou a produzir seus desenhos e exteriorizar suas ideias: simplicidade, beleza e utilidade, desenvolvendo o intelecto, a moralidade, o senso artístico e dando uma profissão que possibilitasse aos jovens ganhar a vida com dignidade. Disso nasceu o currículo com as matérias: espanhol, aprendiam a ler, escrever, e por meio de livros escolhidos, tinham rudimentos de literatura; geografia e história da Espanha, ensinando às crianças e aos jovens a amarem seu país; matemática, para desenvolver o raciocínio lógico e ter uma base para o comércio; música, arte universal, e de fácil execução (principalmente o canto); religião, para aprenderem a moral e a fé; criação de cavalos, que lhes possibilitava trabalhar na própria fazenda, ou em qualquer outro lugar do mundo, visto a raça Andaluz ser muito difundida.

A escola foi construída, um edifício sólido, com grandes arcos. Possuía biblioteca, auditório para palestras e execuções musicais e seis salas para as aulas teóricas. As aulas práticas de criação de cavalos eram dadas nas cocheiras e piquetes da própria fazenda. Os alunos aprendiam equitação, doma, rudimentos de veterinária e a reconhecer os caracteres raciais do Andaluz.

Antero, marido de Isabel, encarregou-se da parte musical, para as demais matérias foram contratados professores.

Um único traço diminuía a escola: era só para o sexo masculino. Embora os argumentos de Pablo, Diego não quis enfrentar os preconceitos da época. Com o tempo, permitiu-se que as meninas frequentassem as aulas de espanhol e música, mas seu número era muito reduzido em virtude da resistência dos pais.

Os melhores alunos tinham como prêmio a oportunidade de irem até Sevilha prosseguirem os estudos.

Diego dedicava boa parte de seu tempo à direção da escola, o que lhe dava muito prazer.

*

Nas suas idas, todas as manhãs, à capela da Virgem Santíssima, o tema "Escola Dom Afonso Rodrigues" era quase certo. Expunha a Maria todos os detalhes e em tudo pedia a sua opinião.

Diego não entendia com clareza a presença da esposa; considerava a maioria dessas conversas, produto de sua imaginação. Admitia que era um jogo mental que aprendera e que o confortava. Mas também, por vezes, ficava desconfiado de que Maria estava efetivamente presente, dado o inusitado dos pensamentos que lhe vinham e a emoção que o tomava quando tratava de assuntos graves e importantes.

29

Um velho frade

Toc, toc, toc, ...

O cavalo pequeno e sem raça martela os cascos na alameda calçada de pedras. Na sela um velho com a cabeça raspada no alto, cabelos grisalhos, cortados como se fossem uma tigela de cabeça para baixo, pequeno de estatura, olhos vivos, vestindo o hábito branco dos dominicanos. Escarrapachado na sela velha e puída, o cavaleiro mais parecia repousando numa cadeira de balanço após o almoço, do que cavalgando.

— O que o senhor deseja? – perguntou Diego, saindo da varanda do Solar e dirigindo-se ao velho.

— Levar Jesus, mestre do amor e do sacrifício, às crianças, homens e mulheres.

— Com que objetivo? – insistiu Diego.

— Para fazê-los felizes, mostrando o caminho da caridade, da humildade e do perdão pregados por Nosso Senhor.

— E o que espera ganhar com isso?

— Dos homens, nada, não quero seguir o exemplo de Judas que vendeu o Senhor. De Deus espero a paz da consciência e a alegria de poder falar em seu nome.

— Como soube que precisava de um padre para ensinar religião na escola da fazenda?

— Deixe que eu me apresente: o senhor, pelo que me descreveram, é Dom Diego Rodrigues, proprietário destas terras. Meu nome é Manoel Vasques Saavedra. Durante 20 anos fui casado, depois minha mulher morreu, meus filhos emigraram, indo fazer a vida nas Filipinas. Achando-me já velho, preferi ficar aqui na Espanha. Sem ter mais ninguém na Terra, decidi entregar-me ao céu. Entrei na ordem de São Domingos e recebi as ordens há dois anos. Perambulei por alguns colégios, mas o trabalho que me ofereciam e as restrições que me impunham, não estavam muito de acordo com o que eu desejava. No meu último colégio, um mestre-escola disse-me que o senhor estava montando uma escola nesta fazenda. Eu pensei: crianças, pobres, uma escola no campo eis o que sempre quis. Pedi licença para sair do colégio, o que foi aceito com um certo alívio e bastante pressa pelo meu superior; viajei cinco dias, e estou aqui, pedindo-lhe que me deixe ficar.

— Desça e tome um refresco, Frei Manoel. O senhor é meu convidado para o almoço que será servido dentro de duas horas. O que pretende quanto ao salário?

— Um leito limpo para dormir, um prato de comida para comer, um pouco de feno para o meu cavalo Rocinante, no inverno. Não busco o seu dinheiro, busco servir a Deus com liberdade e repetir os ensinamentos de Jesus.

— O senhor me inspira simpatia. Mas há um ponto de discordância: a presença de Rocinante por um ano arruinará a reputação da fazenda, construída para ser o lugar onde se encontram os melhores cavalos da Andaluzia. – disse Diego, rindo e procurando dar um tom mais ameno à conversa. A seguir, completou:

— Quer aproveitar as duas horas que dispomos para conhecer a Escola Dom Afonso?

— O tempo é um dom de Deus.

Frei Manoel gostou muito da escola; as características arquitetônicas do edifício projetado por Pablo o deixaram muito animado com o novo trabalho.

Ficou acomodado num pequenino aposento pegado à escola.

*

A maneira um tanto ríspida que Diego recebeu, num primeiro momento, Frei Manoel, se explica: Diego detestava a postura de arrogância, hipocrisia, cobiça, sensualidade e mesmo violência que marcaram a história da Igreja na Espanha. Já havia entrado em contato com vários religiosos, todos acirrando mais e mais o seu lado anticlerical com suas posturas contrárias à caridade cristã. Aquele velhinho, porém, era um exemplo de humildade, caridade e amor a Jesus.

*

O velho frade, Manoel, tornou-se a estrela da escola, conseguindo tocar o coração dos alunos com suas pregações, que se não primavam por soberbos voos de oratória, ou tiradas iluminadas de inteligência, caracterizavam-se por uma pureza evangélica, secundada sempre por abundantes exemplos de bondade e retidão.

Certa feita nas suas preces matinais da capela da Virgem Santíssima, Diego comentou com Maria:

— Sinto a sua mão conduzindo esse frade, que saiu do nada, viajou centenas de quilômetros, bateu à nossa porta, conquistou a minha confiança, e conversa com as crianças e as mães com o mesmo carinho que você.

30

O baile

O "Palácio de Verão" está todo iluminado. Várias carruagens, com seus brasões desenhados nas portas, vão chegando.

À luz dos lampiões amarelos, seus enfeites de latão parecem brilhar ainda mais.

Homens e mulheres, ricamente trajados, vão entrando no salão; seus nomes são anunciados em alta voz por um criado vestido a caráter. Alguns fazem uma expressão de enfado, que creem dar maior destaque à sua presença.

Num canto, num pequeno estrado, uma orquestra de câmara executa peças clássicas.

Criados de libré servem vinhos finos e deliciosas iguarias aos convidados.

Diego cumprimenta alguns convidados, faz sala, se esforça em receber bem, mas é evidente que aquele não é seu ambiente.

Isabel e Antero ficaram no Solar preferindo não participar. Lá também estão Laurita e Afonsito.

Laura, vestida com sobriedade e elegância, e Javier desdobram-se no atendimento.

A festa tem alvos bem definidos: aproximarem-se de pessoas importantes; cabe uma pequena digressão sobre a visão de Laura sobre o que é uma pessoa importante, e como vê o cultivo do relacionamento.

*

Pessoa importante para Laura não é necessariamente uma pessoa rica ou notável. Pessoa importante é aquela que pode abrir portas, fornecer informações e ser decisiva no seu imenso jogo de xadrez objetivando a ascensão econômica e social. Na sua linha de raciocínio, um simples peão, numa dada altura do jogo, pode ser mais importante que uma torre. A lista de convidados retrata essa sua visão: funcionários de alto escalão, necessários para o apoio do governo aos negócios; alguns de posição inferior, porém que podem dar informações que permitam manipular os mais graduados; pessoas da nobreza, que sejam ponte para prestígio social; artistas da moda, que não deixem as coisas tão à vista etc.

O conjunto dos relacionamentos é visto por Laura como um pomar, onde cada árvore deve dar um fruto específico no tempo certo.

Há árvores que produzem logo no primeiro ano, outras que levam vários anos para produzir, mas todas devem frutificar. A que não der frutos será arrancada; entenda-se aqui como fruto alguma vantagem econômica ou social.

Árvores frágeis devem ser escoradas; as que, com sua copa, ameaçam as vizinhas, devem ser podadas.

Nesse pomar humano, Laura não vê espaço para sentimentos tais como gratidão, compaixão ou bondade. O fim último do "pomar" é a colheita dos frutos da vantagem.

*

O baile é o coroamento de um plano de anos, trabalho paciente da esposa de Javier.

Laura percebeu que, para crescer socialmente, necessitava de um ambiente amplo. O Solar, embora agradável, com seu isolamento e distância do centro de decisões do país, não permitia grandes voos, consequentemente devia mudar-se para Sevilha. Não ignorava, entretanto, que o marido e o sogro reagiriam violentamente contra essa ideia. Decidiu por uma ação a médio prazo, a ser desenvolvida passo a passo.

Primeiro passo: conhecendo a história da família, tratou de localizar o atual proprietário do "Palácio de Verão", sabedora das profundas ligações afetivas que a família tinha com a propriedade. Para sua sorte o proprietário atual estava numa situação difícil e de outro lado as finanças dos Rodrigues iam bem. Insinuar ao proprietário que teria nos Rodrigues, clientes para o seu imóvel; aconselhar Javier que aquilo seria um bom negócio e um presente para o pai e a irmã, foi simples e natural. Efetuada a aquisição, Laura tinha um pé em Sevilha.

Segundo passo: acompanhar Javier em todas as suas viagens de negócios a Sevilha, pretextando o zelo pelo marido e uma pitadinha de ciúme, o que aliás caiu muito bem.

Terceiro passo: selecionar parentes e amigos em Sevilha que não fossem muito antipatizados por Javier e ir aos poucos aumentando a base de relacionamento na capital, convidando-os e convidando-se para visitas e encontros.

Quarto passo: ir tornando a presença de Javier em Sevilha cada vez mais extensa e diminuindo sua estada no Solar, tanto pressionando o marido com a necessidade de receber esse ou aquele quanto criando situações comerciais que exigiam sua estada em Sevilha.

Quinto passo: plantar a ideia do baile: já que tinham tantos amigos em Sevilha, por que não reuni-los todos de uma só vez, atendendo inúmeros compromissos sociais numa única noite? Obviamente esse baile seria a sua estreia na aristocracia, e conseguindo o primeiro, convites se multiplicariam e haveria o segundo, o terceiro etc., e estariam definitivamente enraizados socialmente em Sevilha.

*

Laura destaca-se no salão: para todos tem uma palavra simpática, canta duas ou três músicas com voz encantadora, impressiona, dança muito bem, é a rainha da festa.

Informada, amiga de livros e jornais, oferece aos homens algo que suas esposas não têm: diálogo, conversa interessante e enriquecedora.

Esses recursos, o canto, a dança, a conversa, a elegância dos gestos, um corpo bem-feito, suprem largamente a falta de uma beleza que a destaque.

*

Um homem igualmente chama a atenção: fino de corpo, cabelos grisalhos, extremamente elegante. Pequeno círculo atento o envolve ouvindo sua conversa fácil e culta. Trata-se de Pedro Armendariz, que nesta altura da vida é poderoso funcionário do governo espanhol, ligado aos assuntos estrangeiros.

Amealhou fortuna, é exímio duelista, já tendo assassinado alguns em combates pela honra e seu círculo de relações é grande. É tido como o neto mais bem-sucedido de Dom Afonso. Os familiares o temem, invejam e respeitam.

Laura persuadiu Javier para que convidasse o antigo desafeto de Diego:

— Estas brigas de família ocorridas há tantos anos devem ser sepultadas. As atitudes de Pedro na época eram desequilíbrios de juventude. Quem sabe haja até uma reconciliação?

*

Inicia-se o baile. Laura dança com vários cavalheiros. Laura é fiel, porém ouvindo insinuações sutis de alguns, não encoraja nem desencoraja. Javier percebe alguns olhares mais insistentes dirigidos à esposa, mas dada a situação e a fluidez das atitudes não tem como censurá-la.

A atração recíproca entre Pedro e Laura é viva e quase imediata.

Pedro é a árvore mais promissora do pomar de Laura; ligado a países estrangeiros, pode abrir importantes portas na França e na Alemanha, dando farta colheita econômica e social.

Laura, com sua inteligência e ousadia, é diferente de todas as mulheres que Pedro conhecera. Nela não há simplesmente mais um corpo de mulher, mas um intelecto que pode rivalizar com o seu. Isso encanta a Pedro.

Afinidade, por vezes alguma sensualidade sutil, colorem levemente a conversa entre os dois. Laura vai envolvendo-o sem pressa. Sabe que simplesmente sexo não será um atrativo para aquele homem inteligente e bem-posto na vida, que pode inclusive ter mulheres mais jovens e mais belas, às dúzias, caso queira. Todavia, um jogo de conquista, feito de insinuações veladas, avanços e recuos, sem nada explícito, sendo entendido por ele como um desafio, será um condimento a mais, atraindo-o para si.

Laura e Pedro conduzem tudo com muita discrição: o máximo que se permitem é dançarem três músicas e conversar breves dez minutos. É o quanto basta. Uma correspondência frequente nascerá entre os dois.

Antes que Javier questione alguma coisa, Laura apresenta-lhe uma versão levemente modificada: conversaram sobre a esposa acamada de Pedro e sobre interesses mútuos. Pedro poderia facilitar os negócios no exterior e os Rodrigues dariam em troca apoio político. Assim ocultou com facilidade do marido o jogo homem/mulher a que se permitira.

*

Numa dada altura, o baile começa a provocar uma irritação insuportável e inexplicável em Diego. Seu estado emocional vai se refletindo no estado físico: seu estômago passa a doer e a sentir-se mal. Quando observa Laura dançando com Pedro, vem-lhe à mente a imagem do avô deitado na cama e repetindo: "temo, inclusive, um assassinato..."

A crise digestiva e a irritação chegam a um ponto tal, que tem de fazer um grande esforço para não vomitar ali, em público.

Dizendo a Javier que estava com forte indisposição digestiva, o que é verdade, retira-se discretamente para seus aposentos, com a firme ideia de partir na madrugada seguinte.

*

Não lhe ficou claro que inconscientemente pressentia uma grande trinca se desenhando no casamento do filho e na sua própria estrutura familiar.

Antes de dormir lembrou-se das tardes cheias de sol e de afeto, ali naquele mesmo "Palácio de Verão", decorado com tanto carinho por Pablo: Maria no esplendor de sua juventude, os filhos pequenos brincando no jardim ao lado da mãe, tudo tão simples, tão cheio de alegria... Algumas lágrimas desceram pelo seu rosto.

*

A corte espanhola era dissoluta, a fidelidade exceção, homens efeminados comuns.

Javier, embora um tanto cheio de corpo, era um homem bonito e sua forte masculinidade constituía-se num ponto de atração.

Teresa de Mendonça, senhora de seus trinta e poucos anos, casada com um barão com mais de 60, por conveniências de herança, apontou suas armas de sedução contra Javier.

Quase numa tentativa de afirmar sua independência com relação à esposa, e sem a presença moral do pai, que com sua fidelidade à esposa falecida era uma segunda consciência, Javier não disse "sim" abertamente a Teresa, mas sua mão dedilhou, discretamente, a cintura da esposa do barão, na dança, significando: "é possível".

*

Naquela noite não houve nenhum fato chocante, apenas palavras dúbias, olhares rápidos, gestos quase imperceptíveis, mas quando o baile acabou e Javier e Laura dirigiram-se para o leito conjugal, o que se via era o seguinte: dois corpos na mesma cama, trocando algum carinho que a educação recomendava, ou que o hábito instituíra, enquanto as mentes iam cada uma para um lado.

Javier e Laura provavelmente tornavam-se mais ricos, poderosos e desejados, mas a possibilidade de serem infelizes aumentava em maior proporção.

Abriam com sua imprudência a porta larga da perdição, sem perceber que, por trás dela, toda uma coleção de monstros os espreitava: adultério, hipocrisia, desamor, desonestidade, orgulho, cobiça, vaidade e, encerrando o cortejo, a amargura da solidão.

31

Luzes e sombras

Amanhece em Sevilha.

Uma carruagem deixa a cidade.

Diego ao lado de Carlos, que não faz mais as funções de cocheiro, olha o céu e vê nuvens de tons mais escuros misturados ao rosa-claro, que anuncia o nascer do Sol, e reflete que o céu de sua vida está igual àquele que vê pela janela: o Solar, Isabel, Antero, os netos, a escola, a prosperidade são as nuvens róseas; a vida de Javier e Laura, no meio do pântano constituído pela alta sociedade sevilhana, parecem-lhe as nuvens sombrias.

*

Agora, o Sol já brilha, as nuvens se dissolveram e novamente pensa: talvez esteja enganado, os dois tiveram sólida formação moral, já são adultos, têm mais de trinta anos. Talvez ele, Diego, seja um homem antiquado. Talvez Laura tenha razão, ele exagerava na antipatia pelos familiares.

Conversa mentalmente com Maria:

— Tentaram nos dar um presente, louvo-lhes a intenção. Porém, o tiro saiu pela culatra. Não bastam as pedras; o que fez daquele lugar um palácio foi a sua presença e a alegria das crianças. O que me deram foi um castigo, engolir toda aquela encenação, suportar até Pedro. O que fazer, Maria?

— Perdoa! Ouviu nitidamente dentro da própria cabeça.

— Aconteceu algo? – perguntou Carlos.

— Por quê?

— O senhor fez uma expressão estranha, como se tivesse levado uma fisgada.

— Não, Carlos, não fui fisgado. Mas o nosso "Palácio de Verão" parecia a margem do "rio Interesse", com todos querendo pescar vantagens, e isso me traz um certo desconforto. Trouxe a sua guitarra?

— Sim, está lá em cima com a bagagem.

— Pare a carruagem e vá pegá-la; um pouco de música afastará as sombras do meu semblante, e trocará o meu humor.

Na manhã ensolarada, os que estavam na estrada admiraram-se de ver passando uma carruagem irradiando música.

*

No Solar, o trabalho, a escola, os problemas dos empregados, a correria dos netos, as preces na capela da Virgem Santíssima, as conversas com frei Manoel, em poucos dias dissiparam as sombras criadas pelo baile. Quando tocavam no assunto, Diego brincava:

— Deus não me fez para a arte da dança; fui criado unicamente para a arte equestre. Ao invés de conduzir uma mulher num salão de dança, prefiro conduzir um cavalo numa pista de salto.

Não mais compareceu a nenhum baile no "Palácio de Verão".

32

Uma tarde quente

Calor abafado, ar imóvel, sol a pino. Todos suavam em bica, irritados pelo calor.

Javier, em virtude de seu corpo levemente obeso, sofria um pouco mais. Tomava uma quantidade exagerada de refresco, o que aumentava ainda mais o suor que lhe escorria pela fronte. Laura ao vê-lo tão afogueado, disse:

— Você parece uma geleira derretendo e formando rios caudalosos.

Javier nada respondeu. Laura prosseguiu:

— Vou sair para refrescar-me.

Explicou o endereço ao cocheiro, subiu numa caleça[5] com a capota levantada para escapar do sol, e enveredou pelas ruas de Sevilha.

Parou à porta da casa de uma amiga, avisou ao cocheiro para estar de volta às 18 horas. Entrou, cumprimentou a amiga rapidamente, que disse com um olhar malicioso:

— Ele a espera.

Conduzida a uma porta lateral, entrou num coche de aluguel puxado por dois cavalos e com todas as cortinas fechadas.

Imediatamente foi envolvida pelo abraço apertado de um homem que a lançou sobre o banco, dando-lhe um beijo ardente.

O coche partiu célere.

*

[5] Ver figura na página 118

Acompanham o casal de amantes quatro Espíritos de condição visivelmente inferior, pródigos em gestos obscenos. O casal não os identifica conscientemente, mas sua presença os torna mais grosseiros e sensuais.

— Temos quatro horas de sossego e paixão? – disse ela — Pois tenho de estar de volta às 18 horas.

— E o gorducho? – Perguntou Pedro Armendariz.

— Toma refresco e sua.

— Como uma mulher tão inteligente foi casar-se com um homem tão tolo?

— Coisas da mocidade. Mas não toquemos mais no nome dele. Já basta enganá-lo, não há necessidade de ridicularizá-lo. Há que se ter alguma compaixão com o pai dos meus filhos.

A resposta desconcerta um pouco a Pedro; ficam alguns minutos em silêncio.

A sensação de aventura, o jogo de esconde-esconde, a curiosidade despertada por um novo parceiro sexual têm repercussões diferentes nos dois amantes:

Pedro, tendo como eixo de sua vida a vaidade e já sofrendo um sentimento de inferioridade decorrente da idade que avança, procura agarrar-se a cada um dos condimentos listados acima, para valorizar o encontro. Já para Laura soam um tanto tolos, mesmo porque havia tido bons momentos de ventura conjugal sem esses elementos.

A imagem dos pais lhe vem à mente. A mãe, já falecida, sempre tão dedicada a ela e aos irmãos. Trabalhando até altas horas para que os filhos se vestissem bem; exonerando-a dos serviços domésticos para que pudesse dedicar-se mais aos progressos intelectuais e artísticos; admiradora número um do pai, eternamente apaixonada. O pai, vivendo num mundo de sonhos, sensível e talentoso, também se sacrificando continuamente pelos filhos, principalmente por ela, procurando agir nas menores coisas com o que chamava de honra. Então, um adjetivo cresce na sua cabeça e borra todas essas imagens: "pobres". De que lhes adiantaram o amor e a honra se eram pobres? De que lhe valeu o talento, se não pôde vendê-lo? Qual o valor da honra, se ninguém paga nada por ela?

Uma irritação surda toma conta de Laura, pondo por terra o que restava do clima romântico do encontro.

Laura silencia.

*

Enquanto isso, Pedro é um dilúvio de galanteios:

— Que bonito rosto, que olhos vivos e profundos, seu andar me lembra cisnes num lago plácido.

"Deve ter repetido isso mil vezes a mil mulheres", pensa Laura. A seguir se esforça por concentrar-se no propósito do encontro. "Romantismo é a opção dele", reflete, "a minha está bem definida – estender meus relacionamentos no exterior; a minha condição feminina é apenas uma isca", sorri, "tudo não passa de um jogo de interesses, tenho a obrigação de vencê-lo, e se não me concentrar, perco. Vamos elogiá-lo:"

— Pedro, sua simpatia, seu dom de cativar as pessoas, me encanta.

Ele sorri envaidecido e a abraça com paixão.

*

Trinta ou quarenta minutos depois, estão nas imediações de Sevilha, onde Pedro detém uma pequena propriedade que utiliza para seus encontros furtivos. Ao entrarem, Pedro lembra-se que Laura era a 17ª amante que, ao longo dos últimos 15 anos, entrava naquela casa. Menos de um ano em média para cada romance. Recorda-se de seus outros casos, que sempre começavam assim, com elevada temperatura emocional, e que depois iam esfriando, esfriando, até morrerem num tédio gelado. Todos esses pensamentos passam rápidos pela sua cabeça, mas não interrompem seus gestos apaixonados, apenas uma leve sombra anuvia seu rosto. Mente:

— É a primeira vez que uma mulher, além da criada, pisa nesta casa. Guardo esse recanto para minha solidão, porém creio que a solidão está ferida de morte pelo punhal de nosso amor.

"Deve ter uma bela coleção de punhais", pensa Laura, mas, nada diz, apenas sorri.

Entram na casa, trocam carícias. Laura evita que cheguem às últimas consequências. Pondera consigo mesma "que deve guardar alguns trunfos, para que ceder tudo, se nada recebeu ainda", diz com voz doce:

— Pedro, corro o risco de ficar grávida, e uma gestação estragaria muitas tardes de prazer.

Depois, em tom brincalhão:

— Entre o leito e a mesa, nessa tarde tão quente, prefiro a mesa, principalmente se tiver uma jarra de refresco e algumas bolachas.

Pedro expressa sua contrariedade:

— Neste momento estou prestes a explodir, mas não usarei de violência, sou um homem educado e apaixonado, farei todas a suas vontades.

Mas, na verdade, Pedro sente alívio, pois está muito inseguro com sua performance sexual, que ultimamente não tem sido das melhores.

Laura conduz a conversa para a França, canta inclusive uma canção francesa. Pedro, movido pela vaidade cita inúmeros nomes e cargos que Laura vai memorizando com grande interesse. A seguir, diz:

— Partamos da França, atravessemos o Reno e vamos para a Alemanha, diz Laura, e canta uma canção alemã.

A literatura e a música alemãs passam a ser a base da conversa. Pedro entra também na descrição de suas relações com a nobreza germânica.

Embora não expressem, o casal descobre afinidades nos seus interesses intelectuais. Fica claro, principalmente para Laura, que seria muito mais fácil ser amiga de Pedro, que sua amante.

Seu corpo permanece todo o tempo excitado, não tanto pelas carícias de Pedro, mas principalmente pela ação dos quatro malfeitores espirituais[6].

*

Chega a hora de partir. Fazem a viagem de volta num certo silêncio.

Pedro insiste em tocar todo o corpo de Laura, à semelhança de um animal afirmando o seu território. Isso lhe dá a sensação de domínio sobre Laura e ajuda a abafar, no inconsciente, sua insegurança quanto ao desempenho sexual.

Ser capaz de tomar a mulher de um outro homem lhe dá um sentimento de superioridade, sentir-se mais másculo que Javier, vencê-lo na disputa por Laura, alimenta sobremodo e falsamente sua vaidade. Pedro sente o prazer da vitória, semelhante ao animal que vence o oponente nos combates infindáveis entre os machos pelas fêmeas, nos processos de seleção natural. Em outras palavras, conquanto fosse um homem bastante

---

[6] Malfeitores espirituais conseguem interferir quando a prática sexual é imoral. No caso em referência, a imoralidade advinha da mentira, da traição dupla (Pedro também era casado) e da irresponsabilidade. Em virtude dessas brechas morais, os Espíritos inferiores têm acesso à mente de suas vítimas onde projetam imagens que são percebidas de forma inconsciente, e também têm a possibilidade de inocular determinadas energias no corpo espiritual que se refletirão no corpo físico.

desenvolvido intelectualmente, Pedro era ainda muito primitivo, quase animalesco, no trato das questões sexuais.

Lembra-se, igualmente, de trinta anos atrás, da humilhação que sentiu quando Diego o encarcerou no Solar. Possuir a sua nora faz que sinta o sabor da vingança, do acerto de contas.

A postura grosseira de Pedro no trato do sexo irritou Laura, mas esta se contém, pensando consigo mesma: "Essa é a primeira vez que traio Javier, devo relevar os pontos fracos de minha atuação; falta-me experiência. Com o tempo aprendo a conduzir Pedro a meu gosto".

Marcam um novo encontro, daí a duas semanas.

*

Chegando à casa, Laura declarou-se indisposta. Solicitou à criada que lhe preparasse um banho frio para refrescar-se. Após o banho deitou-se.

Relaxada, no conforto e segurança de seu quarto, abriram-se as portas de sua memória. As imagens da mãe atarefada nos afazeres domésticos, do pai ensinando-a noite após noite, gastando tudo o que ganhava na sua formação, do noivado com as promessas a Javier, a amizade de Isabel, sempre tão carente, o casamento na capela da Virgem Santíssima, o nascimento dos filhos; os serões no Solar, cantando ao lado de Antero, as queixas de Afonsito reclamando sua presença e, por fim, a figura bonachona de Javier, sempre presente, sempre solícito.

Um estranho calor foi subindo pelo seu corpo e desabou num choro convulso, com uma enorme sensação de tristeza. Quando o choro diminuiu, murmurou entre dentes:

— Maldito calor!

O tempo lá fora estava mudando, nuvens negras se estendiam sobre o céu ocultando as estrelas. Laura ouviu os primeiros trovões, a chuva caindo no telhado e somente adormeceu quando clareava. Indagada por Javier, respondeu:

— O calor me tornou indisposta, e não me deixou dormir.

Caleça

Caleça *é um tipo de carruagem, montada sobre quatro rodas tendo à frente um assento de encosto móvel e atrás uma capota conversível e é puxada por um único animal. É um veículo leve e elegante.*

33

O mar azul

Javier decidiu ir a Cádiz a negócios e convidou Laura que ainda não conhecia o mar.

Laura estava ao mesmo tempo ansiosa e temerosa em face do próximo encontro com Pedro. O temor e a vontade de ver de perto o oceano prevaleceram.

Por meio da amiga Marta, que servia de ponto de comunicação com Pedro, avisou-o de sua partida inesperada, desculpou-se: não podia evitar, não deveria contrariar o marido; poderia provocar suspeitas etc.

*

Em Cádiz o tempo era esplêndido.

Aproveitou os dias de estada para longos passeios à beira-mar, valendo-se de um coche de aluguel, enquanto Javier atendia aos negócios.

A distância, Pedro parecia mais simpático. Escreveu até alguns versos, pensando nele.

Javier procurava-a no leito conjugal quase todas as noites, porém Laura sempre se esquivava, pretextando cansaço, indisposições físicas, falta de clima, e o que mais veio-lhe à cabeça.

Uma estranha agitação a devorava. Por vezes o tempo passava tão lento, que uma hora parecia um ano, de outras vezes tão rápido, que o anoitecer parecia estar encostado no amanhecer.

À noite, olhava as estrelas e ouvia o marulhar das ondas. Poucas vezes pensava nos filhos que lhe pareciam figuras distantes, netos de um tal Diego, seu sogro, que mal conhecia. O jejum sexual que se impusera também a importunava. Ondas de desejo físico a assaltavam, frequentes e incômodas.

*

Certa manhã, estando passeando na praia, mandou parar o coche e pôs-se a caminhar. A praia estava completamente deserta. Rodopiava a sombrinha rendada e observava o movimento das sombras correndo em círculos sobre a areia.

Aquela dança das sombras lhe trouxe uma ideia meio louca. Sentou-se na areia, tirou as botinas, soltou a voz num canto flamenco e começou a dançar, sucessivamente, com mais vigor.

Surgida não se sabe de onde, apareceu uma cigana, jovem ainda, e com alguma beleza, passou a acompanhá-la na dança. Logo depois foram rodeadas de um grupo de uns 12 ciganos, homens, mulheres e crianças, que os cercaram. Acompanhando o ritmo da música com palmas, um dos ciganos tomou a guitarra e principiou a tocar, enquanto outros dois entraram no círculo a dançar. Um deles tomou Laura como par.

O parceiro a forçava a ser cada vez mais rápida e enérgica nos passos elaborados da dança andaluz: Laura sentia o suor correndo por todo o seu corpo, por baixo do vestido elegante e pesado, a respiração ofegante pelo esforço físico.

Laura foi extravasando todas as emoções reprimidas naquela dança que durou mais de um quarto de hora. Num dado momento, exausta, deixou-se cair sentada na areia.

Logo a seguir, uma das ciganas pediu-lhe:

— Dê-me sua mão, rica senhora.

Laura estendeu-a, sorrindo e ofegante.

— Maus presságios, senhora: distância, viagem e morte.

— Se você faz maus presságios lhe pago pouco, se bons, pago mais.

— A volta do amor, paixão até...

— Muito bem, agora sim, disse Laura, atirando-lhe algumas pesetas.

Os ciganos se foram como tinham surgido, a praia estava novamente deserta.

Laura calçou as botinas, levantou-se mais alegre e aliviada, e voltou ao coche, rodopiando a sombrinha novamente. Cantarolava em voz baixa.

*

Já no coche, olhou o mar muito azul se afastando e pensou: "A viagem já aconteceu, e a morte, quando viria? Qual seria a reação de Javier se descobrisse a traição? Tomaria a solução do duelo? Ou simplesmente mataria os dois alegando defesa da honra? Mesmo bonachão, não se faria de desentendido, isso era certo. E o pai, qual seria sua reação diante de um escândalo? E os filhos, que partido tomariam?".

Antes que a angústia a invadisse, como vinha acontecendo frequentemente naqueles dias, gritou:

— O céu é azul!

Como o cocheiro perguntasse assustado:

— O que disse, senhora?

— Louvo o céu. – disse Laura dando uma risada, e bem mais baixo, para que ele não ouvisse: — E a volta do amor, e a paixão também, pois tenho que aproveitar minhas pesetas.

De volta a Sevilha fez chegar a Pedro os versos que tinha escrito, em Cádiz, olhando o mar.

Cádiz

***Cádiz** é uma cidade à beira do oceano Atlântico, no Sul da Espanha. Possui um porto importante e lindas praias. É uma cidade luminosa, com milênios de história, atestada por vários monumentos, onde o novo e o antigo se misturam. Cádiz é muito alegre; a baía onde se situa serve de pouso a aves migratórias que viajam da Europa para África e vice-versa.*

O vento e o clima seco propiciaram a exploração de salinas.

Fundada por fenícios cerca de 1200 a.C., Cádiz encerra a fusão de inúmeros povos: florescente polo de comércio durante o império romano, acompanhou a decadência de Roma, sofrendo muito com a invasão dos bárbaros, principalmente dos vândalos. Pertenceu a seguir ao reino Visigodo, passando depois às mãos dos árabes.

Retomada pelos católicos no século XVI, o porto de Cádiz ganhou importância recebendo os galeões vindos da América, passando no século XVIII a se destacar na economia espanhola.

Em 1755 quase desapareceu em virtude de um grande maremoto; teve participação destacada na resistência a Napoleão.

Em algumas oportunidades os personagens do romance irão a Cádiz, e se contagiarão por seu clima psicológico de veraneio.

34

Os informantes

Manhã de primavera.

Sol e flores.

Um homem chega ao Solar.

Condição humilde, porém, evidentemente citadino. Embora o esforço feito para apresentar-se bem, vê-se que vem de longa viagem, insiste em falar com Diego, mas recusa-se a contar o assunto.

Diego está na capela, como faz todas as manhãs.

Resignado e humilde, pede licença para aguardar do lado de fora da casa.

Isabel compadece-se, e manda que lhe deem algo para comer acompanhado de um copo de vinho para revigorá-lo.

Insistem para que diga a que veio. O homem desculpa-se:

— Perdoem-me. Mas somente posso falar a Dom Diego e em particular. Não se preocupem comigo, esperarei quanto for preciso. Quero apenas alguns minutos dele.

Terminada sua visita à capela, Diego volta à casa.

O homem o interpela:

— Dom Diego, minha senhora, a quem sirvo há 25 anos, encarregou-me de lhe trazer uma mensagem sigilosa e muito importante; ela está aflita aguardando sua resposta em Sevilha. Aqui está a carta. Espero aqui mesmo a sua resposta.

Diego pegou o envelope pensativo, sem nada dizer e dirigiu-se ao seu gabinete. Abrindo a carta onde havia dois papéis, leu o primeiro:

Dom Diego Rodrigues

Saudações, etc.

Sou a esposa de Pedro Armendariz e sabedora da sua sensatez e amor pelo seu filho, venho pedir a sua ajuda num assunto extremamente delicado e que me é muito constrangedor.

Vou direto ao ponto: sua nora está mantendo um relacionamento ilícito com meu marido.

Detesto escândalos, porém como aqui em Sevilha tudo se sabe, mais dia, menos dia, esses fatos chegarão ao conhecimento de seu filho e temo o futuro. Não vejo sentido num provável duelo que poderá acontecer, tornando-me viúva ou ceifando a vida do pai dos seus netos, para a defesa da honra de um homem que teve a infelicidade de casar com uma mulher sem honra.

Tenho filhos para criar e um nome para zelar.

Ajude-me e ajude a seu filho.

Casualmente encontrei o bilhete, endereçado por sua nora ao meu marido, que lhe envio junto.

Respeitosamente,

Rosa Armendariz.

O segundo papel, de cor rosa e perfumado continha o seguinte bilhete:

Pedro,

Se nuvens passam céleres,
Mais o tempo demora a passar.
Se tu, realmente me queres,
Com um amor vasto como o mar,
Vem suave até minha praia,
Descansa nas minhas areias,
E quando o sol à tarde desmaia,
Me sentirás pulsando em tuas veias.

L.

P.S. Fiz esse poema pensando em você ao contemplar o mar em Cádiz.

Diego reconheceu a caligrafia bem desenhada de Laura. Um rubor subiu pelo seu pescoço e por todo o seu rosto. Pensamentos cruzaram a sua mente, como uma tempestade. O primeiro relâmpago foi um soturno e enraivecido:

— Matarei essa desgraçada!

A seguir vieram outros:

— Virgem Maria, me ajude. Maria, esposa querida, olha o que fizeram com o nosso filho. Ela é filha de Pablo, como encará-lo. Rosa tem razão, é preciso evitar o escândalo. Casou-se apenas por dinheiro. Mas não posso deixar Javier nessa situação. Apesar de ter sido ele mesmo, estupidamente, que se meteu nisso. Ah! Sórdida Sevilha. Laura era tão boa moça, Javier suportou tantas humilhações para casar-se com essa vagabunda... Jesus perdoou à adúltera. Afinal, ela é a mãe dos meus netos, eles a adoram, qualquer coisa que faça contra ela, será tê-los como inimigos.

E assim ficou Diego, estirado na sua poltrona, olhos fechados, pensando, pensando...

*

Aconteceu algo que há muitos anos não acontecia, sentiu uma vontade imensa de beber, beber algo bem forte, beber uma garrafa de rum. Tocou a campainha, o próprio Carlos atendeu.

— Traga-me um copo d'água. Conseguiu balbuciar à última hora.

*

Carlos saiu para providenciar o pedido, percebendo que o patrão não estava bem. Voltou, solícito:

— Algo grave aconteceu, Dom Diego. Eu o sirvo há 50 anos, desde a minha mocidade, sou um simples criado, estou velho, mas ainda sou capaz de dar a minha vida pelo senhor. Se puder ajudá-lo, saiba que sempre poderá contar com alguém que lhe será fiel até a morte.

Diego olhou para Carlos e disse, baixa e vagarosamente:

— Bom e velho Carlos, fidelidade, eis o problema. Sente-se e ouça o meu desabafo.

Após ser informado de tudo o que se passava, Carlos observou:

— Dura situação para um homem, Dom Diego. Prudência é o que lhe aconselho. O leite está derramado, limpar o chão agora ou amanhã, tanto faz. O que podia acontecer já aconteceu. Meu filho, Tiago, é criado de

Javier no "Palácio de Verão", os criados sabem muita coisa, pretextemos alguma doença grave em mim e o chamemos até aqui para saber mais, e com calma, tendo um quadro completo, o senhor com a ajuda de Maria Santíssima, e de sua santa e falecida esposa, descobrirá uma solução.

— Tem razão, Carlos.

Após meditar alguns minutos Diego escreveu dois bilhetes:

Ilustríssima senhora Rosa Armendariz,

Agradeço-lhe.

Farei o possível.

Peço-lhe discrição

Diego Rodrigues.

*

Caro filho Javier,

Deus o abençoe.

Carlos aproxima-se da morte, está com muitas dores no peito, dispense Tiago por alguns dias para despedir-se do pai.

Lembrança a todos.

Teu pai.

*

A seguir fez entrar o mensageiro de Rosa:

— Entregue essa mensagem à sua senhora.

Logo depois chamava André, filho mais novo de Carlos.

— Precisamos trazer seu irmão até aqui e pretextamos uma enfermidade em teu pai, que a partir de hoje não sairá mais da cama. Leve esse bilhete a Javier, e se interrogado, confirme que seu pai está de cama, muito doente, com dores no peito. Repita sempre essa história. Até o seu irmão deve acreditar piamente nisso. Parta agora mesmo, viaje o mais rápido possível, como se tudo fosse verdade, e seu irmão precisasse correr se quisesse ver o pai com vida. Não é a vida de seu pai que está em jogo, mas é um caso de vida ou morte.

— Dom Diego e meu pai, contem com a minha fidelidade.

Logo depois, entrava Isabel perguntando o que o estranho homem queria.

— Um velho amigo se meteu em dívidas, precisa ser auxiliado discretamente e se surgirem boatos, os credores o levarão à bancarrota rapidamente.

*

Dois dias depois, chegava Tiago.

O quadro que traçou era desalentador:

— Meu senhor Javier também está envolvido com várias mulheres da nobreza sevilhana, sendo mais assíduo com dona Teresa de Mendonça. Eu temo pela vida dele, porque mesmo em Sevilha há homens que acham que só o sangue pode resolver essas questões. Envolvido com suas amantes não percebe, ou não quer perceber, que a própria esposa também o trai. Dona Laura é uma mulher muito discreta, mas com a repetição, um dia cometerá um deslize e tudo virá a público.

Diego refletiu, após os comentários de Tiago, que Javier estava sendo castigado, sofrendo no próprio lar o que fazia aos outros e que não adiantaria solucionar apenas os problemas gerados por Laura; era preciso pôr o filho igualmente nos trilhos.

Ficou mais claro em sua mente o estranho comportamento do casal nos últimos meses. Vinham de forma espaçada ao Solar, mas podia agora entender as mudanças por que passavam:

Nos valores, grande destaque à aparência, ao dinheiro e às coisas que o dinheiro pode comprar. No modo de vida, a futilidade, a ostentação e a competição. As ligações ilícitas que contraíam eram certamente para contrabalançar a pobreza sentimental em que haviam caído.

As emoções das conquistas e separações, paixões fulminantes, seguidas de tédio, eram tentativas de preencher a grande lacuna de uma vida sem amor.

Os filhos deles ficavam no Solar a maior parte do tempo, e se justificavam dizendo, “não queremos deixá-lo só, pai”, mas Diego percebia agora, que as crianças atrapalhavam a vida promíscua do casal.

Quando chegavam ao Solar em visitas rápidas, seu objetivo maior era o descanso, passando a maior parte do tempo dormindo em seus aposentos, ou tratando de negócios, sem maiores demonstrações afetivas para com ele, Isabel, sobrinhos, ou mesmo os próprios filhos. Diego entendia agora que as aventuras dos dois lhes tiravam a espontaneidade afetiva, perseguidos que eram pelo medo (ou pelo jogo?) de traírem-se.

*

Passados alguns dias, conseguindo serenar a mente, Diego via o filho e a nora como duas crianças quebrando irresponsavelmente o belo brinquedo que a vida lhes dera.

Precisava salvar o filho custasse o que custasse, e para salvar o filho teria que salvar também a nora.

Diego concluía que de nada valeriam palavras indiretas e conselhos. Os dois, inteligentes e afirmativos da própria independência, ela porque era realmente, ele porque duvidava disso, tomariam a atitude de ouvi-lo com falso respeito e carinho, entenderiam suas orientações como tolices de um velho antiquado e esqueceriam.

Expor a verdade de forma contundente, talvez levasse a uma reação violenta de Javier, terminando provavelmente em tragédia.

Nas suas comparações com animais, entendia que o seu cavalo predileto havia pulado a cerca acompanhando uma égua, e passara a alimentar-se no pasto do vizinho que estava cheio de ervas venenosas e cobras que podiam matá-lo. A questão era como tirá-lo de lá e evitar que pulasse a cerca novamente.

Embora o centro de sua preocupação fosse Javier, não ignorava que o maior problema era Laura.

Javier estava mergulhado numa ilusão, era como uma planta sendo sugada por um parasita, caso conseguisse desvencilhá-lo teria de volta o filho, em perfeito estado.

Já com Laura a situação era diferente: poder e dinheiro estavam no centro de suas preocupações, não era uma fascinação momentânea, a ambição se enraizara fundo em sua alma e era quase impossível fazê-la mudar de rumo.

Mas tinha que tentar descobrir um caminho, algo novo, que pudesse despertá-los.

Diariamente ia à capela da Virgem Santíssima, fazia suas orações e conversava com a esposa falecida, mas nenhuma solução chegava.

*

Semanalmente, André trazia notícias, e com certo alívio ouvia que tudo permanecia na mesma, pelo menos nenhuma desgraça, ainda; consolava-se.

Deixou de sorrir, a curvatura nas costas reapareceu. Nesse clima de tristeza e preocupação duas coisas boas aconteceram: passou a dedicar-se mais à escola e a conversar com mais frequência com frei Manoel, espairecendo e solidificando uma amizade.

3ª *Parte*

A manutenção da família

Em que novos cenários renovam alguns personagens, e também em que velhos cenários, certamente, amadurecem outros.

35

O convite

Diego estava sentado na sua confortável escrivaninha, abrindo a correspondência. Um envelope grande com lacre, chamava atenção; abriu e leu:

Argentina, Buenos Aires, 25 de novembro de 1837.

Ilustríssimo e Digníssimo sobrinho, Dom Diego Rodrigues de Alquidávia y Lopez.

Estimo que você e sua família passem bem e vivam segundo os ensinamentos da Santa Madre Igreja e de seus legítimos representantes.

Deixei a Espanha há mais de 40 anos e a Argentina tornou-se para mim uma segunda pátria: aqui constituí família e fiz fortuna, mas jamais esqueci a Espanha e aqueles que têm o mesmo sangue que eu.

Meu pai, Dom Afonso, foi para você mais do que um avô, foi pai duas vezes, e lembrando-me dele, sou obrigado a considerá-lo mais que um sobrinho, vendo em você também um filho e um irmão. Meu pai era homem de inteligência e coração e, se escolheu você como sucessor, era porque você possuía também essas qualidades e hoje preciso ter ao meu lado um homem de qualidade.

Senti muito não poder tê-lo vivendo ao meu lado, mas infelizmente a sua vinda à Argentina, há mais de 20 anos, foi impedida pelos trágicos acontecimentos que culminaram com a morte de sua digníssima esposa. Naquele tempo a iniciativa de vir era sua, hoje sou eu que peço que venha.

Só trocamos cartas na época de sua viagem frustrada, vou, portanto, pô-lo a par de minha situação.

Meu negócio aqui na Argentina é semelhante ao seu: crio gado e cavalos.

Meu único filho homem, Gonçalo, finalmente resolveu casar-se. É um moço bom, muito afeiçoado às artes e aos estudos, cheio de ideais políticos, mas sem tino para administrar os meus bens. Minhas duas filhas são bem casadas, mas meus genros têm suas próprias atividades: Arturo é oficial da marinha e o outro, Felipe, é médico, sem nenhum interesse por touros ou cavalos.

Tendo esses herdeiros, temo que, com a minha morte, ou antes até, com os impedimentos da velhice adiantada, se Deus ma conceder, tudo que consegui nesses 40 anos vá por água abaixo. Não sei o que fazer, assim sendo, peço-lhe, em nome de nossos laços consanguíneos, venha até aqui, passe pelo menos alguns meses comigo, e me auxilie nessa difícil questão.

O convite é extensivo aos seus familiares. Caso aceite, me sentiria muito honrado em tê-lo como padrinho de casamento de meu filho; o casamento está marcado para junho do ano que vem.

Vindo, você dará muitas alegrias à sua tia e aos seus primos, que terão o prazer de conhecê-lo, e a mim, de revê-lo.

A Província de Buenos Aires é muito bonita e tem muitas oportunidades de negócios.

Peço que me responda o mais rápido possível, enviando sua carta pelo próximo navio.

Cumprimentando você e sua excelentíssima família, sou o seu tio,

José Rodrigues de Alquidávia y Lopes.

Após a leitura da carta do tio, uma corrente de pensamentos passou pela mente de Diego.

Inicialmente, seu pensamento voltou há quase cinquenta anos e desenhou-se a figura apagada do tio que conhecera quando tinha apenas cinco anos, figura que era lembrada vez por outra pelo avô, que citava:

— Dos filhos, foi José o que mais me quis, e o que mais cedo partiu. Visitou-me uma única vez, aquele que mais se parecia comigo.

Depois dando um salto de vinte anos lembrou-se das conversas com Maria, dos planos, da hipótese de uma nova vida no novo mundo.

A seguir, seu pensamento foi atraído pelo seu problema atual.

A visita ao tio era um excelente pretexto para afastar Javier e Laura, por um ano talvez, ou quem sabe até mais, do ambiente pernicioso em que se enredavam imprudentemente. O tio, ao pedir ajuda diante do seu problema, oferecia, sem saber, pelo menos uma trégua para os sofrimentos que enfrentava perante o comportamento do filho e da nora.

Pesava também na balança o pedido do tio. Avesso aos parentes de Sevilha, sentia-se muitas vezes só; as referências ao avô calaram fundo em seu coração: ser filho de Dom Afonso era um título que lhe despertava enorme respeito.

Por que não expandir suas oportunidades de negócios em direção ao Novo Mundo, que mesmo com todas as suas guerras de independência parecia ser mais estável que a velha Europa?

Concluindo, perguntou mentalmente:

— E você, Maria, o que pensa? Cruzamos o Atlântico? Se concorda dê-me um sinal de alegria, se prefere que fiquemos na Espanha, dê-me um de tristeza.

Um calor agradável subiu pelo seu corpo enquanto sentia lábios tenuíssimos beijando os seus.

Impulsivo ainda, embora a prudência que a idade e o sofrimento lhe tinham dado, falou em voz alta:

— Pois seja, já que você concorda Maria. Buenos Aires, lá vamos nós!

Sentou-se à escrivaninha e passou a escrever a resposta afirmativa ao convite do tio.

Argentina e Buenos Aires

*A **Argentina** situa-se ao sul da América do Sul. Seu relevo possui um forte contraste: a leste, a grande planície do Pampa Argentino, a oeste a imponente cordilheira dos Andes.*

Seu povoamento deu-se a partir do Peru, quando os espanhóis descobriram uma estrada indígena que ligava o Peru ao Rio da Prata.

Colônia espanhola até 1806, teve sua independência precipitada por invasões inglesas, nesse ano e no ano seguinte, seguida pela ocupação da Espanha por Napoleão, em cujo cenário Maria, esposa de Diego, foi morta pelas tropas francesas.

No período em que Diego resolveu ir para a Argentina ela era governada por Juan Manuel de Rosas, grande proprietário rural, que ficaria no poder até 1852.

José Rodrigues, tio de Diego, residia em Buenos Aires, província autônoma, e como grande proprietário de terras apoiava e tinha o apoio do governo local, não enfrentando qualquer problema político.

Situada à margem direita do Rio da Prata, Buenos Aires foi fundada inicialmente com o nome de "Nossa Senhora do Bom Ar", sendo que foi destruída e abandonada em 1541, em virtude da hostilidade dos índios.

Fundada novamente em 1580, ficou subordinada ao Vice-Reinado do Peru. Em 1776 tornou-se a capital do Vice-Reinado do Prata.

No começo do século XIX foi o centro dos movimentos políticos que levaram à independência do país.

Atualmente, Buenos Aires é a capital da República Argentina, cidade moderna e cosmopolita, com milhões de habitantes.

36

Reunião em família

Diego procurou agir rápido, montando um esquema para administração da propriedade em sua ausência.

Enviou um homem de confiança a Cádiz para postar a resposta ao tio e comprar passagens para a Argentina, mantendo, em tudo, o mais absoluto sigilo.

Expediu um mensageiro a Sevilha solicitando a presença urgente de Javier no Solar. Não mencionou o nome de Laura, mas sabia que ela acompanharia o marido para controlar a situação de perto. Não comentou nada sobre o convite de seu tio, ou sobre a viagem.

No dia aprazado, após o jantar, sentaram-se todos à grande mesa. Havia curiosidade no ar e também um certo temor.

Laura não sabia o que se passava e isso lhe dava uma desagradável percepção de insegurança. Havia falado com o pai, sondado discretamente André e Tiago, os dois criados filhos de Carlos, mas não conseguiu nenhuma pista do que estava se passando, ou qual era o tema da reunião, ninguém sabia de nada.

Diego expôs aos seus familiares de forma sucinta a sua decisão, como era aliás seu hábito:

— Recebi há duas semanas um convite de meu tio José, radicado em Buenos Aires, para auxiliá-lo na solução de problemas pessoais e ser padrinho de casamento de meu primo Gonçalo. Já o notifiquei que aceitamos o convite e comprei as passagens. Aproveitarei a viagem para verificar a possibilidade de desenvolver nossos negócios ao sul do Rio da Prata; com esse objetivo necessitarei tê-lo junto a mim, Javier. Passei uma procuração com plenos poderes para que Isabel, após ouvir meus homens de confiança, dê a última palavra e assine papéis em meu nome. Amanhã cedo o notário estará aqui para que você, Javier, também passe uma procuração à sua irmã, dando-lhe amplos poderes para resolver coisas urgentes em seu nome. Isabel tomará conta de meus netos. Naturalmente, você, Laura, acompanhará o seu marido. Devemos estar no porto de Cádiz em três semanas para embarcar.

Isabel e Antero encararam a decisão com certo temor. A presença de Diego lhes transmitia segurança e sua ausência dava uma certa sensação de desamparo. Isabel ficou contente com o testemunho de confiança do pai, aliás muito justificada. Embora não sendo muito informada a respeito dos negócios do Solar, Isabel vivia ali desde a infância, conhecia todos os detalhes da propriedade, tinha razoável inteligência e absoluta lealdade para com o pai, coisa que infelizmente Javier não possuía no mesmo grau. Isabel foi a primeira a falar:

— Já que o senhor confia em mim, papai, eu confio também. Farei o melhor que puder, se conseguir não morrer de saudade de você. Espero que cada navio que chegue de Buenos Aires traga uma carta sua, cada navio que sair aqui da Espanha levará uma carta minha.

Percebendo envergonhada que não mencionara Javier nem Laura, completou:

— Também sentirei muita saudade de vocês e cuidarei de seus filhos como se fossem meus.

Antero falou brincalhão:

— Não posso dizer que ajudarei Isabel a "olhar" seus negócios, mas conte com toda a minha colaboração na tomada de decisões.

Laura percebeu de imediato e com clareza a intenção de Diego de afastá-la da vida na nobreza sevilhana, e que ele havia lhe preparado uma armadilha, agindo de forma muito bem calculada e determinada, e que nessa altura de nada adiantariam argumentações para demovê-lo. Empalideceu, seu raciocínio lúcido e perspicaz não conseguia apresentar nenhuma solução de imediato. Pretextar, através de Javier, negócios urgentes, que não permitissem embarcar, teria a resposta pronta de que os negócios eram dele, Diego, e ele arcaria com os eventuais prejuízos. Inventar alguma doença também não adiantaria, pois seria muito estranho uma doença tão coincidente e ele provavelmente a forçaria ir doente mesmo, argumentando que novos ares lhe fariam bem. Silenciosa, com a mente trabalhando a toda velocidade, foi interrompida por Javier:

— Temos muitos negócios em andamento, mas acredito que consiga encaminhá-los ou postergá-los até a nossa volta. A América sempre me atraiu e acho uma boa oportunidade para reforçarmos os bens da família e aliarmo-nos a outros parentes, além de termos uma alternativa, caso a Espanha mergulhe em guerra ou em crises políticas, tão comuns em nosso tempo. Sua decisão me parece muito bem acertada.

Na verdade, Javier sentiu-se aliviado com a decisão do pai. Para o seu caráter, no fundo submisso, era melhor depender do pai do que da esposa. Os vários romances que encetara em Sevilha já estavam enfadando-o e o assédio de algumas mulheres casadas, ao invés de lisonjeá-lo, estavam começando a atemorizá-lo. Prosseguiu:

— Levaremos alguns criados?

— Iremos apenas em quatro pessoas: eu, você, Laura e Carlos. Lá na Argentina, conseguiremos alguns com facilidade. – respondeu Diego.

— Mas Carlos não está à beira da morte? – inquiriu Laura.

— Melhorou e os novos ares lhe farão bem. – respondeu um tanto seco Diego.

Imediatamente Laura deduziu: "Ah! Os criados. Tão antigo fazer dos criados informantes, e eu não me alertei. O velho moralista deve ter sabido de alguma coisa e por isso está tentando me afastar de Sevilha..."

A posição de Javier aderindo à viagem aliada à firmeza de Diego dificultava uma saída para Laura. Procurou dissimular o desgosto que a invadia e concluiu consigo mesma: "Que estúpida que fui, subestimei esse velho e caí na sua armadilha, o momento é de calar a boca e aguardar alguma chance de reverter a situação", em todo caso ainda arriscou com a voz um tanto trêmula:

— Achei fascinante a ideia dessa viagem. Partiremos amanhã mesmo para Sevilha, providenciaremos nossa bagagem e de lá seguiremos direto para Cádiz.

Diego atalhou rapidamente:

— Não há necessidade, Laura; a sua ida a Sevilha poderia provocar atrasos na viagem. Aproveite o resto da noite e faça uma lista do que deseja, que Javier tomará as providências tão logo chegue a Sevilha, pois após a assinatura da procuração de amplos poderes que dará a Isabel, estará partindo amanhã mesmo para a capital da província. A sua presença aqui no Solar é indispensável, auxiliando-nos nos preparativos que ainda temos a fazer. Sempre admirei o seu dom de escrever, e necessito de uma secretária, trabalhando ao meu lado, com eficiência e dedicação, me auxiliando numa série de cartas que ainda tenho que enviar.

Laura pensou consigo mesma: Esse velho está literalmente me sequestrando, agora me amarra junto dele com essa infinidade de cartas. A batalha está difícil, mas não está perdida, tenho três semanas até o embarque. Em todo caso, mesmo derrotada, quem sabe, em Buenos Aires possa subir mais um degrau e aumentar o meu "pomar". E falou, já com voz mais firme:

— Excelente solução, Dom Diego.

Durante toda a reunião, Diego observava atentamente os familiares, tentando adivinhar os seus pensamentos e emoções através das expressões fisionômicas. Percebeu a palidez de Laura e sua expressão de desagrado em contraste com suas palavras de aparente concordância. Notou também em Javier, a falta de segurança e sinceridade. Concluiu, com certa tristeza, que conseguira fazer alguma coisa pelo casal, em virtude do jogo de circunstâncias de dependência psicológica e econômica em que se situavam. E ao mesmo tempo em que sentia uma profunda compaixão pelo filho e pela nora, assaltava-lhe um amargo sentimento de solidão. Lembrou-se a seguir das expressões espontâneas e sinceras de Isabel, e considerou que o juramento de amor que fizera àquela menina feia e de pernas tortas, cumprido fielmente por mais de trinta anos, dava-lhe frutos de inestimável valor; podia contar com Isabel incondicionalmente. Nos últimos meses sua vida girara em torno da palavra fidelidade, e nesse fluxo de pensamentos, levantou-se e beijou ternamente Isabel, dizendo ao encerrar a reunião:

— Agradeço a fidelidade de todos. Isabel, você estará sempre viva no nosso coração.

Antes de dormir, foi até o quarto dos netos. Ficou alguns minutos olhando Afonsito, um andaluz de cabelos pretos e traços bonitos. Ajeitou as suas cobertas, beijou-o levemente na fronte, e seguiu para o seu quarto, as costas eretas e um vago sorriso no rosto. Deitou-se, aguardou o beijo de Maria e adormeceu em paz, após alguns meses de insônia.

37

O brigue Constelación

O brigue Constelación, pequeno navio mercante de dois mastros, singrava as águas do Atlântico Sul.

No comando, o capitão Juan Carlos, experiente homem do mar. Há 25 anos fazia regularmente a linha Cádiz-Buenos Aires. Ficou muito amigo dos Rodrigues, principalmente de Diego e Carlos.

De passagem, desde a morte de Dolores, esposa de Carlos, Diego passou a apresentar Carlos como "um velho amigo da família" e "seu irmão pelo coração". Não se proibia de pedir-lhe pequenos favores, mas o tratava de forma afetiva e respeitosa.

Os dois mastros, altos e imponentes, as velas brancas e quadrangulares enfunadas pelo vento favorável, a marujada fazendo o seu trabalho com as cordas, o céu azul, a brisa suave, tudo isso dava um ar de alegria e luz.

Embora fosse um navio destinado ao transporte de mercadorias, possuía acomodações modestas, destinadas a eventuais passageiros, cinco pequenas cabinas das quais duas eram ocupadas por Diego e Carlos, e, Javier e Laura, respectivamente. As outras três eram ocupadas por quatro jovens estudantes que após os estudos em Sevilha, voltavam para Buenos Aires, e um casal recém-casado que emigrava buscando vida nova no novo mundo.

Embora a relativa falta de conforto do barco, Diego o escolhera em virtude da pressa que tinha em deixar a Espanha.

O almoço era servido no tombadilho. Além dos passageiros, participavam o capitão, o piloto e o imediato, numa pequena tenda armada, para melhor apreciarem o mar e sentirem o conforto do vento. Era essa a hora de o capitão e seus oficiais desfilarem uma série interminável de histórias sobre o mar. Essas histórias encantavam os Rodrigues que os cumulavam de perguntas, visto os quatro terem vivido quase sempre no interior, e os seus conhecimentos sobre o mar virem, exclusivamente, dos livros.

Laura, a princípio, mantinha a mente fechada, poucas palavras, traços de tédio e desgosto no semblante, mas depois foi se abrindo, como um botão que estende suas pétalas ao sol. Passou a conversar mais com Diego e a ser mais brincalhona com Javier. Relaxada e descansada, sem ter nada o que fazer nem planejar, Laura resolveu dar umas férias ao seu lado calculista e aproveitar a viagem. À noite lançava sua voz ao vento e às estrelas, o que fazia grande sucesso entre os passageiros e a tripulação.

Brigue

*O **brigue** era um navio de dois mastros destinado geralmente ao comércio.*

38

Laura e a morte-I

O dia amanheceu nublado, um vento mais forte agitava o mar, expressões sombrias marcavam o rosto do capitão e do resto da tripulação.

Com o sacolejo, todos os passageiros enjoaram; o capitão Juan Carlos apresentou desculpas por não comparecer ao almoço, declarou que ele e os oficiais estavam muito atarefados.

Com o enjoo e os sacolejos do navio, o almoço foi suspenso, apenas os estudantes comeram algumas bolachas.

À tarde, o céu foi escurecendo cada vez mais, o sol desapareceu, a marujada trabalhava ativamente baixando as velas, o capitão e o imediato gritavam ordens lacônicas.

Às dezoito horas a tempestade desabou. A noite chegou cortada por relâmpagos e trovões. E o Constelación era pequenina casca de noz ao sabor dos vagalhões.

A sensação de pequenez leva à humildade. E os nossos personagens nunca se sentiram tão pequenos, quanto naquela noite, no pequeno navio, enfrentando o oceano enfurecido.

*

Uma primeira palavra veio imediatamente à mente dos nossos quatro passageiros: "naufrágio"; logo após, uma segunda: "morte".

Diego refletiu que talvez tivesse chegado o momento de reencontrar-se com a doce Maria, e o pensamento o emocionou. Lamentava por Javier e Laura, mas dado o caminho que tomavam, não se arrependia de sua decisão. Decidiu orar a Maria, Mãe de Jesus, por todos que estavam no barco, acendeu uma vela num castiçal ligado a uma pequenina imagem que sempre trazia consigo e convocou Carlos.

— Vamos rezar um pouco, Carlos, que talvez essa noite seja a última. Talvez tenhamos errado na compra das passagens: ao invés de Buenos Aires, nosso destino seja o encontro de nossos amores, você para a sua Dolores e eu para a minha Maria.

— Se for assim, vamos agradecer à Santa Virgem, pois tenho sentido uma saudade enorme de minha Dolores.

Enquanto orava, veio-lhe à mente, inexplicavelmente, e com grande nitidez, a passagem dos atos dos apóstolos onde Paulo, estando também num navio e enfrentando uma tempestade, afirmava que todos se salvariam[7].

*

Na cabina ao lado a situação era outra: Laura estava apavorada, dirigiu-se à cama de Javier e o abraçou fortemente enquanto tremia:

— Abrace-me, Javier, com bastante força, nunca tive tanto medo.

Os vagalhões varriam o tombadilho do Constelación, goteiras no teto da cabine começaram a molhá-los com água salgada; nesse instante ouviram gritos no tombadilho:

— Homem ao mar, homem ao mar.

— Que coisa horrível, Javier! Viagem estúpida. Seu pai, na sua ignorância, está nos levando para a morte.

— Agora não adianta reclamar, viemos porque quisemos, replicou Javier com voz trêmula, tentando conter o seu pavor, abraçando Laura com o braço esquerdo enquanto com o direito procurava segurar-se para que os dois não rolassem no chão, com as oscilações do navio.

Ali na cabina, sem nenhuma luz, pois Javier havia apagado o lampião com medo de um eventual incêndio, Laura, movida pelo medo, sentindo-se tão pequenina diante do oceano, calou-se e dentro de sua mente surgiu uma ideia, que não era fruto do cálculo nem da ambição; essa ideia nascia nas profundezas de seu inconsciente, atravessava as densas camadas dos convencionalismos, e aflorava como uma pequena luz naquela noite escura, ou como uma fonte em floresta espessa: resumindo, Laura teve a ideia de formular mentalmente uma prece:

---

[7] Atos dos Apóstolos, cap. 27.

— Pai nosso que estás no céu, santificado seja o seu nome, venha a nós o seu reino, seja feita a vossa vontade aqui na terra como no céu. O pão nosso de cada dia dai-nos hoje, perdoa as nossas dívidas assim como nós perdoamos nossos devedores, não nos deixeis cair em tentação, mas livra--nos do mal, que assim seja.

Logo após a prece, seu raciocínio voltou a trabalhar: em todos os seus planos, nunca tinha levado em consideração o fator morte, no entanto ela, a morte, sempre estava próxima, poderia morrer aquela noite, no meio daquela tempestade, como também poderia morrer de qualquer outra forma, de uma doença, num acidente. E perante a morte, que significado teriam o poder e o dinheiro que acumulasse? E seu "pomar" de relações, que sentido teria, diante do túmulo? Do que lhe valeriam, num outro mundo, caso houvesse, os relacionamentos que tinham como objetivo simplesmente manipular pessoas?

Veio à sua lembrança a imagem do pai, tão dedicado à sua educação, e já envelhecendo, quantos anos de vida ele teria ainda? Tantas coisas ele tinha lhe dado, e morreria sem ter recebido nada em troca. Por vezes argumentava que tinha pago ao pai por tudo o que recebera ao casar-se com Javier, fazendo-o avô dos netos de Diego, mas seu pai nunca havia usado os laços de parentesco para conseguir qualquer vantagem, e a morte de Diego não confirmaria a tolice do seu raciocínio?

A seguir recordou-se da mãe costurando os seus vestidos, recebendo, por vezes, palavras ásperas, por sua falta de cultura e pequenas gafes que cometia nos jantares no Solar. Morrera há dois anos, derramara algumas lágrimas, é certo, mas o que fizera para apoiar o pai, que sentia uma saudade insuportável da companheira? Visitava-o na casa onde morava solitário, mas eram visitas rápidas e espaçadas. Convidara-o para morar com ela, mas foi um convite frio, formal. Imaginara que ele seria um estorvo na sua afirmação social, recordando sua origem humilde. Ele percebeu e delicadamente recusou, dando a desculpa que tinha um emprego no Solar.

E seus filhos, com quem convivera tão pouco nos últimos anos? Sentiu uma saudade imensa deles, poder afagá-los em seu colo, ensinar-lhes as coisas que sabia, mas estavam tão distantes agora, adormecidos no Solar, sob os cuidados de Isabel, que com o tempo e sua ausência, se lhes transformaria em verdadeira mãe. Ali presa nos braços fortes de Javier, lembrou-se dos tempos de namoro, da paixão do jovem, esfriando ao longo do tempo. Mas o que lhe havia dado? Com o que o havia alimentado? Apenas lhe dera a casca dos subterfúgios e da manipulação, nunca lhe oferecendo a polpa de seus sentimentos, e no entanto, ele ainda a abraçava, obediente.

Após essa sequência de pensamentos, o raciocínio nublou-se como o céu daquela tarde. Laura sentiu como se uma nuvem subisse do seu coração e invadisse sua cabeça. Não foi mais capaz de raciocinar, uma tempestade de choro convulso a envolveu por mais de hora, com lágrimas abundantes que molhavam o seu rosto e o peito de Javier.

*

Amanheceu ainda nublado, porém a tempestade havia ido embora. O pequeno Constelación havia sobrevivido uma vez mais; as avarias haviam sido pequenas, algumas cargas haviam se soltado durante a tormenta e feito alguns estragos que os carpinteiros já estavam reparando.

A nota triste é que um dos marinheiros morrera. Todos que trabalhavam no tombadilho tinham cordas amarradas na cintura para não serem arrastados para o mar; por algum motivo, o nó que prendia o pobre homem havia se desatado e as ondas o varreram para o mar revolto, o que no meio do Atlântico era morte certa.

Manhã alta, o capitão fez um pequeno ofício fúnebre, encomendando a alma do marinheiro a Deus. Toda a tripulação e os passageiros assistiram à cerimônia de cabeça descoberta; alguns marinheiros choraram.

Novamente, as reflexões sobre a morte voltaram à mente de Laura. Para onde o marinheiro havia ido? Seria apenas comida de peixe, ou sua alma estaria em algum lugar? Lembrou-se do sogro, que deixava entrever continuamente que sua falecida esposa, de quem Laura se lembrava vagamente, estava sempre por perto, invisível, prestativa e amorosa. Sentiu um arrepio. Quantos mortos estariam ali naquele tombadilho? E sua mãe, se lembraria da filha? Viu mentalmente a mãe, uma mulher doce e tímida, encantada com suas habilidades, orgulhosa de seus progressos nas artes e no conhecimento, desonerando-a dos serviços domésticos para que ela pudesse dedicar todo o seu tempo ao estudo. O que tinha oferecido à sua mãe, como sinal de gratidão filial? Uma piedosa compreensão, misturada ao sentimento de sua superioridade intelectual. Mas seria ela melhor do que a mãe? Quem era a superior? A mãe quase analfabeta, apaixonada pelo marido e dedicada aos filhos, feliz por amar e ser amada, fator de equilíbrio da casa, ou ela, Laura, adúltera e promíscua, quase indiferente à própria prole? A mãe tinha uma parcela importante na sua formação, e ela o que tinha feito pelos filhos, ou pelo marido?

Novamente as lágrimas vieram aos seus olhos, e não conseguiu enxotá-las com pensamentos do tipo: "não posso ceder a esse sentimentalismo" ou "preciso me controlar, essa viagem está acabando com os meus nervos" ou ainda esse último "mais alguns dias essa viagem termina e tudo volta ao seu antigo curso".

Diego observou o choro de Laura, achou aquilo um bom sinal. Javier, por seu lado, interpretou como uma crise nervosa derivada dos acontecimentos da noite. Carlos lembrou-se de um quadro que Pablo pintara onde Madalena arrependida lavava com as próprias lágrimas os pés de Jesus e disse baixinho a Diego:

— A senhora lava o coração.

39

O Atlântico Sul também tem seu encanto

Não houve outros incidentes durante a viagem.

Laura voltou a cantar à noite, Diego passava a maior parte do tempo na cabina lendo e Carlos, que tinha uma curiosidade insaciável pelos trabalhos do navio, conversava com os marinheiros e ouvia histórias sobre portos distantes, viagens, monstros marinhos, navios fantasmas, e tudo o mais que lhe pudessem contar.

Javier ficou muito vermelho, queimado de sol, a imobilidade do navio e o não ter nada o que fazer, fez com que passasse a comer o dia todo, para matar o tempo. Por esse motivo engordou a olhos vistos, o que o levou a dizer várias vezes:

— Este navio é uma casa de engorda!

— Pelo visto, terei camarão ao jantar, mais uma vez. – Também brincava Laura, diante do vermelhão que se alastrava pelo seu rosto.

*

O marinheiro no cesto da gávea[8] gritou:

— Terra à vista.

Era a costa brasileira que surgia.

Mais dois dias de viagem, aportaram no Rio de Janeiro. A paisagem da baía da Guanabara encheu o coração e a vista dos passageiros. Acostumados ao clima algo árido da Espanha, tendo passado mais de um mês vendo apenas céu e água, a explosão de vida da flora e da fauna tropicais lhes dava um ânimo novo.

---

[8] O **cesto da gávea** é uma pequena plataforma armada no alto do mastro do navio que serve como ponto de observação.

Como o navio ficaria ancorado três dias no porto, para desembarque e embarque de mercadorias, decidiram conhecer a cidade.

Diego percebeu por várias vezes um sorriso bom no rosto de Laura, o que o deixou muito satisfeito.

Nas duas noites que passaram na cidade de São Sebastião do Rio de Janeiro, Corte do Império do Brasil, diversos fatores criaram um clima sensual e romântico para o casal: o calor dos trópicos, os novos ares, a beleza da paisagem, o conforto do amplo quarto de hotel com uma enorme cama acortinada, em contraste com os beliches da pequena cabina do navio. À conta desse clima, ou porque os desígnios de Deus assim o estabelecessem, o certo é que Laura, ao embarcar novamente no Constelación, estava grávida do seu terceiro filho.

*

Após mais alguns dias aportavam em Buenos Aires.

Aqueles dois meses de viagem haviam introduzido mudanças expressivas na psique de nossos personagens: menos tensos, mais simples, mais ligados ao presente.

Laura mais relaxada, havia dado férias ao seu lado calculista, reencontrara o prazer da música, já que interpretara as suas canções sem nenhum objetivo de impressionar o público ou se afirmar socialmente, aproximara-se bastante de Javier, único homem disponível e dera livre curso à sua sensualidade com o marido, o que também acrescentara uma certa indolência à sua maneira de ser sempre ativa e determinada.

Javier, oito quilos mais gordo, ridículo e desconcertado com suas roupas apertadas a ponto de estourar os botões, deixara para trás uma certa empáfia, um toque de arrogância, e dedicara-se a recolher o afeto do pai, da esposa e de Carlos, que fora figura importante na sua infância, e que trazia muitas recordações agradáveis, principalmente da mãe.

Diego perdera um pouco da sua austeridade e estava mais comunicativo.

Carlos, com seus cabelos totalmente brancos, mas ainda com boas condições físicas, sentia-se novamente integrado à família e não somente com Diego.

*

Despediram-se do capitão Juan Carlos, agradecendo-lhe a competência e a segurança com que os havia conduzido na longa viagem, e desembarcaram em solo portenho.

40

Ventura conjugal

Buenos Aires, nesse tempo, era uma cidade de algumas dezenas de milhares de habitantes, onde quase todos se conheciam.

Nessa cidade provinciana, o clima em que viviam Gonçalo e sua noiva, Bárbara, era de intenso romance, conforme a moda da época. Cartas apaixonadas, versos que iam e vinham, pequenas mechas de cabelo embrulhadas em papel cor-de-rosa, acompanhando juras de amor eterno, grande expectativa com relação ao futuro.

José e seus familiares, embora com boa situação financeira, cercavam-se de hábitos simples, muito em desacordo com os costumes elaborados da aristocracia espanhola, onde a etiqueta ocupava uma posição de destaque na rotina das pessoas.

A família de José era bem-humorada. Os domingos eram marcados por lautos almoços na casa do patriarca, frequentado por filhos, genros, netos, futura nora com seus pais e irmãos.

O almoço era servido em espaçosa e ventilada varanda, com muito vinho, crianças correndo, brincando e brigando pelo jardim.

Esse ambiente, tão diverso das encenações do casal no "Palácio de Verão", pontilhado pelas visitas à extensa propriedade de José, distante um dia da capital, não dava margem a manobras de conquista e dissimulação.

Aliás, no dia da chegada, quando desembarcaram do Constelación encontraram José e toda a família aguardando-os no porto, com muitas efusões de afeto, fato que os surpreendera. Laura, mais circunspecta, demorou um pouco a responder a tantos abraços e beijos, e comentários do tipo: "que linda nora", "que belíssimo filho", "que maravilhoso casal".

Vendo aquele bonito casal, sem suspeitar dos problemas anteriores, a família de José, dada ao humor, principalmente nos almoços, seguindo a atmosfera criada pelo noivado de Gonçalo e Bárbara, passou a divertir-se com insinuações românticas e apimentadas sobre o casal Javier e Laura, coisa que não se permitia diante de Gonçalo e Bárbara. Um tanto constrangidos no começo, Laura e Javier passaram a participar dos jogos, respondendo às insinuações com frases bem-humoradas e de duplo sentido.

Laura com seu canto e seus poemas fez enorme sucesso. À noite convidavam amigos e vizinhos para ouvi-la.

Extremamente rígidos nos costumes, na família de José não havia espaço para galanteios ou qualquer atitude que levasse a um olhar desrespeitoso que fosse. O que em Sevilha era tolerado, ali na provinciana Buenos Aires seria um enorme escândalo, que teria como desfecho o assassinato. Laura e Javier compreenderam a situação e se mantiveram comportados, dentro dos estreitos limites que os hábitos locais impunham.

Após um mês de estada em Buenos Aires, com a suspensão da menstruação, Laura percebeu que estava grávida. O anúncio feito discretamente a Javier caiu nos ouvidos do tio José, que alegre e expansivo propalou aos quatro ventos, em alto e bom som, a novidade do seu sobrinho-neto, o primeiro que conheceria. A gravidez de Laura passou a ser tema constante das brincadeiras e tiradas de toda a família.

As maciças doses de simplicidade com que José e a família envolviam a Javier e Laura faziam enorme bem ao casal.

Houve três etapas no processo da recuperação moral do casal:

Primeira etapa: um casamento cheio de feridas que principiava a infeccionar.

Segunda etapa: a saída da Espanha foi a cirurgia de impacto, executada à força por Diego, necessária para garantir-lhe a sobrevivência.

Terceira etapa: o tratamento da convalescença era feito por aquela família bonachona, onde a alegria, o carinho e a simplicidade eram como uma bandagem cheia de medicamentos, que posta sobre as feridas, ao mesmo tempo que as ocultava, as protegia de novos ataques de germes, e acelerava o processo de cicatrização.

O casamento aparentemente morto, novamente dava sinais de vida e vigor. A gravidez mexeu com Laura dessa vez, deixando-a mais sensível. As trocas afetivas do casal se acentuaram. Javier redescobria a esposa e a vida simples em família.

*

Percebendo que a vida conjugal do filho se reequilibrava, Diego sentiu um profundo sentimento de gratidão a Deus, à Santa Virgem, à sua esposa e ao tio José, que o auxiliaram naquela empreitada tão difícil. Por inúmeras noites, acendeu, na solidão do seu quarto, uma vela em frente à pequena imagem de Maria com Jesus ao colo, e elevou suas preces pelo filho, pela nora, pela fiel Isabel, por Antero, pelos netos. Orava, a seguir, pelo tio, tia e demais familiares de Buenos Aires, primos e primas com respectivos filhos, nomeando-os um a um, pedindo as bênçãos do céu para aquela família que tanto estava contribuindo na salvação do seu precioso tesouro afetivo, representado por aquele moço moreno, cujos cabelos já mostravam alguns fios brancos, mas cujo coração ainda tinha muito de menino, e que era para ele, ao lado da terna menina de pernas tortas que ficara na Espanha, os dois seres que mais amava sobre a terra.

*

Os negócios na ex-colônia eram simples: importação de tudo o que era fabricado na Europa e exportação de couro e charque[9].

Condições para o negócio: capital ou crédito para comprar, extremo cuidado ao vender, para ter garantia de receber; examinando os casos de insucesso, chegaram à conclusão de que praticamente todos tinham a mesma causa: o comerciante concentrara suas vendas num único comprador; o comprador por diversas razões não pagava, o comerciante não suportando o prejuízo ia à falência. Comprar era fácil, vender também, o difícil era, na venda, conceder crédito às pessoas certas.

Não havia, como na Espanha, necessidade de favores de governo, cadeias de relacionamentos, sutilezas em contratos. Ali, ao sul do Prata, tudo podia ser conduzido de forma bem mais simples e direta.

O feitio calculista de Laura no relacionamento humano não se aplicava ali. Isso foi muito bom; sua inteligência viva foi direcionada a coisas mais produtivas, tais como: estudar a história e a geografia da Argentina, conhecer sua arte, especialmente sua literatura e sua música, enfronhar-se a respeito do seu comércio com praxes, legislação e histórico de casos para auxiliar Javier nas decisões importantes.

---

[9] Carne bovina cortada em mantas, salgada e seca ao sol, podendo, por este processo, ser conservada por bastante tempo.

41

Conversas paternais

O casamento de Gonçalo ocorreu sem maiores incidentes.

A solução para o problema do tio, era também uma solução para Javier e sua mulher.

Depois de entendimentos preliminares com o tio, Diego chamou Javier para conversar. Foi direto ao assunto:

— Javier, o que eu tenho a lhe propor é o seguinte: Você fica aqui na Argentina e auxilia José na administração de sua propriedade, enquanto preparo o seu neto Alfredo para ser seu sucessor. Alfredo tem 13 anos, com 21 estará apto para tomar conta dos negócios do avô. Em retribuição, José te dará todo apoio na montagem de uma casa comercial exportadora e importadora. Esse apoio é fundamental, pois ele pode ser o seu principal fornecedor de couro e charque, e pode induzir outros proprietários a valerem-se de sua casa comercial. Eu volto para a Espanha e administro um escritório de vendas em Sevilha. Para minimizar o risco, venderei os produtos que você exportar para um número expressivo de clientes; vendendo um pouco para cada um a chance de prejuízos vultosos por inadimplência fica pequena. Além disso, exigirei garantias em cada venda. Comprarei também aqueles que você necessita importar, valendo-me do meu crédito. O sucesso é garantido. Até hoje você viveu dos meus bens, o que nunca me incomodou porque o que é meu é seu, mas será bom para você ter seu próprio negócio, assim sendo, embora trabalhando para você, não aceitarei nenhuma remuneração pela minha participação na casa comercial. Após pequena pausa, prosseguiu:

— Sevilha não foi boa para você, muitas vezes me angustiei temendo que um duelo nascido de aventuras irresponsáveis viesse pôr fim à sua vida. Agora você está num bom caminho, sua esposa também. Que possa essa criança, que vai nascer, selar uma nova etapa na sua existência. Passados os oito anos que faltam para Alfredo atingir a maioridade, você decidirá se fica na Argentina ou volta para a Andaluzia. Aí, mais velho, mais independente, mais ligado à sua esposa, a Espanha já não será um perigo para vocês dois. Aceita?

Javier, que havia empalidecido quando o pai mencionou "aventuras irresponsáveis", refletiu um pouco e compreendeu o longo esforço do pai para acertar a sua vida. Olhou Diego nos olhos, viu a expectativa e a sinceridade do amor que aquele homem de cabelos brancos, enérgico e inteligente lhe devotava. Sentiu-se novamente menino, sentado nos seus joelhos, ouvindo as histórias de seu avô; sem saber por que, lembrou-se da capela da Virgem Santíssima, e do raio de sol batendo no coração do anjo que enfeitava o túmulo de sua mãe, e falou ao pai emocionado:

— Muito lhe devo e muito lhe deverei ainda. Aceito e agradeço a sua oferta. E peço permissão para beijar-lhe as mãos em sinal de amor e gratidão.

Após beijar as mãos do pai, Javier trocou com Diego um longo e apertado abraço.

*

Diego no dia seguinte procurou Laura.

A sós com a nora, falou objetivamente:

— Laura, oito meses atrás recebi esse papel – disse estendendo a pequena folha cor-de-rosa, com o poema dirigido a Pedro Armendariz. Laura segurou o papel sem lê-lo, pálida. Diego continuou com voz firme:

— Foi para mim uma pancada maior que a coronhada que recebi quando Maria morreu. Com sua conduta irresponsável você quase lança meu filho e toda a nossa família num inferno que talvez terminasse em tragédia. Você é muito inteligente, mas se sua inteligência nos leva à desgraça, ela não é inteligência, é loucura e maldade. Hoje, você conseguiu se reequilibrar, seus olhos estão meigos, seus gestos ternos, e uma criança aguarda o dom da vida em seu ventre. Aproveite o mundo novo e modifique definitivamente a sua maneira de ver as coisas. Javier e, consequentemente, você têm agora a oportunidade de enriquecerem e se tornarem independentes por si mesmos. Ajude meu filho e ajude a si mesma. Não jogue a felicidade pela janela. Honra a seu pai e a sua mãe, um casal pobre, mas que sempre foi digno e feliz. Tenho certeza que sua mãe, ainda que falecida, continua tendo a mesma esperança que sempre depositou em você. A honra, Laura, não vem do dinheiro ou do poder, vem da fidelidade ao dever. Queime esse poema estúpido, como um sinal de que esse seu passado funesto também está queimado e esquecido.

Laura ouvia Diego com os olhos muito abertos. Segurava agora o bilhete nas mãos, como se fosse algo perigoso ou asqueroso. Seu raciocínio estava embotado, tinha dificuldade em pensar. Diego tomou um candelabro próximo e estendeu-o a ela.

Laura dirigiu o pequeno papel à chama de uma das velas. O papel pegou fogo rapidamente e chamuscou as pontas dos dedos de Laura. Ela soltou o papel com um gesto de dor. O papel foi descendo lentamente e antes de chegar ao solo se desfez em cinzas.

— Agradeço o seu gesto, Laura, que eu doravante possa sempre abraçá-la como a honrada esposa do meu filho – disse Diego, abraçando e beijando-a levemente na face.

Laura voltou lentamente para a poltrona, sem dizer nada, sentou-se e disse apenas:

— Sentirei falta do senhor, quando for embora. Cuide de Afonsito e diga a ele, a Laurita e ao meu pai, que tenho imensa saudade deles. Dispense meu pai de seu serviço e o envie a mim com Laurita, pois não suportaria viver longe deles.

— Também sentirei saudade de você, Laura – disse Diego, retirando-se.

42

Cirurgias afetivas

Alguns dias depois Diego embarcava de volta à Espanha, acompanhado de seu sobrinho-neto Alfredo.

Uma imensa saudade de Javier o envolveu na viagem de volta. À noite, principalmente, trancado na sua cabina, grossas lágrimas desciam pela face enrugada. Desabafava com Carlos para consolar-se:

— Foi a melhor solução. Quem ama, não aprisiona, liberta.

Outras vezes, sozinho na cabina, falava como se Javier estivesse ouvindo-o:

— Você, meu filho, sempre estará dentro de mim, no meu coração ao lado de sua mãe e de sua irmã. Dentro do meu peito, estarão eternamente unidos pelo meu amor.

Chegando à Espanha, atendeu ao pedido de Laura, embarcando Pablo e Laurita para a Argentina.

Ficou surpreso de como foi difícil separar-se do bom e velho Pablo, embora sem laços consanguíneos, a separação de Pablo foi mais dolorida que a de Laurita. Sentia a mudança do filho para a Argentina como uma amputação inicial, que ia prosseguindo interminável, tirando-lhe mais e mais pedaços.

De outro lado ficava com o neto Afonsito e o sobrinho-neto Alfredo, quase da mesma idade, aos quais precisava dar uma sólida formação, como a que recebera de seu avô.

Isabel e Antero, com seus filhinhos felizmente saudáveis, eram uma contínua fonte de alegria para o seu velho coração, além da rotina diária de ida à capela para conversar com as duas Marias. Os problemas da escola

"Dom Afonso", os negócios a tratar em Sevilha no auxílio ao filho, cuja casa comercial crescia cada vez mais, e essas ocupações consumiam o seu tempo não deixando muita margem às tristezas durante o dia.

Enquanto Javier residiu na Argentina, Diego, por vezes à noite, deitado sozinho no quarto que pertencera ao avô, sentia uma saudade imensa invadir seu coração; vinham-lhe à mente, o avô, Maria, a mãe, Javier, Laura, Pablo, as suas netinhas, e o pranto corria livre pelo seu rosto. Fazia suas preces implorando pela felicidade de cada um, e sentia um grande consolo. Depois quando estava quase adormecendo, sentia nos lábios o beijo de Maria, e dormia com uma expressão plácida.

43

Uma flor de menina

Manhã, 10 horas. Dia bonito, abril. Um parque em Buenos Aires.

Uma menina aparentando quatro ou cinco anos corre por uma alameda ao lado de um jardim. É muito bonita e graciosa: cabelos castanhos, pele clara, olhos verdes, muito bem-vestida. Uma criada a observa, porém deixa que se movimente livremente.

Um senhor se aproxima, calvo, beirando os cinquenta anos, a bengala com castão de prata e o fraque bem cortado indicam uma situação econômica média, nem rico nem pobre; ele puxa a conversa com infindáveis perguntas, ela responde, educadinha e ingênua.

— Qual é o seu nome, bela menina?

— Carmem, e o seu, senhor...?

— Aguiar de Castro. Quem são seus pais?

— O nome do papai é Javier e da mamãe é Laura.

— E os seus avós?

— Eu tenho dois vovôs, o vovô Pablo mora na minha casa e vovô Diego, lá longe, na Espanha; minhas vovós estão no céu. O vovô Diego conversa todo dia com a vovó Maria que está no céu.

— Se seu vovô Diego mora na Espanha, como você sabe que ele conversa todo dia com a sua vovó?

— Ele vem me ver de vez em quando. Ele vem num navio, nós vamos esperá-lo no porto. Ele desce do navio com muitos presentes e conta muitas histórias.

— E o seu pai, o que faz?

— Ele tem uma loja muito grande, com dois armazéns: num armazém tem de tudo: panelas, tecidos, enxadas, carroças, brinquedos, tudo; o outro armazém é muito grande, mas só tem couro e carne, eu não gosto de ir lá, o cheiro não é bom. Ele também toma conta da fazenda do tio José que está velhinho.

— E a sua mãe?

— Cuida de mim, das minhas irmãs, ajuda meu pai, lê livros, canta e toca guitarra, dá ordens às empregadas e faz mais uma porção de coisas.

— Quantos irmãos você tem?

— Três. Uma irmã mais nova, uma irmã mais velha e meu irmão Afonsito, que eu só vejo quando o vovô Diego vem nos visitar e traz ele. Meu irmão mora com o vovô; quando o vovô ficar velhinho, o meu irmão é que vai tomar conta da fazenda dele lá na Espanha. Minha irmã mais nova chama-se Maria e ainda mama na mamãe.

— Sua mãe vive bem com seu pai?

— Mais ou menos. Às vezes brigam, às vezes ela senta no colo dele e dão beijinhos. À noite dormem juntos. Quando eu ou minhas irmãs sentimos medo, dormimos com eles. Eu tenho medo quando chove e o trovão faz aquele barulho "buumm".

— Você gosta daqui?

— Gosto, é bonito. A nossa casa é bonita. Tenho primos e primas que vêm brincar comigo. Às vezes, meus primos brigam comigo e puxam o meu cabelo, mas eu gosto deles.

— Você é muito bonitinha.

— Mamãe me disse que vale mais ser inteligente e boazinha do que bonitinha. A mamãe é muito inteligente. Até o papai fica quieto para ouvi-la.

— Você quer fazer o favor de me apresentar aos seus pais?

— O senhor é bonzinho?

— Tenha certeza disso.

— Então venha comigo.

— Papai e mamãe, esse é o senhor Aguiar de Castro, que eu conheci ali perto do jardim, ele disse que é bonzinho e que quer conhecê-los.

— Bom dia, senhor Javier. Permita-me cumprimentá-lo e a sua esposa. Vendo essa pepita de ouro, que é essa menina, quis conhecer a mina de onde ela provinha.

— Bondosas palavras, senhor Aguiar. Essa é minha esposa Laura, mas o senhor, de onde vem?

— Muito prazer senhora. Venho de longe, do outro lado do Atlântico, do meu saudoso Portugal, de Lisboa. Estive alguns anos no Brasil, e agora cá estou, ao sul do Prata. Sou livreiro, aqui em Buenos Aires, luto contra o pouco amor pelas letras, mas sobrevivo.

— Adoro livros – disse com espontaneidade Laura.

— Terei prazer em auxiliá-la na sua adoração. Além de livros, posso pôr à sua disposição partituras, revistas e jornais, tanto daqui de Buenos Aires, quanto das principais capitais da Europa. Será um prazer recebê-los na minha livraria – disse, estendendo o seu cartão.

— Dê-nos também o prazer de sua visita, conhecemos poucas pessoas em Buenos Aires – disse Javier retribuindo a gentileza e oferecendo seu cartão.

O livreiro despediu-se, seguindo imerso em pensamentos pelo parque.

44

A Livraria Aguiar

Pelas ruas estreitas da Buenos Aires de meados do século XIX, uma senhora, jovem ainda, caminha com desembaraço, dando voltas à sombrinha e divertindo-se com os desenhos que as sombras fazem no chão. Saiu da "Casa Exportadora e Importadora Javier Rodrigues".

Caminha algumas quadras e lê a extensa placa:

> **Livraria Aguiar**
>
> ***Proprietário Aguiar de Castro.***
>
> ***Vendem-se e alugam-se livros, jornais, partituras e gravuras.***
>
> ***Estudantes, músicos e amigos do saber, entrem, essa é a sua casa, nela encontrarão tudo o que precisam para ilustrar-se.***

Laura murmurou sorrindo:

— Isso não é uma placa, já é um livro.

A livraria situava-se na região central de Buenos Aires, e era um misto de loja, escritório e residência. Aguiar morava nos fundos, no meio do edifício estava seu escritório, atulhado de papéis e na frente a livraria/biblioteca. Por vezes, diante de um estudante pobre, ou alguém que, sem recursos, desejasse ler, simplesmente emprestava. Laura compreendeu a causa do insucesso nos lucros do estabelecimento. O proprietário, bem no fundo, não visava a lucros, contentava-se em contagiar os clientes com seu amor aos livros.

Depois de ser recebida com efusivas manifestações de carinho e respeito, Aguiar passou a mostrar os títulos de que dispunha. Havia um armário bem recheado de partituras, com músicas locais inclusive, o que despertou grande interesse de Laura, que foi separando com bastante fartura tudo o que lhe interessava, diante dos olhos arregalados de Aguiar, que via ali a melhor cliente que já havia pisado na sua livraria.

Entre os diversos volumes que Laura selecionou, um deles abriria uma nova atividade na sua vida: *O magnetismo animal* – Por Franz Anton Mesmer.

Após a volumosa compra, que foi paga à vista, Aguiar insistiu que Laura fosse até sua residência, tomar um refresco e conhecer sua pequena família, constituída da esposa, uma senhora bem gordinha e extrovertida e a filha, viúva sem filhos, acamada em função de uma febre inexplicável, que a acometia todas as tardes e noites.

Laura cumprimentou a todos com cortesia, conversou alguns minutos e partiu satisfeita por ter mais um lugar para visitar periodicamente em Buenos Aires.

Franz Anton Mesmer

Franz Anton Mesmer (médico alemão, 1734-1815)

Mesmer postulava que temos energias ligadas ao nosso corpo, que denominou "magnetismo animal", que podem ser transmitidas a outros através da imposição das mãos, curando doenças. Um precursor do que um século mais tarde seria denominado de passe espírita, com a diferença, porém, de que Mesmer prescrevia uma série de procedimentos complicados.

Ridicularizado e desacreditado por médicos da época, perseguido pela Igreja que afirmava que suas curas procediam do demônio, Mesmer prosseguiu seu trabalho curando as pessoas no "Gabinete Magnético", que montou em Paris.

A esse respeito, Allan Kardec, codificador da doutrina espírita, escreveu na Revista Espírita (1858): "O magnetismo preparou o caminho do espiritismo e os rápidos progressos do espiritismo se devem à vulgarização das ideias acerca do magnetismo. Dos fenômenos magnéticos, do sonambulismo e do êxtase às manifestações espíritas não há senão um passo; sua conexão é tal, que é por assim dizer, impossível falar de um, sem falar do outro".

45

Laura experimenta - I

O livro, *O magnetismo animal*, dormiu algumas semanas na estante, até que chegou o seu dia de entrar no foco da atenção de Laura.

Laura leu atentamente o livro. A afirmação de Mesmer que se podia curar doenças com a imposição das mãos despertou a sua atenção.

Ela achou aquela possibilidade extraordinária. Aquilo seria verdade ou seria mentira? Havia uma maneira de descobrir: experimentar. Lembrou-se da filha doente do livreiro, poderia começar por ela.

*

Laura dirigiu-se à livraria. Ao vê-la, Aguiar encheu-se de alegria, estampando um enorme sorriso:

— Que grata surpresa, senhora. Que bom ver entrando na minha livraria, alguém que realmente dá valor aos livros, e valores ao livreiro – disse com ar brincalhão.

— Hoje não venho saciar o meu apetite intelectual nesse armazém do conhecimento. Hoje venho retribuir-lhe a gentileza. O senhor me vendeu um livro, *O magnetismo animal*, que propõe um método de cura baseado na imposição das mãos. Pensei em sua filha, com suas febres, podemos experimentá-lo nela, com duas condições: que além do senhor e sua família, ninguém fique sabendo, pois não quero conflitos com a Igreja nem com a polícia, por concorrer com médicos; a segunda condição é que não se crie expectativas ou falsas esperanças, é uma experiência que pode ser bem-sucedida ou não levar a nada, por tudo que entendo, mal não fará.

— Como a senhora sabe sou o mais das vezes o primeiro leitor de meus livros e essa nova maneira de curar já havia passado pela minha cabeça, mas não sou um homem prático, e em mim é longo o caminho entre a cabeça e as mãos, mas já que a senhora se propõe, somente posso responder-lhe com a minha gratidão. Por que não tentar?

— Por que não tentar? – repetiu Laura.

Dirigiram-se ao quarto da enferma, explicaram a Ester, filha de Aguiar, o tratamento a que seria submetida. Duas vezes por semana, durante oito semanas, Laura vinha à livraria, e impunha as mãos sobre Ester.

Nas últimas semanas as febres cessaram. Laura prosseguiu o tratamento até o fim do prazo estabelecido.

Na última sessão, após concluir o tratamento, Aguiar tinha uma surpresa para Laura:

— Senhora, estou infinitamente grato pelo seu auxílio, que resolveu um problema grave, que os médicos não solucionaram. Não me atrevo a pagá-la, pois sei de sua condição financeira, mas sou um livreiro digno e resolvi presenteá-la com livros que a façam lembrar que terá sempre em mim e em minha família servidores devotados. Fazendo isso estendeu à Laura uma caixa com vários livros encadernados, escritos por seguidores de Mesmer e outros correlacionados.

Laura, que não era muito dada ao sentimentalismo, entendendo essas manifestações como pieguice, foi tocada pela atitude sincera do livreiro. Um bem-estar a invadiu, e as emoções subiram à sua cabeça. Curioso em Laura é que não conseguia conciliar raciocínio e emoção, quando raciocinava não sentia e quando sentia não raciocinava. Murmurou apenas:

— Não precisava, mas muito obrigada. E saiu rapidamente sobraçando os volumes.

*

Passadas duas ou três semanas desse fato, uma das empregadas, Margarida, adoeceu.

Neste caso era uma forte dor de cabeça seguida de vômitos e grande mal-estar.

Após refletir um pouco, Laura chamou Margarida:

— Margarida, posso tentar resolver o seu problema de saúde. Só que por um meio que os médicos não aceitam e os padres condenam. É uma tentativa, repito, mal não fará, mas você terá que prometer ficar de boca fechada. Se eu souber que você comentou com alguém o que foi feito, você estará sumariamente despedida.

— Pode ficar tranquila, senhora, que eu não contarei para ninguém que a senhora me tratou. Eu entendo que remédios são caros e se o boato se espalha de que a senhora "cura de graça", a sua porta enche; quanto a médicos e padres, não pertenço a eles; eu entendo também que nesse assunto ninguém pode garantir nada. Minha comadre, Antônia, conhece tudo o que é chá. Estou até com a barriga inchada de tanto tomar chá, mas não tem adiantado nada.

— Está bem, Margarida. Começamos já. Feche a porta e deite-se nessa cama.

Laura preparou-se por alguns instantes e passou a impor as mãos na cabeça, no tórax e no ventre de Antônia. O tratamento repetiu-se diariamente por duas semanas. O segundo tratamento também foi um sucesso.

Esse sigilo foi sendo mantido com esforço, porque mais e mais casos iam chegando.

Nem em todos Laura conseguia êxito, mas de suas anotações concluía que em dois terços dos casos tinha sucesso, o que era uma marca elevada. Um de seus insucessos foi Pablo, que teve alguma melhora, mas a sua enfermidade ia se agravando mês após mês.

46

A vida esculpe a mente

Entre os livros que Aguiar lhe havia presenteado havia um grande pacote com uma coleção de 12 volumes primorosamente encadernados com o instigante título:

Mistérios celestiais

Emmanuel Swedenborg

Laura havia tido formação católica e muitas vezes se chocava com as incoerências dos clérigos, comumente duros, arrogantes, amantes do dinheiro e do poder, apoiando sua teoria de vida no "faça o que eu digo e não faça o que eu faço"; isso a levou a observar tão somente no cristianismo o vazio e a hipocrisia. Com Swedenborg, passou a ver na mensagem evangélica a sinceridade e a simplicidade de um reino de amor que se estabelece no coração, sob o governo de Jesus e que está ligado a um mundo espiritual.

Isso foi extremamente benéfico ao seu coração, pois a reconciliou com Jesus, e abriu as portas de sua alma à moral do Cristo.

Laura foi adentrando, através dos livros, o vasto salão do chamado "misticismo da época".

O problema da morte e da existência ou não de um mundo invisível foi se tornando importante para ela. Desistindo da aplicação da inteligência no relacionamento humano, com vistas à obtenção de poder, encontrava no novo tema campo vasto para estudo. O desafio era separar a verdade da fantasia e da fraude, naquela imensa barafunda de ideias, onde o bom senso se misturava ao disparatado e o equilíbrio à loucura.

Nesses estudos teve um aliado importante: o pai. Já entrado em anos, com uma bronquite que impedia o trabalho e esforços prolongados, Pablo estava com a mente lúcida, e relatava a Laura suas vivências, como a visão de Dom Afonso após a morte, apresentada no início desta narrativa.

Mantinha em sigilo suas incursões, principalmente em virtude de seu tio José, católico conservador e radical, que via em qualquer coisa que não tivesse o apoio da hierarquia eclesiástica conservadora como: "coisa do demônio", "a corrupção dos bons costumes pelos tempos modernos", "destruição da família e da sociedade", "assuntos de gente de má vida" etc.

*

Os estudos e a prática da cura por meios diversos dos apregoados pela medicina de então, a gratidão das pessoas, foram exercendo uma profunda transformação na psique de Laura. Entrou pelo caminho da astrologia, tentava adivinhar a influência dos astros, e à noite era comum vê-la olhando o céu. Procurava descobrir se havia alguma veracidade na quiromancia, a leitura das mãos. Pressentia um enorme e desconhecido mundo invisível e oculto, do qual tinha pequenos *flashs*.

Sentia-se como um navegante do século XV onde algumas ideias corretas, como a esfericidade da Terra, misturavam-se com inúmeros erros geográficos crassos, tal como a afirmação de que a costa americana pertenceria à Índia. Mas como ao navegante, não adiantava ficar cogitando, era necessário enfunar as velas e desafiar as ondas para chegar às novas terras; para ela não bastava ler livros, era necessário experimentar e através da experiência descobrir as verdades novas.

Junto a esses estudos, ia descobrindo um novo cristianismo, simples e puro, nos evangelhos e em livros ingênuos como o "I fioretti" (*As florezinhas*) que apresentava contos populares a respeito de Francisco de Assis.

A sua condição de interpretação musical também melhorou bastante, pois via na arte um poder sutil que não conseguia compreender com clareza, mas que desejava ardentemente possuir. No canto, principalmente, "viajava" para estados emocionais que nunca sentira antes com tal intensidade.

A vida, nos seus movimentos, ia trabalhando a pedra dura do seu coração. O rochedo ia se desfazendo pelos ventos das novas ideias e pelas plantinhas verdes representadas pelo bem, que mesmo sem intenção, ia espalhando.

Esses movimentos da vida não eram puramente casuais. No mundo invisível que Laura tanto desejava compreender, haviam duas forças que ela não percebia, e nem eram mencionadas diretamente nos seus livros, mas que agiam de forma constante e perseverante: Cecília, a mãe, e Maria, a sogra, unidas na proteção aos filhos e netos, pois ambas tinham a Javier e Laura por filhos do coração.

Emmanuel Swedenborg

Emmanuel Swedenborg nasceu em Estocolmo, na Suécia, em 1688, e morreu em Londres, na Inglaterra, em 1772.

Já aos 20 anos seu gênio tem um apetite insaciável, dirigindo-se aos mais variados assuntos: física, mecânica, relojoaria, marcenaria, litografia e construção de instrumentos musicais em bronze, óptica, matemática, fisiologia, ...

Em 1745, enquanto ceava, solitário num refeitório de hospedaria, vê o ambiente escurecer, e um Espírito tomar forma e lhe diz que ele foi escolhido para trazer uma nova revelação aos homens; a partir daí passa a estudar com mais afinco a Bíblia, efetua suas próprias traduções concentrando-se no seu conteúdo espiritual.

Denuncia a Igreja, que movida pela ambição, atentava mais em guerras, futricas políticas e perseguições, do que na mensagem de amor de Jesus; afirma com clareza a existência da vida após a morte, as relações do mundo espiritual com o mundo material, a supremacia de Jesus, o desprendimento dos bens materiais, a fé, a humildade e a caridade cristã; isso leva as elites religiosas e científicas da época a considerá-lo louco, esquizofrênico e a ser ridicularizado; infelizmente, ao lado de ideias verdadeiras, admite alguns erros, como, por exemplo, a "a existência de um inferno eterno".

Allan Kardec comenta: "O incontestável mérito de Swedenborg, seu profundo saber e sua alta reputação de sabedoria foram um grande peso na propagação dessas ideias que hoje mais e mais se popularizam, por isso mesmo que crescem em plena luz e, longe de buscar a sombra do mistério, apelam à razão. Apesar dos erros do seu sistema, Swendenborg não deixa de ser uma das grandes figuras, cuja lembrança ficará ligada à história do Espiritismo, do qual foi um dos primeiros e mais zelosos pioneiros".

47

Laura e a morte - II

Amanhecia. As estrelas mais e mais pálidas.

O céu tirava seu tapete noturno, solene e negro, e estendia outro mais alegre e casual, onde se misturavam tons pastéis ao vermelho e amarelo ao azul, que iam sucessivamente ficando mais nítidos.

A passarada explodia em cantos, enchendo a atmosfera com sua algazarra, que abrigava sons tão diversos quanto o do galo doméstico e o pipilar de aves de campina.

Na Buenos Aires que despertava, uma luz acesa num dos quartos de bela casa se destacava de longe ao olhar. Havia permanecido acesa toda a noite, e agora também empalidecia à semelhança das estrelas.

Quem olhasse pela janela envidraçada veria, iluminada por três candelabros de prata, a seguinte cena:

Javier e Laura sentados em poltronas, olhar atento, roupas amarfanhadas, sinal evidente de que haviam passado a noite em claro.

Pablo no leito, semidesperto, respiração ofegante, uma expressão de sofrimento no rosto já envelhecido. Muito magro, ele que era um homem forte, pesava, agora, pouco mais de 40 quilos. A doença nos pulmões ganhara força e, velozmente, levara as energias do velho artista plástico.

As meninas dormiram um sono agitado. Laura e Javier previam o fim, mas resolveram não dizer nada às filhas que estavam extremamente desconsoladas com a doença do avô.

Javier, imitando o pai, sempre tivera carinho e respeito pelo escultor que lhes embelezara a vida com suas pedras, tijolos e tintas.

Olhando o céu, Laura comentou em voz bem baixa ao ouvido de Javier:

— Deus, o grande artista, homenageia o pequeno pintor que em breve partirá ao seu encontro.

Embora bonita a frase, pareceu soar um tanto falsa aos ouvidos de Laura. Recordou que somente agora estava aprendendo a valorizar o pai na sua dedicação ao belo e à família. Desviou o olhar para Javier que estava bem próximo do pai com os olhos vermelhos. Era bom ter o marido ao seu lado naquela hora, era bom saber que quando o pai partisse, nas manhãs futuras, poderia abraçar o companheiro, ouvir a algazarra das meninas, receber os parentes, em suma: não ficaria só. Pela primeira vez na sua vida considerava a hipótese da solidão e ela era aterradora. Decididamente não seria capaz de viver sozinha.

Sentia que com Pablo morria uma parte dela mesma, morria sua infância; sua adolescência; a descoberta da música. Morriam as tardes atoladas em livros; as noites tomadas pelas aulas do genitor, afobado em ensinar tudo quanto aprendera à filha, sua herdeira artística; morriam os quitutes da mãe, entrando alegre e sorridente para interrompê-los com a pequena ceia e a observação sempre repetida:

— Parem um pouco para comer, que não só de ideias vive o homem.

Morriam porque para ninguém mais poderia dizer a respeito desse seu passado:

— Você se lembra de quando estávamos...

E pela primeira vez também ficou claro para Laura que existimos uns nos outros, que sua vida vivia de outras vidas, e que, uma dessas vidas desaparecendo, ela desaparecia um pouco também. Sua visão se obscureceu e grossas lágrimas desceram pelo seu rosto.

Pablo abriu os olhos.

Laura pensou: "que bonito tom de verde meu pai possui nos olhos", e seu pensamento divagou: será que para onde ele irá haverá bastante verde? E branco? E tantos outros tons claros pelos quais tinha preferência, embora gostasse de todas as cores?

— Cor é alegria – dizia ele. — Deus fez tons tristes somente para serem usados como fundo, para destacar mais ainda os alegres.

Pablo falou com esforço:

— Água... um pouco d'água...

Javier solícito levantou-lhe a cabeça e deu-lhe um pouco d'água num copo de cristal.

Laura observou os pequenos reflexos vermelhos e azuis que se formavam no copo e rapidamente desapareciam. Seria a vida tão efêmera quanto aqueles reflexos? Seria a vida uma luz que se acende por um instante num brilho intenso e logo se apaga?

Parecendo mais reconfortado após beber a água, Pablo pediu em voz menos entrecortada:

— Estenda suas mãos sobre mim, Laura, chegou a hora de despachar a encomenda, entregar o quadro, descerrar a escultura.

— Quem chega ao fim não pode estar brincando. As noites são duras para os doentes, durante o dia o senhor se sentirá melhor.

— Estou muito cansado, venha minha filha, me ajude a dormir.

Laura levantou-se, estendeu suas mãos sobre Pablo, em longos gestos longitudinais ao longo de seu corpo.

Pablo foi se acalmando, a respiração deixou de ser opressa, tornando-se mais regular, uma expressão de alívio estampou-se em seu rosto.

A respiração continuou suavizando-se até que se imobilizou de vez.

Pablo estava morto.

A última estrela do céu se apagou.

O sol nasceu, aquecendo a terra e ferindo a vista das pessoas.

*

Sensações contraditórias se apossaram de Laura: queria estar triste, mas estava alegre. Um forte sentimento de liberdade a dominava. Era como se o fulgor da manhã entrasse pela sua alma afora, despertando-a para a vida; sentiu vontade de cantar. Soltou a voz numa canção doce e melodiosa falando do amor eterno.

Javier, mais consolado, a ouviu em silêncio.

As meninas acordaram com o canto e vieram correndo para o quarto e perguntaram:

— Por que você está cantando? O vovô sarou?

— Sim – respondeu Javier. — Foi pintar quadros junto de Nosso Senhor e da Santa Virgem.

De início ficaram surpresas com a resposta do pai, depois entenderam que o avô tinha morrido, e abraçaram seu corpo chorando.

Uma estranha reflexão assomou à mente de Laura: as estrelas não se apagam, é a luz do sol que as torna invisíveis durante o dia. À noite, com a obscuridade, podem ser vistas novamente. Seu pai teria sido como as velas do candelabro que se apagam, ou como as estrelas, que simplesmente se tornam invisíveis aos nossos olhos durante o dia, e voltarão a brilhar tão logo anoiteça? Ou em outras palavras: teria se extinguido em pó, no túmulo, ou teria ido pintar quadros no céu para Jesus, e um dia voltaria à Terra? Após alguns segundos concluiu: É melhor acreditar no que Javier disse, pois se não for assim, vai ser muito difícil de suportar, e completou em voz alta para as filhas:

— Não chorem, ele agora está melhor, está ao lado de sua avó e de todos a quem amou. Não fiquem tristes, meninas, porque senão ele também ficará triste.

*

Além dos parentes, que vieram todos, havia muita gente no velório e no enterro. Em poucos anos Pablo havia feito muitos amigos na Argentina.

Curiosamente nem no velório nem no sepultamento havia tristeza.

Decorridos alguns dias do enterro, Laura procurou um escultor e disse:

— Quero que você retrate a si mesmo, esculpindo.

— Como assim?

— Meu pai era escultor e quero homenageá-lo, enfeitando seu túmulo com uma escultura que retrate um escultor.

O túmulo ficou muito bonito, mas nem Laura nem as meninas gostavam de visitá-lo. Mentalizar Pablo como um cadáver era deprimente. Carmensita era taxativa:

— Vovô não está aí. Esse túmulo é uma mentira. Vovô está pintando quadros no céu para Nosso Senhor e para a Santa Virgem.

A morte de Pablo doeu no velho coração de Diego:

— Além dos meus familiares, foi o melhor amigo que tive – dizia.

*

Três meses depois, Laura experimentou um sentimento novo: uma intensa saudade do pai.

Curiosamente não tivera esse sentimento quando o pai estava vivo. No período que passara no "Palácio de Verão", quando vinha ao Solar, geralmente não se dava ao trabalho de visitá-lo, porém agora, daria uma pequena fortuna para tê-lo ao seu lado por alguns momentos.

A casa tinha muitos objetos feitos por Pablo; esculturas de terracota e quadros, principalmente. Quando o sentimento ficava muito forte, Laura beijava a assinatura do pai nos quadros e sentia como se estivesse a beijar-lhe a mão; fazia isso secretamente para que não a tomassem por louca, mas esse simples gesto lhe trazia alívio.

48

A gota do aniversário

A festa de aniversário dos 60 anos de Diego foi muito bonita.

Comemorada numa bela noite de sábado, com lua cheia e algumas estrelas num céu de poucas nuvens, teve de tudo e na quantidade certa.

Logo pela manhã, foi despertado pela entrada de Antero, Isabel, acompanhados dos quatro netos e Alfredo no seu quarto, com um dilúvio de abraços, beijos e presentes.

Às 9 horas um pequeno ato religioso oficiado pelo frade Manoel, que com palavras simples, fez uma bela prece de agradecimento a Deus.

Às 10 horas a comemoração foi na escola Dom Afonso. Antero e o professor de espanhol se encarregaram da solenidade: O professor de espanhol promoveu um concurso de redação com o tema “A Andaluzia e os andaluzes”; Antero regeu o coral que cantou lindas músicas, inclusive, uma canção composta por Antero especialmente para a data. Nos intervalos das músicas, o professor de espanhol apresentou os vencedores do concurso que leram seus trabalhos.

Às 12 horas uma mesa farta, com carnes e massas para todos os empregados.

Às 18 horas um baile para os jovens.

Cumprimentos o dia todo, infindáveis demonstrações de afeto vindas dos filhos, netos e empregados. O dia foi agitado, pleno de alegrias.

Javier, Laura e os filhos estiveram presentes de duas formas: mandaram uma carta que só deveria ser aberta no dia do aniversário e também disseram que fariam uma pequena festa na Argentina, comemorativa, com a presença dos familiares.

Ao abrir a carta, Diego encontrou um papel onde Javier, Laura e as netinhas lhe enviavam palavras com demonstrações de carinho. Laura, inclusive, compôs um poema comemorativo.

*

No domingo, pela manhã, quando Diego foi à capela da Virgem Santíssima assistir à missa oficiada por frei Manoel, sentiu pequena dificuldade em caminhar.

Três meses depois a dificuldade havia aumentado; Diego sofria para calçar as botas. As articulações dos dedos dos pés incharam e doíam bastante. Consultado o médico da aldeia, este diagnosticou o problema como gota, que consiste na acumulação de cristais de ácido úrico nas articulações, trazendo muitas dores e inflamações.

Após uma evolução rápida, o problema estacionou.

Conseguia caminhar, porém agora cem passos pareciam-lhe mil. Mandou fazer botas especiais, porém pouco adiantaram. O que o ajudou um pouco foi a homeopatia, já praticada na época pelo médico da aldeia. A doença acompanharia Diego, com suas crises periódicas, até o fim de seus dias.

A doença, apesar da idade, era uma coisa nova para Diego, que dizia:

— A vida já me ensinou muito: durante 60 anos tive a lição da saúde, e agora é o natural das coisas que aprenda a lição da doença.

E Diego aprendeu a não perder o bom ânimo e a alegria de viver em virtude de lamentações advindas da enfermidade e da dor física. Quando expressavam compaixão pelos seus sofrimentos decorrentes da doença que se manifestava principalmente nos pés, dizia:

— Nesta vida me cravaram punhais no coração, – referindo-se aos seus problemas sentimentais – mas eu sobrevivi. Não será por espinhos no pé que entregarei os pontos, e com essa maravilhosa invenção – apontava a cadeira de rodas — os pés já são quase dispensáveis, visto que podemos caminhar com as mãos.

A sua resignação frente à enfermidade foi um bom exemplo que deu, pois evitou que muitos ao seu lado enveredassem pelo caminho da autocomiseração e das lamúrias, em virtude de pequenos problemas.

Associando a enfermidade à sua festa de aniversário dos 60 anos dizia:

— Essa gota foi o pequeno pedágio que paguei para passar a porteira dos 60.

49

Tempestade de verão

A tarde de verão estava esplêndida. Céu azul, calor, algumas poucas nuvens no céu.

Isabel decidiu passear; solicitou um coche aberto aos cavalariços.

Quatro horas da tarde. A caleça branca, com um belo garanhão negro, para maior contraste. Os cavalariços auxiliaram Isabel e Antero a subir. Um deles se ofereceu como cocheiro, Isabel recusou; ela mesma queria conduzir o animal.

Antero esparramou-se no banco de trás, com a capota arriada para melhor sentir o sol, que já declinava, e o vento. Isabel foi no banco da boleia, ao chicotear levemente o belo cavalo, disse rindo:

— Antero, meu destino é conduzi-lo pela vida. Tarde de verão, prepare-se, aqui vamos nós a seu encontro!

— Vamos devagar que eu não quero que este cocheiro inexperiente me conduza para a morte – respondeu Antero, brincando.

— Confia! Quem segura as rédeas é Isabel, filha de Diego Rodrigues, o homem que mais entende de cavalos na Espanha. Isabel, que antes de desmamar já cavalgava.

— Cavalinhos de madeira, eu suponho.

— Você nada vê, Antero. Se visse, veria a firmeza com que seguro as rédeas, a precisão como manejo o chicote.

— Não vejo, mas ouço e sinto o sacolejo quando você passa pelos buracos.

— Aprecie o vento, sinta o calor do sol, aspire o perfume da tarde.

— Você me deixou aqui atrás, solitário, mas posso sentir o seu perfume.

— Cante algumas canções, Antero. Você é melhor cantando do que falando.

E assim foram, alegres, alongando o passeio, a voz melodiosa de Antero ecoando pelos campos e alegrando os grupos de trabalhadores que, finalizando a jornada, voltavam as suas casas.

Estão já a uma légua[10] da sede, em 15 minutos o tempo vira. Aproxima-se rápida a tempestade de verão. Nuvens negras se acumulam no céu. Isabel desce e vai até a parte de trás ajudar Antero a levantar a capota.

Isabel toca a trote para casa, com medo da chuva.

O ar está pesado. Relâmpagos cruzam o céu.

O garanhão fica nervoso com os trovões.

Um raio cai a cem passos da caleça. Um estrondo ensurdecedor abala os ares.

A chuva cai grossa.

Sentindo-se pular no assento, Antero indaga:

— O que aconteceu?

— O cavalo disparou. Não consigo detê-lo. Valha-nos Deus! – grita Isabel num solavanco mais forte.

Numa curva da estrada, a caleça dá um salto, atirando Isabel longe.

O animal, mais assustado ainda, parte em disparada em direção à sede da fazenda; Antero grita desesperado:

— Isabel! Isabel!

*

No Solar os cavalariços alertaram Diego, informando que Isabel estava no campo, no meio da tempestade. Diego resolveu esperar mais um pouco:

— Deve estar abrigada na casa de algum empregado ou na própria caleça esperando a chuva passar – disse ao empregado.

Pouco tempo depois chegava a caleça. Antero ouvindo os sons dos empregados, grita aflito:

— Socorro! Socorro! Isabel caiu!

---

[10] A **légua** equivale a 6 km ou a uma hora de caminhada.

Diego se informa do acontecido com Antero; pressentindo uma tragédia, solicita o concurso de alguns empregados e saem com tochas, visto a noite estar caindo, em busca da filha. Antero visivelmente transtornado, implora:

— Deixem-me ir com vocês.

Acham o tronco partido pelo raio. A noite está escura, Antero pede:

— Façam silêncio, eu a encontrarei, e sai correndo e tropeçando na noite escura e chuvosa ainda.

Repentinamente sai da estrada e vai avançando pelo campo, caindo e levantando,

— Aqui, aqui!

E se ajoelha no chão abraçado à esposa, que gemia fracamente.

Isabel se machucara bastante. Na queda quebrou uma costela que perfurara o pulmão direito.

Diego chega perto da filha, e fala com inexcedível ternura:

— Minha menina, minha menina.

E ficou ali ajoelhado ao lado da filha, rezando à Virgem Santíssima por ela.

Recolheram Isabel com todo o carinho, e a conduziram ao Solar.

Algumas horas depois Isabel despertou, sentindo fortes dores. Os três filhos, o pai, frei Manoel e Antero rodeavam o leito. Vendo os filhos chorando, adivinhou a verdade:

Os filhos se ajoelharam ao lado da cama, a menor abraçando a mãe e os outros dois segurando cada um, uma de suas mãos; Diego a olhava com amor e Antero acariciava seus cabelos.

Isabel ficou mais calma, respirava, porém, com dificuldade. Enfaixaram o seu peito, pois era visível a quebra, conquanto a fratura não fosse exposta.

50

Isabel diz adeus

Três dias depois as dores eram mais fortes e apareceu a febre.

Por três semanas, Isabel ficou naquele leito e por três semanas, Diego permaneceu dia e noite à cabeceira da filha. Levou a sua imagem de Nossa Senhora e passava a maior parte do tempo rezando, interrompendo suas preces apenas para atender Isabel nalgum desejo, como auxiliá-la a virar-se na cama, estender-lhe um copo d'água ou molhar-lhe a fronte para aliviar o desconforto da febre. Quando insistiam para que descansasse, dizia:

— Jurei ser fiel à minha menina.

A única exceção que se permitia era ir pela manhã à capela da Virgem Santíssima.

Antero também não arredava pé. Por vezes cantava baixinho canções de ninar para a esposa; surpreendente é que ela dormia, descansando de suas dores.

Certa manhã, bem cedo, respirando com muita dificuldade, Isabel disse ao pai:

— Pai, leve-me hoje à capela com você. Quero rezar um pouco e ver o raio de sol sobre o túmulo da mamãe, pois sonhei com ela, e ela disse no sonho que vamos ficar juntas. Quero também recordar o tempo de menina, quando íamos os três, eu, o senhor e Javier orar na capela.

Diego solicitou o concurso de quatro homens fortes e levaram Isabel com cama e tudo para a capela.

*

Na capela, estão reunidos: Isabel, Antero, seus três filhos, Diego, frei Manoel, Afonsito, Alfredo, e os quatro homens que trouxeram Isabel.

Estão todos de joelhos, exceção de Isabel que permanece no leito.

Frei Manoel inicia o terço. Diego segura a mão da filha. Antero prossegue nas suas infindáveis carícias na testa e nos cabelos de Isabel.

Todos vão respondendo às preces iniciadas pelo frade, inclusive Isabel que as pronuncia com esforço, em meio à respiração ofegante.

O raio de sol surge e ilumina o rosto do anjo que está sobre o túmulo.

— Pai, estou vendo a mamãe – diz Isabel bem baixinho, para não atrapalhar a prece. Todos a ouvem, mas não interrompem a prece.

Isabel aperta a mão do pai, fecha os olhos, porém continua fazendo as preces em voz alta.

Quando o raio de sol atinge o coração da estátua Isabel silencia.

Continuam até o fim o terço.

A prece termina. Isabel tem no rosto um meio sorriso. Diego pega seu pulso e constata que está morta:

— Agora ela está bem, alegre até, a mãe veio buscá-la. Tenho certeza que saberá cuidar dela melhor do que nós.

Antero começa a cantar uma canção que brota de seu coração num sentido improviso.

As crianças choram baixinho.

Frei Manoel ora, encomendando a alma da falecida.

Os quatro homens que trouxeram a cama estão silenciosos, mas lágrimas correm pelos seus semblantes. Um deles tira um lenço do bolso, e com as mãos calosas enxuga o rosto.

*

A morte de Isabel doeu muito no peito de Diego; quando ia à capela conversava com Maria, a esposa:

— Por que, Maria, Deus teima em levar os meus para o outro mundo, deixando a mim que sou um velho que a ninguém fará falta?

— Porque já cumpriram a sua tarefa e você ainda tem coisas a fazer. Você teve a alegria de ter a nossa filha ao seu lado por mais de 40 anos, não acha que agora é a minha vez? – uma voz dizia na sua mente.

Talvez por isso comentasse:

— Na capela que Pablo construiu só entra gente boa, devo procurar emendar-me, para que Deus me autorize ficar ao lado deles.

Quando a saudade apertava, dizia.

—Javier foi para a Argentina há milhares de léguas daqui, Maria e Isabel para a capela que está a poucos passos, mas não sei quem está mais longe, pois a nenhum posso ver, ou mais perto, pois os sinto dentro de mim.

51

O rouxinol

Com a morte de Isabel, embora com seus esforços, Antero começou a "murchar".

Os filhos, dada a ausência da mãe, muito se apegaram a ele.

Esforçava-se por mostrar-se interessado na vida, mas a introversão ganhava mais e mais terreno na sua mente; ia se fechando para o mundo, como uma ostra que vai unindo as suas conchas.

Suas canções passaram a ser dolentes e tristes, à semelhança de um rouxinol no crepúsculo.

Diego, com sua dor, percebeu o que se passava, e passou a repreendê-lo, com uma certa agressividade até:

— Vamos, homem, seus filhos precisam de você; a mãe se foi, não deixe que a alegria e o pai sigam atrás, engula suas tristezas e amarguras e cante a esperança.

Antero respondia com um sorriso triste, e dizia:

— Estou tentando, Dom Diego, estou tentando.

Diego solicitou o auxílio de frei Manoel, que lhe disse:

— Antero, sua esposa que agora deve estar no céu, espera que você a substitua e eduque seus filhos. Como ela poderá ficar bem onde está, vendo-o, horas e horas, trancado no seu quarto?

Amália, a filha mais velha, também procurava dar-lhe todo apoio, mas essas iniciativas eram inúteis.

*

Passados seis meses da morte de Isabel, Antero começou a apresentar disenterias constantes, que muito o incomodavam e constrangiam.

Chamado, o médico da aldeia nada conseguiu com seus remédios. Diego levou Antero para Sevilha, e com o auxílio da mãe dele tudo foi tentado com os melhores médicos de Sevilha, mas foi em vão.

Três meses depois, Antero voltava para o Solar desenganado; seu ventre estava bastante dilatado.

Curiosamente, ao ter consciência que sua enfermidade era grave e talvez letal, Antero pareceu nascer das cinzas; em meio aos constrangimentos de sua enfermidade, passou a compor canções alegres, a ter longas conversas com os filhos.

Tomou a seu cargo encontrar um substituto para as aulas de música na escola, expedindo cartas aos seus muitos amigos artistas.

Acabou encontrando e, depois da aprovação de Dom Diego, trouxe um casal de músicos, ainda jovem, Meliton, pianista e Esmeralda violinista, ambos com boa voz, conhecedores de música erudita e popular.

Pobres, como era a maioria dos artistas da época, mas com algum talento e com a esperança de poderem, naquela propriedade, sob a proteção de Dom Diego, ter seus filhos e criá-los com decência. Com frequência, após o jantar, vinham ao Solar apresentar suas interpretações e mesmo algumas composições em pequenos saraus, dos quais participavam a família, alguns capatazes e os empregados mais próximos.

A doença de Antero foi se agravando cada vez mais, por mais de duas semanas delirou antes de morrer. No delírio, repetia muitas vezes o nome de Isabel e a expressão "estou vendo novamente", e misturava frases incompreensíveis.

Um ano e meio após a morte de Isabel, ele seguia os passos da esposa.

Por todos aqueles anos que residiu no Solar, Antero não fez um inimigo, não teve uma rixa, não usou uma palavra agressiva com ninguém; as crianças da escola, empregados, criados da casa, adoravam-no.

No seu sepultamento, as crianças cantavam, frei Manoel fez o mais doce sermão de sua carreira, todos se lembravam dele com ternura e Diego disse afetivamente:

— O pássaro que por tantos alegrou esta fazenda está agora cantando no céu, ao lado de sua companheira. Agora veem e voam juntos às estrelas.

52

Avô, pai e mãe

Tendo falecido Isabel e Antero, Diego viu-se na condição de pai e mãe de quatro netos e um aparentado, todos adolescentes: Afonsito, filho de Javier e Laura; Amália, Mercedes e Juan Carlos, filhos de Isabel e Antero e, finalmente, Alfredo, neto do tio José, sob a sua guarda.

Diego procurou desempenhar essa difícil tarefa com zelo e dedicação, dificuldade que foi aumentada com o abalo sofrido pelos filhos, que presenciaram os dois trágicos acontecimentos com tão pequeno intervalo.

*

A fidelidade assumia na sua vida uma proporção sucessivamente maior.

À medida que a presença física dos seus entes queridos se esvaía, se esfumaçava, seu coração machucado procedia como essas árvores que lançam sua seiva nos seus ferimentos para cicatrizá-los. E sua seiva era a fidelidade.

Saber-se fiel ao que estava longe trazia uma intensa sensação de intimidade, de proximidade, de união, e essa era a maneira que encontrava de evitar a solidão.

Ser fiel a Maria, Javier e Isabel, auxiliá-los nas suas necessidades, investir-se nas responsabilidades que não podiam momentaneamente assumir, era a ponte moral que lhe permitia estar, solidamente, unido aos que amava. E quanto mais exercia a fidelidade, mais se sentia próximo.

A fidelidade a Isabel, que o havia sustentado tantas vezes durante a vida, desde o dia de seu batismo, seria a sua resposta à morte da filha. A menina feia de pernas tortas estaria, a todo momento, viva no seu pensamento, trazida pelas tarefas que desempenharia com seus filhos, em seu nome.

Havia vencido a morte de Maria, sendo fiel por mais de trinta anos e venceria igualmente a morte de Isabel. Explicava seus sentimentos dessa forma:

— Diariamente tenho de ir à capela da Virgem Santíssima prestar contas a Isabel e Antero da educação dos seus filhos. E agradecer a Deus a obrigação de estar com eles todos os dias.

*

Na educação, tinha um lema, que a seu modo expressava assim:

— Um cavalo não deve ser arrastado, deve ser conduzido com energia e delicadeza. Se quero toda a força de um garanhão, devo domá-lo, não castrá-lo.

Via todos aqueles jovens, com as idades variando de 12 a 19 anos, na força de suas paixões, como crianças, com almas infantis de um lado, e homens e mulheres com corpos de adultos de outro.

*

Como educar consome tempo, tomou a decisão de alongar suas noites, deitando-se mais tarde e dedicando-se por completo aos netos.

Conversava bastante com os netos, ora em grupo, ora em particular; a sua objetividade e economia de palavras o levava a despender muito mais tempo ouvindo do que falando, e isso era bom.

*

Com a morte de Isabel, passou a faltar a "mulher da casa". Considerou negativo e desnecessário contratar uma governanta. Quando se completou um mês da morte da filha, chamou Amália, a neta mais velha e, olhando aquela mocinha de olhos azuis e cabelos pretos, bem nos olhos, disse-lhe:

— Você já tem dezesseis anos, é uma mocinha e deverá ocupar agora a posição de senhora deste Solar. Sei da sua juventude e inexperiência, mas sei também da sólida formação que a tua mãe te deu. Preciso de você e você precisa de mim. Por mais bem paga que seja uma governanta, estará aqui movida pelo dinheiro e precisamos de alguém movido pelo amor. Fui educado pelo meu avô; pessoalmente eduquei a seu tio e a sua mãe e não me arrependo. Estaremos juntos nessa empreitada. Zela pelos pequenos, apoia os mais velhos, mantenha a ordem e a disciplina, mas pelo caminho do amor. Será mãe de seus irmãos e de seus primos, e cuidará do seu pai, até que Laura volte e nos ajude. O que você diz?

— Procurarei honrar a memória da minha mãe.

— A honra e a fidelidade, minha neta, são os tesouros mais preciosos que dispomos; apegue-se a esse tesouro e você será uma mulher feliz.

Apertaram-se as mãos e compreenderam-se.

*

Por vezes, Amália se atrapalhava na administração do Solar, principalmente no trato com os empregados, ora era muito dura, ora muito permissiva.

Diego com toda a sua experiência ia contornando esses problemas que considerava menores. O que foi mais difícil de administrar foi uma paixão intensa de Alfredo pela prima em segundo grau.

Sabedor dos sentimentos de Alfredo, Diego foi objetivo e claro:

— Alfredo, sua única chance de permanecer nesta casa, e ter Amália como esposa um dia, será tratá-la, por ora, como irmã e esperar.

— Mas tio, ela é tão atraente, e se surgir outro? Sem ela minha vida não valerá nada!

— Melhor que seja feliz com outro, porque descobriu que não sentia por você o bastante, a casar-se por simples compromisso e ser infeliz depois. Se é como você diz, o seu comportamento na espera confirmará os seus sentimentos.

Dirigindo-se à Amália falou com timbre categórico:

— Essa é a hora de você ser mãe de seus irmãos órfãos e de seus primos distantes de suas famílias; nesse momento não há espaço para namoricos. Seja fiel aos seus pais, minha filha. Daqui a dois anos, quando chegar o momento de Alfredo voltar, tornaremos ao assunto.

Amália achou sensata a observação do avô e a aceitou, a despeito da intensa afeição que sentia por Alfredo.

A presença constante do avô, já que o acompanhava sempre que possível, tanto na fazenda quanto nas suas idas a Sevilha, somada à vigilância cerrada de Alfredo que contava com a cooperação de Afonsito, afastaram eventuais pretendentes à mão de Amália.

Nessas condições, Amália se preparava para ser a futura senhora da extensa propriedade rural que Alfredo administraria na Argentina quando voltasse ao seu país natal.

Essa postura de Amália não escapou à perspicácia de Diego, que indiretamente a incentivava. Pela sua gratidão ao tio já falecido, agradava-lhe a ideia de não estar apenas preparando o futuro sucessor, mas também dando a ele uma esposa que saberia compartilhar as suas responsabilidades.

A nota triste é que sabia que sofreria mais uma amputação afetiva; entre suas netas, era Amália a que lhe era mais afim. Toda vez que um ente querido partia, sentia como se estivesse sendo cortado e retirado um pedaço de si. O casamento com Alfredo era sinônimo de, provavelmente, não vê-la mais.

Nas suas conversas matinais com Maria dizia:

— Este é um punhal que estou amolando para cravar em meu coração daqui a dois anos. Mas quem ama liberta, e não vou acorrentar esta linda potranca a um cavalo velho e doente, quando ela tem condição de galopar livre numa propriedade de milhares de acres.

*

Passados os dois anos que faltavam, após um namoro e noivado de apenas dois meses, Amália unia-se a Alfredo numa cerimônia que contou apenas com a presença dos familiares; o jovem casal partiu em seguida.

Diego manteve-se firme na cerimônia. Na despedida houve uma choradeira, os empregados mais chegados à casa, os irmãos e até Afonsito não continham as lágrimas, apenas Diego mantinha a fisionomia serena.

À noite, após a partida, na solidão do seu quarto, Diego deu vazão ao choro, e lavou o travesseiro em lágrimas; aliviado, fez suas preces, recebeu o beijo de Maria e dormiu em paz, antegozando o prazer de ter novamente Javier consigo.

53

A nostalgia[11] do adeus

Completaram-se os oito anos fixados no trato de Diego com José, para a formação de Alfredo.

Pelo mesmo navio que trouxe Alfredo e Amália, Javier e a família deixaram a Argentina.

Uma grande nostalgia invadiu a todos.

*

Haviam sido oito anos bons, refletia Javier.

Naquele país distante da querida Espanha, havia reencontrado o sentido da palavra família, reconciliando-se com a esposa, aprendendo a amar as filhas, mantendo-se fiel aos seus deveres de marido e pai.

Fizera fortuna, fortuna que lhe pertencia inteiramente, independentemente do pai.

José, o querido tio, que também aprendera a amar, com seu apego à religião, seu lado um tanto ingênuo, mas um homem bom, honesto, fiel aos seus amigos, à sua família e aos seus compromissos. O bom tio José, pensava Javier, a quem ele devia boa parte de seu sucesso, deveria estar no céu, ao lado dos "santos anjos", como ele mesmo acreditava no seu catolicismo conservador.

E isso também lhe trazia muita paz; administrara os interesses do tio-avô com toda a dedicação e honestidade, e eles prosperaram em suas mãos.

[11] Nostalgia, do grego *nóstos*= volta + *algia* = é a dor de desejar voltar e não poder. Dor que se sente por antecipação ao partir, dor da separação de alguém, de alguma coisa, de algum tempo que passou.

A venda da produção de couro e charque do tio, como procurador, e no mesmo ato a compra como dono da Casa Exportadora e Importadora Javier Rodrigues, era um momento de glória para ele. Trancava-se, sozinho, no seu gabinete, sem ser fiscalizado por ninguém, ali diante de sua consciência apenas, consultava as anotações dos preços correntes do mercado, preenchia a nota de venda, punha o valor um pouco acima do melhor preço, e assinava duas vezes os documentos: como procurador do vendedor e comprador; tinha todos os elementos para furtar e procedia com honestidade, tinha tudo para favorecer-se e favorecia ao outro. Como esses momentos lhe davam prazer! Dizia baixinho para si mesmo:

— Sou Javier Rodrigues, um homem de bem, filho de Diego Rodrigues, um homem de bem, e neto de Afonso Rodrigues, um homem de bem.

Passaria a Alfredo bem mais do que lhe fora confiado há oito anos. Não se apropriara de um centavo dos bens do tio, mesmo trabalhando para ele todos aqueles anos sem remuneração.

E como prêmio de sua fidelidade, e com as indicações do tio-avô, que passou a ter por ele uma estima filial e enorme confiança, havia conseguido polpudos lucros.

Muito devia a seu pai pelo sucesso financeiro: Diego, na gerência do escritório de vendas e compras em Sevilha, havia agido com muito tino comercial, mostrando que não era apenas um criador de cavalos, mas um bom comerciante.

*

Laura também deixava saudosa a Argentina.

Não sabia se voltaria ou não, mas copioso pranto lavou o seu rosto, quando, última a sair, fechou a porta da casa onde vivera os últimos anos. Anos bons: bons momentos com o marido, bons momentos com as filhas, bons momentos com a música, bons momentos com os livros, bons momentos com a ciência da vida, que penetrava de forma ziguezagueante entre a verdade e a mentira, caindo e tropeçando, mas tendo certeza que marchava em direção ao seu centro.

A descoberta do poder que detinha nas mãos e que lhe permitia curar pessoas, também foi muito bom, e havia lhe trazido uma alegria diferente de tudo o que sentira antes na vida. Esse é o mais delicioso poder que já tive notícia, refletia.

*

As meninas também estavam chorosas.

Não saberem se reveriam as primas, primos e tios, pesavas-lhe fundo.

Várias vezes tinham dito aos pais:

— Por que partir se aqui tudo está bem?

Carmensita inclusive dizia:

— Eu sou argentina, lá serei uma estrangeira e ninguém vai gostar de mim – e chorava sob os olhos aflitos dos pais.

*

O Clipper Barcelona viu subirem ao convés cinco passageiros tristes e cabisbaixos. No cais, pequena multidão: primos, primas, funcionários, amigos como Aguiar de Castro vieram despedir-se. Acenavam lenços brancos.

E os cinco, debruçados na amurada, enquanto a marujada fazia as manobras da desatracação, viam de um lado a Argentina, próxima e acolhedora, ficando para trás; do outro lado um oceano imenso, e depois dele apenas dois pontos distantes de afeto: o filho Afonsito e Diego.

Clipper

Clipper, *veleiro comprido e estreito, de grande superfície vélica, veloz, três ou mais mastros altos e pano redondo nos mastros principais. O Clipper Barcelona, em que nossos personagens voltavam, não era um veleiro puro – uma pequena máquina a vapor foi adaptada para resolver eventuais problemas de calmaria.*

4ª Parte

A família vence a morte

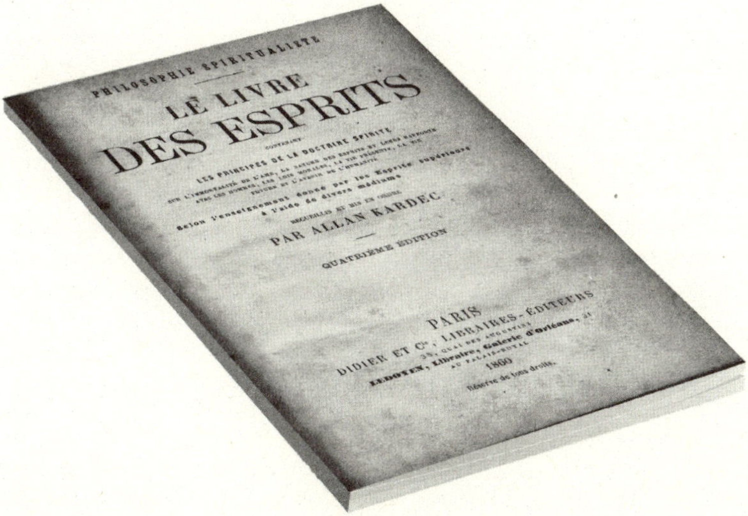

Em que novas ideias e experimentos permitem aos nossos personagens vencerem aquela que, aparentemente, põe fim aos sonhos humanos.

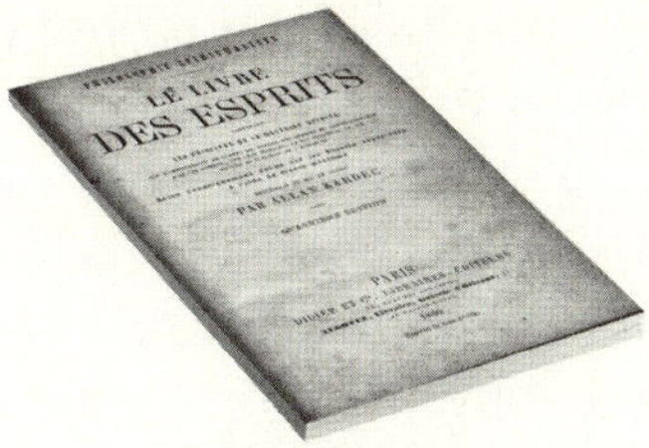

54

Além do mar

Javier, já um tanto obeso, cabelos grisalhos, está debruçado na amurada da proa do majestoso veleiro, que singra velozmente as águas do Atlântico em direção à Espanha. Seus pensamentos se multiplicam em uma infinidade de divagações:

"Contemplo essas águas que nos separam e nos unem. O que estará acontecendo nessa linha do horizonte que se desenha, circular, à frente dos meus olhos, tendo a mim próprio como centro? Quando eu chegar lá, uma nova linha do horizonte se desenhará, para a frente, o futuro, para trás o passado imutável, esse ponto onde estou agora e assim sucessivamente. E esses círculos, que se desenham aos meus olhos, com seus centros alinhados na trajetória dessa rota no mar, também se desenham na minha vida. Eu no presente, tenho à frente o futuro e às costas o passado; o presente se transformando em passado, o futuro em presente, um novo futuro surgindo constantemente e o passado se perdendo nas esteiras do tempo...O que terá mudado na Espanha nesses oito anos? Que realidades irei enfrentar? O que terá acontecido às mulheres com quem me relacionei?"

A figura de Teresa de Mendonça volta à sua lembrança, com sua personalidade infantil, sua imensa e insatisfeita carência afetiva que ele não poderia resolver, visto ser capaz de dar o seu corpo a Teresa, mas não seu coração.

Desviou seus olhos do mar e voltou-se. A poucos metros de distância debruçada na amurada, ao lado das filhas, estava Laura de costas para ele. Um pouco mais velha do que Javier, mechas brancas já se estendiam pelo seu cabelo. Javier refletiu como Laura havia mudado durante aqueles anos, mudado não só fisicamente, mas mudado como pessoa. Javier atribuía boa parte dessa mudança às leituras e experiências místicas de Laura. Por vezes brincava:

— Se estivéssemos ainda na época da Inquisição acabaríamos todos queimados em praça pública, mas mesmo hoje, com toda essa propalada liberdade de pensamento, aja com discrição, que não quero virar torresmo.

Reconhecia também que Laura havia dado uma contribuição fundamental no sucesso de sua casa comercial, mas o dinheiro deixara de ser o foco das suas atenções. Encontrara-se como mãe, e era comum cenas como a atual, onde podia vê-la rodeada pelas filhas.

O que Javier não via com clareza era que outros fatores também contribuíram para a mudança de Laura: a morte do pai e seu contato mais íntimo com o problema da morte; o aprofundamento na música, procurando compreender e sentir a harmonia abstratamente considerada; os cuidados na educação das filhas; o nascimento de Carmem, que mesmo antes de nascer já encantava Laura numa misteriosa e profunda afinidade. E, finalmente, o sentimento de gratidão que espalhou com suas atividades de magnetizadora.

Quanto à parte mística, a cabeça de Laura parecia um sótão atulhado das coisas mais díspares: misturando-se quiromancia ao mesmerismo, astrologia com Emmanuel Swendenborg, e assim por diante. Fora da música, onde conseguia unir sensibilidade e raciocínio, Laura tinha grande dificuldade em unir essas duas faculdades do Espírito. Na parte mística, o raciocínio predominou. Naquele assunto complexo sem o auxílio da sensibilidade, Laura foi acumulando uma série de verdades, meias verdades e mentiras. Essas incoerências a incomodavam, mas continuava suas leituras, seus exercícios, suas meditações, pacientemente, esperançosa de encontrar uma solução.

Laura desvia os olhos do mar e derrama seu olhar sobre Carmem: uma série de lembranças graciosas lhe vem à mente: Carmem, pequenina, com seus quatro anos, no colo do avô Pablo, manejando o pincel e a palheta; cantando com as irmãs no pequeno coral doméstico. Sua expressão perde o aspecto duro e enche-se de ternura.

Repentinamente a série de imagens de Carmem é interrompida e surge a figura elegante e esguia de Pedro Armendariz. Nunca mais tivera notícias de seu antigo amante espanhol. Laura tentou reformular a imagem de Pedro, pois os oito anos o envelheceram; deveria estar já nos 60, pois ela já passara dos 40 e ele era 20 anos mais velho do que ela.

Refletiu a seguir sobre ela mesma: não estava, como nunca esteve, apaixonada pelo marido, mas aprendeu a gostar dele, habituou-se ao seu carinho e à sua dependência, tanto é que lhe seria difícil viver sem ele.

As meninas chamaram a sua atenção para um cardume de tubarões que acompanhava o barco, interessados no lixo que era atirado ao mar, cheio de restos de carne.

Laura voltou o seu olhar para as próprias mãos. Lembrou-se de suas teorias sobre o "pomar humano" e sorriu. Desejava ainda o poder, mas outra espécie de poder: o poder do conhecimento das leis últimas, o poder sobre o próprio destino, o poder sobre as relações de causa e efeito que jazem na base da vida. Por vezes, em festas, se punha a "ler a mão" dos convidados, nos seus exercícios de quiromancia; "quem lê a palma, lê a alma", dizia o lema da quiromancia. Várias vezes tivera a intuição de problemas íntimos, de situações constrangedoras, e as expressava em palavras de duplo sentido, de forma que apenas quem estendia as mãos pudesse entender. Via por vezes o rubor subir pela face dos "clientes", indicando que acertara em cheio; todavia, essas ideias às vezes nada tinham com as linhas da mão. Seriam simples intuição? Javier nunca permitira que ela tentasse ler suas mãos, o que a levava a brincar com ele:

— Tenho outros métodos; conheço todos os seus segredos.

Seu pensamento deslocou-se para o Solar, onde havia passado a adolescência e os primeiros anos de casada. Lembrou-se da oficina do pai, os cuidados da mãe com a horta. Uma saudade imensa a invadiu. Rever o filho, permitir às filhas o convívio e a amizade de primos e primas.

Estavam ricos. Liquidar a casa comercial era bem simples: não comprar mais, ir vendendo os estoques, recebendo os títulos, e finalmente vender os imóveis. Convencera Javier que deveriam partir sem data prevista de volta; caso a vida na Espanha agradasse a eles e às filhas, ficariam, senão voltariam à Argentina e retomariam a vida de antes.

Javier dirigiu-se até onde estava Laura e enlaçou-a pela cintura:

— A viagem de volta é bem diferente da de ida.

— Felizmente – respondeu Laura.

O sol caía no horizonte na tarde límpida. As estrelas começavam a cintilar. O casal seguiu para o jantar rodeado pelas filhas, que não cessavam de fazer comentários. As meninas pareciam um bando de avezinhas chilreando e cercando os pais.

Ao vê-los juntos, ali naquele mar imenso, Pablo, invisível aos olhos dos seus familiares, sentiu um misto de ternura e preocupação, que se desenharam no seu rosto. Trocou um olhar significativo com Cecília e partiram volitando pelo céu majestoso.

55

É muito formosa

Rosa, a ex-esposa de Pedro Armendariz, tem olhos cadavéricos, muito abertos nas órbitas profundas, cabelos desgrenhados. Se estivesse no mundo dos chamados vivos, seria motivo de zombaria das crianças maldosas; como já está morta, vivendo no mundo dos Espíritos, passa pelas ruas despercebida, a não ser quando alguém inadvertidamente se aproxima dela e sente um certo desconforto, e se um sorriso se estampa na face do transeunte, a presença da pobre mulher desencarnada, mesmo ignorada, irá apagá-lo.

Donde vem estado tão lamentável? A morte é consequência da vida. Embora a opulência da suntuosa residência, os vestidos caros, as rodas elegantes, a vida de Rosa não foi boa: foi mãe e amou seus filhos, mas conquanto tendo proporcionado a eles professores caros, não os educou, não os conduziu com a energia necessária, não os alimentou com a ternura que fortalece. No demais, uma vida vazia, atormentada pelas traições do marido, com o terror da velhice e da decadência física, cultivando preconceitos, principalmente, de nascimento e econômicos, sendo frequentemente arrogante e dura com os subalternos; teve depois da morte a consequência dessa vida má. No mundo da verdade, seu exterior revelava a miséria do seu interior.

Embora quase demente, Rosa tem um objetivo bem determinado: localizar Laura. Guardas utilizam uma peça de roupa para localizar com cães o prisioneiro fugitivo. Após cheirar a peça de roupa, os animais se concentram em achar o dono por meio do faro. O Espírito de Rosa busca Laura valendo-se de uma espécie de faro espiritual. Ao invés de uma peça de roupa, Rosa vale-se da lembrança de um olhar que surpreendeu Laura trocando com Pedro, olhar pleno de sensualidade e malícia. No espaço espiritual busca a dona daquele olhar. De outras vezes vê à sua frente o bilhete com o pequeno poema escrito por Laura e busca a autora.

Rosa chega ao porto e, como se conhecesse o caminho, dirige-se ao ponto em que as barcaças desembarcam os passageiros do Barcelona, que está atracado ao largo. Se acaso fosse perguntada por que está ali, responderia, prontamente:

— Por vingança.

Se a seguir fosse perguntada, como sabia a hora exata de chegada do navio, e como soubera que Laura estava a bordo?, diria:

— Não sei nada de navios, sei apenas que ela está aqui; meu ódio a encontrará, não importa onde ela se esconda.

Mecanismos da mente procuram inconscientemente a expressão dos bons ou maus sentimentos, ou como disse Jesus: "a boca fala do que está cheio o coração". No caso de Rosa, não era apenas a boca, mas sim os pés, os olhos e todo o seu ser que espelhavam o desequilíbrio mental.

A barcaça chega trazendo Javier e a família. Quando Laura desce, auxiliada pelo marido, Rosa atira-se-lhe ao pescoço gritando impropérios. Laura não a vê com os olhos carnais, mas é acometida de um intenso acesso de tosse. Javier a ampara com gentileza.

Afonsito, que a esperava no cais, avança pelo meio dos circunstantes, de braços abertos para abraçar os pais. Laura no meio do acesso de tosse o vê, enche-se de amor pelo filho, abre também os braços para recebê-lo comovida.

Rosa, que estava firmemente agarrada ao pescoço de Laura, sente como se o pescoço de sua vítima se transformasse, de repente, num metal polido e escorregadio, e um vento muito forte a atirasse a uma grande distância. Sente-se dando cambalhotas no espaço e, repentinamente, se vê numa paisagem do plano espiritual, cinza, calcinada e erma. Exclama:

— Maldito rapaz, nem sabe se é realmente filho dela e me joga de novo aqui; mas irei atrás dela novamente.

Um acesso de choro se apossa dela, e lágrimas cheias de raiva e frustração descem pelo seu rosto.

Enquanto isso, na Terra, Laura dá acesso ao seu sentimento maternal. A tosse passa em alguns minutos, mas sua garganta fica arranhando por todo o dia.

*

Passam-se várias horas.

Rosa sente-se novamente na Terra, caminhando por uma estrada em direção a uma estalagem.

Entra, vê Laura ao lado de Javier e das filhas. Toma a decisão de dirigir o seu ataque a Javier. Aproxima-se dele, agarra-o pelos cabelos e grita:

— Tolo! Não sabe que ela o trai. Não sabe que ela é uma vagabunda, sem decência, sem honra?

Javier não a ouve com seus ouvidos carnais, mas sente um repentino mal-estar.

Laura come com os olhos perdidos, fitando um ponto no infinito. Em consequência da carga mental negativa que recebe de Rosa, pensamentos sombrios vêm à mente de Javier, trazendo irritação e pensamentos do tipo: "sempre pensando em outra coisa", e a seguir, "ou será em outro homem"? Nesse instante, Afonsito quebra o silêncio:

— Minhas três irmãs são o jardim de minha vida, mas nesse jardim, Carmensita é a mais formosa. A seguir beija a mão da irmã.

Javier ouve o filho, olha suas filhas, enche-se de ternura pela prole e reflete que foi Laura quem os deu, bem como sem ela não teria sido possível o sucesso nos negócios, e diz:

— E tudo isso devemos à roseira maior, que é a sua mãe.

A onda de amor, que agora invadiu Javier, atira Rosa de novo no turbilhão, e vê-se na mesma paisagem sombria.

*

Desta feita, Rosa chora amargamente: que "Rosa" era ela? Lembra-se dos filhos e dos netos que Pedro havia lhe dado. Também eram belos e alguns pareciam rosas em botão. Aquele pensamento lhe traz uma "tontura doce"[12]. Assustada vê uma luz a sua frente, a luz vai tomando contornos mais precisos e transforma-se num homem.

Quer fugir, tem vergonha das roupas sujas e rasgadas, dos seios à mostra, do mau cheiro que exala, mas tem a impressão que seus pés estão

[12] Após anos de sofrimento os Espíritos acabam por "cair em si", percebem que estão no caminho errado e sua nova condição mental permite que benfeitores espirituais possam ajudá-los.

"pregados" no chão. O homem a olha com olhar terno, e abrindo um tecido translúcido e luminoso fala:

— Por que persegues aquela família, minha filha?

Rosa não é capaz de responder à pergunta, sente vergonha. Por que se rebaixara tanto? Começa a chorar, dá um passo em direção ao homem, e o pai a envolve naquele tecido tenuíssimo. Rosa sente o seu contato na pele e uma sensação de bem-estar a invade. Sente a sujeira do seu corpo ir sumindo, sua aparência voltando ao normal. Aconchega-se àquele homem que a recebe com imenso carinho e que diz:

— Graças a Deus, minha filha, graças a Deus.

— Quem é você?

— Sou seu pai, Cristóban.

— Estou sonhando? Isto é impossível, meu pai morreu quando eu era criança de colo. Que é isso? Um sonho bom depois de tantos pesadelos ruins?

— Não, minha filha, posso ter morrido, mas o meu amor e os meus cuidados por meus filhos nunca morreram. Oportunamente eu explicarei tudo a você. Descanse, filha querida, e agradeça a Deus estarmos finalmente juntos.

Rosa murmurou já com os olhos pesados de sono:

— Graças a Deus... graças a Deus... graças...

A seguir, Cristóban tomou Rosa adormecida nos seus braços, como se fora uma criança, com aparência muito melhor, e fitando-a enquanto elevava-se no espaço, em direção a planos mais altos, como uma enorme ave luminosa carregando o filhote, disse:

— Minha filhinha também é uma rosa muito linda.

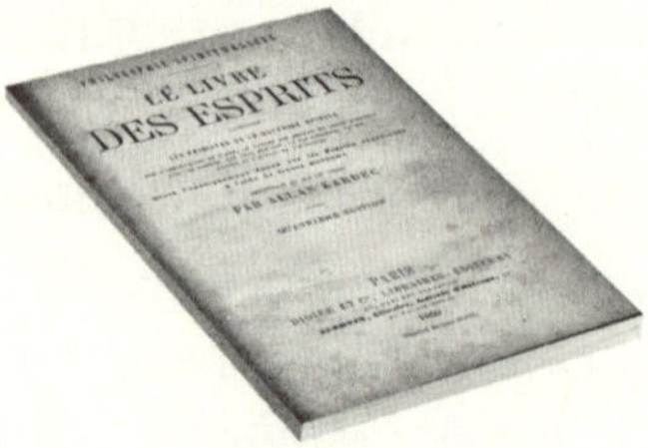

56

Um plano sinistro

Javier, Laura e os filhos juntos, hospedados no Solar, trouxeram uma alegria imensa a Diego. Poder ver o filho todos os dias, almoçar e jantar com ele, era para Diego uma felicidade imensa. Para Javier, igualmente, a presença do pai preenchia uma grande lacuna no seu coração. As filhas encontravam novidade em tudo, inclusive nos primos, filhos de Isabel. O Solar silencioso, povoou-se de conversas infindáveis. Todos tinham anos de assuntos que queriam contar e escutar.

A notícia da volta de Javier e Laura chegou também a Sevilha e ao conhecimento de Pedro Armendariz. Pedro não despertou em Laura sentimentos mais profundos, tanto é que na viagem de ida para a Argentina, estando solitária por algumas semanas ao lado de Javier, Laura esqueceu o amante e atirou-se aos braços do marido.

Pedro já teve comportamento diverso: enquanto a ausência levou Laura a esquecê-lo, a mesma ausência fê-la muito mais lembrada. Para ela, valia o ditado “Longe dos olhos, longe do coração”, para ele, “Longe dos olhos perto do coração”. A distância e a carência foram trabalhando a sua memória. Os principais defeitos de Laura, a postura fria e calculista ligados a um interesse muito determinado, para ele eram virtudes. O conteúdo intelectual também era uma característica que não encontrava em outras mulheres. Foi esquecendo o que não gostava em Laura, passando a lembrar apenas o que apreciava e que lhe tinha dado prazer: novidade, aventura, descompromisso, afinidade, o contrário, aliás, do que Rosa lhe dava; rotina, encargo, previsibilidade.

Com os anos, a Laura de carne e osso com qualidades e defeitos foi se transformando, na cabeça de Pedro, num ser ideal, na mulher perfeita que ele sempre sonhara. Coisa semelhante acontece com pessoas falecidas: os mortos não são grosseiros, não deixam de pagar dívidas no fim do mês; se esposa, não acorda ao nosso lado com a cara feia e de mau humor. Em suma, não têm os inúmeros inconvenientes que a vida prática impõe no convívio com qualquer pessoa.

Essa imagem irreal foi tendo cada vez mais força na cabeça de Pedro, tanto é que, ao saber do retorno de Laura, uma grande agitação interior se apossou dele. Rosa já havia falecido e, Pedro, agora, com toda a liberdade, se via em condições de proporcionar muito mais a Laura. Decidiu procurá-la imediatamente.

Não havia condição de aparecer no Solar, mas conseguiu enviar-lhe um bilhete, marcando um encontro, nas imediações da fazenda, na propriedade de um amigo. A carta foi entregue a Laura por um dos empregados da fazenda, mediante polpuda recompensa, enquanto Pedro aguardava ansioso a resposta na propriedade vizinha.

Laura recebeu o bilhete pleno de confissões de amor e esperança; leu-o rápida e superficialmente no jardim, queimou-o imediatamente e recordando o pequeno poema que tinha dado tanta dor de cabeça, respondeu nestes termos:

Senhor Pedro Armendariz,

Eu já passei dos 40 anos, meu marido e meus quatro filhos consomem todo meu tempo e todo meu interesse. Por que não dedica seu afeto aos netos?

Esqueça-me; eu já o esqueci.

L.

A recusa de Laura, e os termos com que foi vazada, lembrando-lhe a idade, seu ponto de máxima insegurança, feriu profundamente o orgulho de Pedro. A Laura real chegava em completo contraste com a Laura ideal. Na mente já confusa de Pedro, embora a sua postura exterior sempre polida e elegante, aquele choque tão grotesco entre o sonho e a vida prática, desorganizou por completo o seu bom senso. Voltou a Sevilha completamente desorientado.

Nesse estado de espírito, sentado no seu gabinete, fumando um charuto atrás do outro, veio-lhe um pensamento sombrio: eliminar Javier para facilitar as coisas; daria um susto em Laura, que valeria por uma bela vingança, e então frágil, sem o amparo do marido, tudo ficaria mais fácil; com os dois livres, o tempo, no curso natural das coisas, a traria de volta.

Certa feita, havia contratado um misto de criado e guarda-costas, Júlio Ortiz. Dispensara-o por sua excessiva truculência, que prejudicava a sua imagem de homem sutil, que se valia apenas das "armas da argumentação", como frequentemente apregoava.

Dirigiu-se à noite, sozinho e disfarçado, à casa onde Júlio morava. Contratou o serviço de forma lacônica:

— Quero que mates Javier Rodrigues, filho de Diego Rodrigues. Não me interessam os detalhes. Não me procure. Aqui você tem metade do pagamento adiantado. Quando souber da morte dele você terá a outra metade – falou em voz baixa, atirando pequena bolsa na cama do quarto malcheiroso.

Júlio contou o dinheiro e disse:

— Não é muito nem pouco. Vou fazer o mais rápido possível.

Pedro Armendariz saiu do quarto aliviado, contente até, e foi caminhando pelas ruas enlameadas, com um sorriso escarninho, cópia da expressão de uma sombra invisível que o acompanhava, que curiosamente subiu nas suas costas para não sujar os pés de barro[13].

---

[13] Espíritoss muito grosseiros, como esse que acompanhava Pedro, têm sensações semelhantes às dos encarnados. Ao planejar um delito grave, o criminoso sempre atrai esses Espíritos que se aliam a ele pelo prazer que o crime lhes provoca, por ódio à vítima ou por ódio ao criminoso, que desejam que desça cada vez mais, na escala moral.

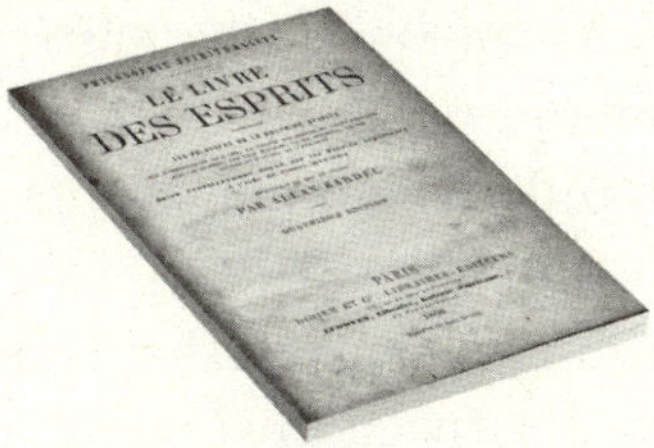

57

O assassinato

Diego não largava um só momento do filho. Procurava aproveitar todas as oportunidades que lhe permitissem o convívio com Javier.

Javier decidiu ir a Sevilha para acompanhar de perto os negócios que se desenvolviam na casa comercial. Embora a viagem fosse um tanto cansativa para Diego, em virtude de seu problema reumático, decidiu acompanhar o filho. Laura preferiu ficar, queria evitar as complicações de Sevilha, pelo menos por ora.

Após ficarem alguns dias em Sevilha, capital da Andaluzia, voltavam para o Solar, Diego e Javier dentro da carruagem e dois criados na boleia conduzindo o veículo.

Repentinamente, cinco homens armados e mascarados os interceptam com o clássico:

— A bolsa ou a vida! Desçam já os dois!

Diego procura acalmar Javier:

— São uns pobres coitados; pelo visto lá se vão nossos relógios e nossas carteiras que não têm muito, mas fique calmo, meu filho, é melhor perder os anéis que os dedos.

Ortiz chefiava o bando, e pretendia ocultar o assassinato, pelo latrocínio, mesmo de seus companheiros de quadrilha, para não ter que dividir a pequena fortuna que recebeu de Pedro Armendariz.

Javier desce, tem no bolso uma pequena pistola que faz volume, que não tem intenção de usar, mas Ortiz percebendo que Javier está armado, acha ali o motivo ideal para dissimular o assassinato, e mesmo sem que a vítima faça qualquer movimento que signifique ameaça, descarrega dois tiros no seu peito, gritando:

— Quer revidar, seu velhaco? Morra antes que mate!

Diego desesperado tenta segurar o filho que cai no chão. Um outro malfeitor interpreta o gesto de Diego como uma reação, e armado de um porrete lhe dá uma pancada, quebrando-lhe o braço.

Diego cai perto do filho e, apesar da dor, consegue abraçar Javier com o braço livre. Uma aguda dor física mistura-se a uma infinita dor moral, entre as golfadas de sangue que põe pela boca, Javier vai falando:

— Eu estou morrendo, meu pai... estou esfriando por dentro... cuide de Laura e dos meus filhos... diga a ela que eu sempre a amei...

— Se escaparmos dessa, cuidaremos de tudo. Vamos rezar, meu filho, a prece vai aliviá-lo – disse Diego com as lágrimas escorrendo pelo rosto:

— Ave Maria cheia de graça, o Senhor é convosco, bendita sois vós entre as mulheres, bendito seja o fruto do vosso ventre, Jesus. Santa Maria...

Javier estava morto.

Após enfiarem as mãos nos bolsos dos dois, tirando-lhes os pertences, um dos malfeitores dá um pontapé em Diego dizendo:

— Está tremendo e rezando de medo, velho covarde!

Os criados na boleia assistem a tudo apalermados.

Após o assalto, matam os dois belíssimos cavalos com um tiro na cabeça de cada um, para evitarem perseguições.

Os malfeitores partem.

Enquanto os criados saem em busca de auxílio, Diego fica ali no chão abraçado ao cadáver do filho tão querido, chorando, chorando...

58

Laura e a morte - III

Alarido.

Correria...

Gritos de estupefação...

Afonsito e Laura que estavam no interior do Solar correm para a porta.

Um dos capatazes entra com Diego nos braços; suas roupas estão sujas de sangue. Coloca-o deitado num sofá, e grita:

— Rápido, tragam o médico da aldeia, Dom Diego está ferido!

Diego chora baixinho, o rosto lavado em pranto:

— Meu filho, o único filho que me restava...

Outros dois homens entram carregando o corpo de Javier, todo empapado de sangue:

— Limpem a mesa, vamos colocá-lo sobre a mesa, está morto...

Laura acompanha os homens, atarantada, e vê o cadáver do marido sobre a mesa.

Um dos capatazes troveja:

— Armemos uma patrulha e partamos em direção a Sevilha. Haveremos de achar os canalhas que fizeram isso, e derramaremos o seu sangue na terra até a última gota.

Afonsito se atira sobre a mesa e abraça o cadáver do pai aos prantos.

As filhas também chegam e abraçam o cadáver do pai:

— Papai, papai...

Todas essas vozes penetram a mente de Laura; cada grito soa como uma marretada demolindo seu equilíbrio, seus planos de vida tranquila e feliz ao lado do marido e dos filhos. A sua visão vai saindo de foco e vai se escurecendo. Aquela tarde trágica se faz noite. Rostos terríveis flutuam na escuridão dando gargalhadas. Repentinamente vê sua mãe e sua sogra iluminadas caminhando em sua direção. Suas pernas amolecem, tudo se apaga num vazio de sons e imagens.

*

Algumas horas mais tarde, Laura desperta no seu quarto.

A noite chegou; um silêncio sepulcral invade o Solar. Os candelabros estendem sua luz amarela.

Ao lado do leito, vê Afonsito, as filhas e o médico da aldeia.

Afonsito fala baixinho:

— Graças a Deus ela recobra os sentidos.

Laura olha os filhos, todos com os olhos vermelhos, e ainda com alguns soluços e expressa o doloroso entendimento da situação:

— Então não foi um pesadelo. Javier está morto...

Uma emoção estranha subiu do fundo de seu coração. Veio-lhe à mente a imagem dela moça, ainda, trajando um vestido verde que a mãe lhe confeccionara – para combinar com a cor dos seus olhos –, o jantar simples mas benfeito, o pai, a mãe e Javier à mesa, a conversa animada, e com a cena foi subindo uma dor infinda que se desfez num pranto convulso, a derramar lágrimas dos seus olhos verdes pela face que já demonstrava a presença das primeiras rugas.

Passada a crise de choro perguntou:

— Como foi?

— Assaltantes de estrada, na viagem de volta de Sevilha, acharam que ele estava reagindo, perderam o controle e o mataram – respondeu Afonsito.

— E Dom Diego?

— Está com o braço quebrado, muito abalado, mas já foi medicado. Com a idade a cicatrização do osso deve demorar mais, mas é um velho forte e deverá ficar bem – respondeu o médico da aldeia.

— Quero descer para participar do velório e ver Dom Diego.

Desceu.

A sala está cheia. Os empregados da fazenda em peso acorriam ao velório, mantendo respeitoso silêncio. Periodicamente, frei Manoel reiniciava o terço, no que era acompanhado em coro por todos.

Laura sentou-se numa das cadeiras em volta da mesa.

Elevou suas preces a Deus silenciosamente.

A seguir, levantou-se, ficou em pé ao lado do caixão. Acariciou levemente o rosto de Javier, que estava sereno. A prece que havia feito ao morrer parece que se impregnara no seu semblante, dando-lhe uma espécie de paz espiritual. A seguir, uma série de reflexões acudiu à mente de Laura:

Por que Deus lhe tirava o companheiro na tarde da vida? Por que aquele ponto final, tinto de sangue, encerrando seus planos de felicidade ali na Espanha? Agora que conseguira dinheiro, a família estabilizada, uma felicidade conjugal bem superior à média, Deus dizia um não tão brutal? De outro lado, a expressão de Javier era uma fonte de consolo, nela não surpreendia revolta, desespero ou medo, mas uma profunda serenidade. O que ele sentira ao partir? E partira para onde? Estaria vivo ainda? Estaria no mundo descrito por Emmanuel Swedenborg, tão semelhante ao mundo terrestre? Lembrou-se das afirmações de Cícero no "Tratado da Amizade", no qual Lélio cogita do que acontecera com Cipião, depois da morte, afirmando que depois de morto, Cipião certamente se encontraria com seus amigos, e teria a felicidade correspondente a uma vida honrada. Embora Javier não fosse perfeito, tinha sido um homem bom, honesto nos seus negócios, pai dedicado, pelo menos nos últimos anos de sua vida. Estaria agora ao lado da mãe, num lugar bonito? Era bom pensar que sim.

E ela, quando chegaria o seu dia de partir? E o que provocaria a partida, um assassinato como Javier, ou uma doença como seu pai? Ah, como seria bom partir, e poder numa noite estrelada dançar e cantar com seu pai, com sua mãe e seu namorado, o melhor, porque ela queria o melhor, e ele tinha sido o melhor. Apesar da aventura com Pedro Armendariz, o seu coração dizia naquele momento que o homem de sua vida tinha partido. Outros poderiam haver, mas os ideais da juventude, as noites de paixão, o esforço na montagem do patrimônio, o nascimento dos filhos, morriam com Javier. Com seu pai morreu a infância, com Javier morria a juventude. Sentia-se como um campo enorme, onde grandes extensões de terra iam se transformando em desertos. Mas quem sabe um dia os desertos reverdeceriam e o pai entraria novamente pela porta, coberto de pó e molhado de suor, e à noite Javier se deitaria no seu leito cobrindo-a de carinho e inflamando-lhe de paixão, e a mãe lhe traria um novo vestido verde para combinar com seus olhos?

Nova crise de choro, mas um choro calmo, que aliviava, que lhe trazia paz.

Suas filhas a abraçaram. Que bom ter aquelas meninas. Não estava só. Elas tinham traços de Javier. Aquela era a grande herança que ele lhe havia deixado. Aquelas quatro pessoas a protegeriam na velhice e lhe fariam companhia. Lembrou de Dom Diego: tinha oito netos, mas nenhum filho para fazer-lhe companhia.

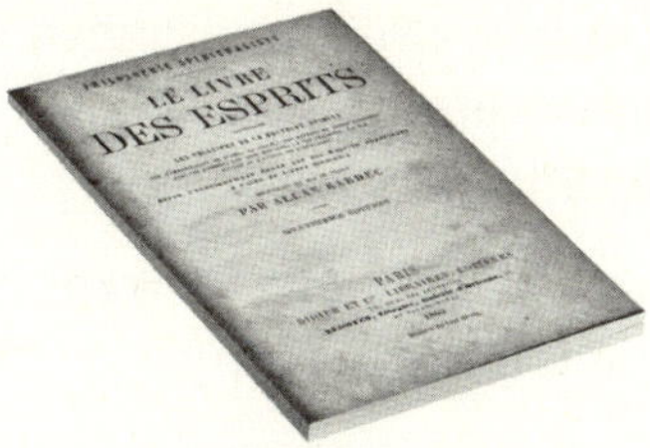

59

Um alívio para a terceira punhalada

Laura procurou recompor-se:

— Vou ver Dom Diego – disse em voz baixa.

— Vamos com a senhora.

— Não, prefiro vê-lo sozinha.

*

Dom Diego estava no quarto, Afonsito à cabeceira, ambos silenciosos.

Laura entrou, dirigiu-se ao leito:

— Está doendo muito, Dom Diego?

— Haviam dois punhais cravados no meu coração e Deus permitiu que cravassem o terceiro. Além da sua dor própria, Ele faz com que as duas feridas anteriores se reabram e doam.

— E o braço?

— A dor do corpo faz esquecer um pouco a dor da alma.

— Por vezes Deus permite que as minhas mãos ajudem na cura do corpo e da alma, e preciso fazer alguma coisa para não me sentir completamente impotente; deixe-me tentar levar-lhe algum alívio. Gostaria de dormir, Dom Diego?

— Gostaria de dormir e sonhar com meus tesouros, enquanto Deus não me permite ir ao seu encontro.

Laura procurou se concentrar, pediu a Dom Diego:

— Feche seus olhos e procure relaxar.

— Não vai ser fácil, no meio desse oceano de dores.

Laura estendeu as mãos em longos gestos longitudinais. Afonsito afastou-se da cama, algo surpreso, pois diversamente das meninas não tinha nenhuma notícia das atividades da mãe.

Após quase 15 minutos daqueles estranhos e suaves gestos, Dom Diego dormiu. Laura falou em voz baixa:

— Vamos deixá-lo entregue ao sono e aos sonhos. Quem sabe, Deus atende ao seu pedido, e ele vai ao encontro dos seus tesouros por meio do sonho.

E saíram silenciosamente do quarto.

Após esse acontecimento, vez por outra Dom Diego pedia:

— Venha me abençoar, Laura. Meu corpo e minha alma precisam de suas mãos.

E efetivamente os "passes" de Laura traziam alívio para o seu corpo e para a sua alma, embora não conseguisse explicar o fenômeno. Laura lhe cedeu livros de Mesmer para ler. Depois de lê-los, Diego comentou:

— Muito complicada a teoria para ser eficiente. A prática, tão simples, deve ter outros fundamentos. Mas agradeço ao Mesmer ter produzido uma discípula, que me traz tanto benefício e alívio.

Javier foi sepultado ao lado da mãe e da irmã na capela da Virgem Santíssima.

A morte de Javier trouxe tristeza a todos; o clima de festa desapareceu. Laura, inclusive, ficou abatidíssima e procurou apegar-se aos filhos e aos livros para superar o acontecimento.

O braço de Diego foi imobilizado e o osso se soldou, mas Diego comumente o sentiria doer, dor que era aumentada por recordar-lhe o triste dia da morte do filho.

Diego reagiu melhor à morte de Javier do que à da esposa, igualmente assassinada há mais de trinta anos, apoiado em dois pensamentos: sua idade já ia avançando e por mais que vivesse na Terra, certamente não estaria distante o dia em que poderia abraçar Maria e os filhos no outro mundo. O outro pensamento é que tinha duas famílias para cuidar: a de Javier e a de Isabel.

Todos os dias mantinha o hábito de ir até a capela fazer suas orações. Muitas vezes nas suas conversas com Maria dizia:

— Por que Deus não me levou, a mim já velho e de pouca utilidade, e levou a Javier moço ainda e com um futuro pela frente? E ouvia uma voz dizer-lhe no fundo da mente:

— Você precisa sofrer e trabalhar mais um pouco. Ele já havia completado o seu trabalho e os seus sofrimentos.

— E por que devo sofrer a morte trágica dos meus entes mais queridos? Primeiramente você, depois Isabel e agora Javier?

— Desígnios da justiça de Deus.

A morte de Javier deixou Diego ainda mais emotivo. Era comum vê-lo chorar diante de uma criança fazendo algo que demonstrasse pureza, à vista de um neto que há tempo não via, ou de algum fato que despertasse suas emoções patrióticas. Dizia por vezes:

— A minha mulher e os meus filhos se foram. Ficaram as lágrimas que são salgadas e os netos, netas e a Espanha, que são doces.

60

O crime intoxica o céu

Pedro Armendariz ficou num estado de grande excitação; depois de ter contratado o "serviço" de Ortiz, dormia mal. Eram comuns os pesadelos, a sensação de pessoas andando pela casa. As suas noites eram frequentemente um inferno. Era sempre um alívio quando o sol iluminava seu quarto.

Na noite do assassinato, os pesadelos se intensificaram. Sonhou com uma infinidade de agulhas em diversas cenas:

Numa, atravessava uma floresta de espinhos, e os espinhos iam furando todo o seu corpo; noutra uma costureira de expressão horrível o costurava enfiando repetidamente uma agulha por todo o seu corpo; na terceira, caminhava sobre um solo revestido de folhas de cacto que penetravam os seus pés; na última, a que mais o fez sofrer, um carrasco enterrava agulhas em brasa nos seus olhos. Ao tentar afastar o carrasco, este tirou o capuz e tinha o rosto de Ortiz. Acordou molhado de suor e por alguns segundos veio-lhe a sensação de que ficara cego.

Essas agulhas eram os pensamentos de aflição dos familiares de Javier que penetravam a sua alma e que o seu inconsciente transformava em cenas de tortura. Pedro semeava lágrimas e aflições; a tempo certo, essas sementes se transformariam em plantas adultas e ele teria, empurrado pela vida, de fazer a dura colheita dos frutos do sofrimento, conforme as leis imutáveis da justiça divina.

Pela manhã, estava indisposto. Fundas olheiras marcavam o seu rosto, e um gosto amargo invadia a sua boca.

— Esse fígado está acabando comigo – murmurou.

No dia seguinte ao assassinato, a notícia se espalhou por Sevilha, tendo sido noticiada pelos jornais da cidade.

Embora ostentando um ar de pesar pela morte de seu parente em condições tão trágicas, disse para si mesmo: "Depois de uma noite péssima, eis que enfim tenho uma boa notícia. Nasci para a luz do sol e não para as sombras da noite".

Achou de bom tom enviar-lhes um bilhete de condolências:

A

"Digníssima viúva de Javier Rodrigues e Filhos",

Permitam-me expressar-lhes minhas condolências pelo infausto acontecimento do dia 10 próximo passado.

Contem com minha solidariedade e melhores préstimos para o que necessitarem.

Seu primo, que compartilha da sua grande dor.

Pedro Armendariz.

Naquela mesma noite, foi à casa de Ortiz pagar o resto do preço pelo assassinato de Javier.

Na sua loucura, considerou que Laura havia adquirido mais uma virtude: a fortuna, pois o trabalho de Javier, durante anos, fazendo bons negócios na Argentina, multiplicado pelo apoio de Diego, acumulou um grande capital.

Pedro Armendariz manteve-se quieto; devia dar tempo ao tempo antes de aproximar-se de Laura. Poderia aproveitar esse tempo para planejar cuidadosamente os próximos passos; deveria agir com bastante tato, para num lance único conquistar a mulher dos seus sonhos e o conforto de uma renda considerável.

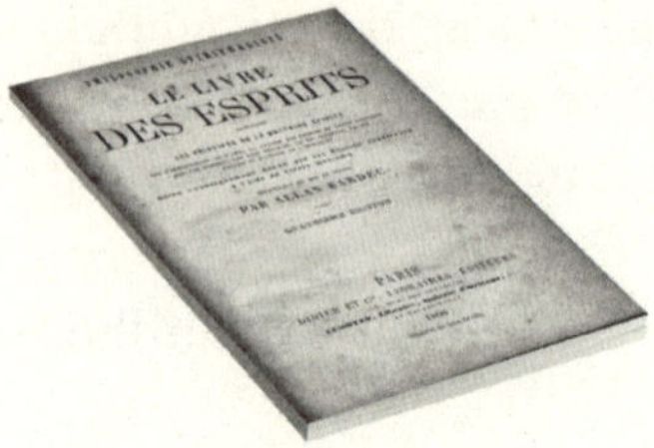

61

Afonsito se transforma em Dom Afonso

Afonsito, que doravante será chamado de Afonso, como é mais adequado a um belo moço de 21 anos, foi até a Argentina para liquidar a casa comercial. Com a morte de Javier, Laura decidiu ficar na Espanha ao lado do sogro, filhos e sobrinhos.

Os oito anos de convívio de Afonso com o avô, e longe dos pais, o aproximaram muito de Diego. Bastava um olhar para que se entendessem. Os dois não eram de falar muito e frequentemente seus diálogos eram incompreensíveis para quem os ouvisse.

— O que você decidiu sobre ontem de manhã.

— Daqui a dois meses.

— É muito.

— Menos de 45, impossível.

— Já resolveu[14].

E assim é a vida quando os Espíritos se compreendem: um mínimo de palavras basta para traduzir os mais extensos assuntos. Infelizmente, quando o contrário se dá, nem um oceano verbal os aproxima, aliás quanto mais falam mais se desentendem.

---

[14] O diálogo significa o seguinte: no dia anterior pela manhã um oficial do exército espanhol solicitou a venda de 300 cavalos para entrega imediata, o preço foi acertado mas o prazo ficou em aberto. Afonso propôs ao avô cotarem a entrega em dois meses, o avô achou muito longo o prazo, Afonso redarguiu que menos de 45 dias era impossível cumprir o prazo, ao que o avô redarguiu que propusesse os dois meses de prazo de entrega, mas que negociasse para entregar até 45 dias. Se o oficial aceitasse tudo bem, se não aceitasse o melhor seria perder o negócio.

*

Voltando da Argentina, procurou o avô, antes de procurar a mãe:

— E agora o que faço?

— Tens o Solar, garanta suas irmãs, aplique em bens de renda.

— E minha mãe?

— Dê-lhe o usufruto.

— Vou amarrar com "não venda" e afasto caça-dotes.

— Ponha por trinta anos.

— E a casa em Sevilha, liquido?

— Mesmo sem a casa em Buenos Aires, ela opera com representação. Sua mãe precisa de atividade.

— E os primos?

— Enquanto vivo, cuido; morto, reserve o Solar, do resto faça como fez para as suas irmãs.

— Enquanto o senhor vive as primas são irmãs, morto, serão filhas[15] .

Em menos de 2 minutos o diálogo estava encerrado.

*

Laura concordou com o plano proposto; teria uma boa renda e a casa comercial em Sevilha, transformada em representação, lhe daria uma ativi-

[15] O diálogo pode ser "traduzido" da seguinte forma: Afonso pergunta ao avô o que deve fazer do dinheiro que trouxe da Argentina; o avô informa que está passando às suas mãos o Solar e que deve aplicar o dinheiro que trouxe em bens de renda que devem ficar em nome das irmãs; quanto a Laura, deve ter o usufruto, ou seja, enquanto viva terá a renda dos bens que pertencem às filhas. Afonso acrescenta que passará os bens que adquirir às irmãs com cláusula de não venda. Diego sugere o prazo de trinta anos; as irmãs estarão garantidas, mas como a fortuna estará indisponível por longo prazo, ela não atrairá pretendentes que desejem casar apenas por dinheiro. Quanto ao escritório em Sevilha que comprava e vendia mercadorias, será mantido, porém apenas comprando e vendendo como representante, e cobrando comissões. Laura dirigirá o escritório, pois necessita de atividades que a ajudem a superar a morte de Javier. Os filhos de Isabel e Antero serão cuidados por Diego enquanto for vivo, com sua morte, os bens de Diego, com exceção do Solar, deverão ser passados para os filhos de Isabel. Afonso se compromete a tratar os filhos de Isabel como seus irmãos enquanto Diego for vivo; quando Diego morrer, como novo patriarca, tratará os filhos de Isabel como se seus filhos fossem.

dade a mais e não lhe tolheria a liberdade, visto ter bons funcionários, que poderiam administrá-la na sua ausência.

Ela estava novamente livre, mas a saudade de Javier era quase insuportável.

*

Afonso assumiu a direção do Solar, que conhecia profundamente. Embora a sua pouca idade, administrava a grande fazenda com competência e naturalidade.

Diego dizia ao neto:

— Você é o meu avô.

Afonso e os empregados quando o ouviam falar assim, pensavam que Diego queria com essas palavras significar a semelhança entre o seu neto e o seu avô, mas intimamente Diego achava que o seu avô Afonso voltara na figura do neto, Afonso.

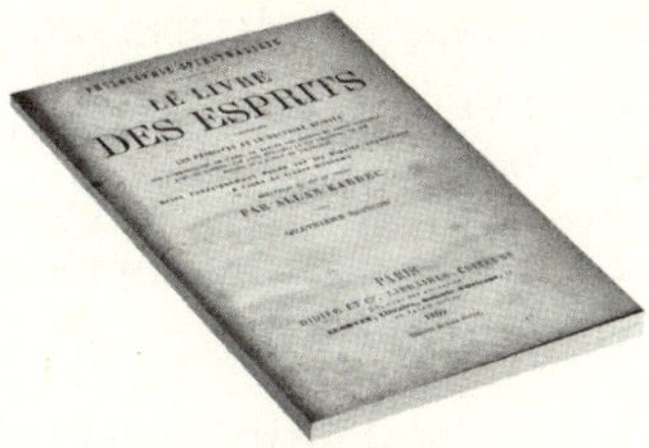

62

Um novo namoro

Após a morte de Javier, Laura sentiu-se muito só; Afonso tinha a sua vida; Laurita já noiva pensava quase exclusivamente no casamento. Carmem e Concepción, suas filhas mais novas, lhe davam carinho, mas tinham também seus afazeres e seus estudos, que lhes consumiam a maior parte do tempo.

Na época, o estudo não era valorizado quando aplicado a mulheres, mas Laura não abria mão de dar às filhas sólida formação intelectual. Movida por esse objetivo mudou-se para Sevilha para poder oferecer às filhas novos e melhores mestres.

Em Sevilha, buscando esquecer a falta de Javier, atirou-se de corpo e alma aos negócios, movimentando a casa comercial.

E a vida foi seguindo o seu curso.

*

Um ano após a morte de Javier, Pedro Armendariz, que se conteve nesse período com grande custo, resolveu que era hora de retomar a ofensiva em relação a Laura.

Sabendo dos seus horários no escritório de vendas, uma bela manhã lá apareceu.

Laura, que não o via há muitos anos, ficou surpresa. Pedro era um velho elegante, de maneiras refinadas e extremamente culto. Conhecedor de muitas histórias, apresentou-se para intermediar vendas de tecidos de um fabricante inglês na Argentina.

Laura estava muito carente e solitária, Pedro soube envolvê-la; as visitas se sucederam, visto o negócio ser vultoso, e Laura foi novamente se acostumando à presença de Pedro.

A partir desse primeiro negócio, que foi bem-sucedido, Pedro acenou com outras inúmeras oportunidades que começaram a ser exploradas.

Três meses depois, renascia a antiga intimidade. Laura reconhecia a sinceridade do amor de Pedro, que era real. Ele verdadeiramente era quase obcecado por ela.

Pedro declarou-se, pediu-a em casamento, confessou que jamais a tinha esquecido, ao contrário, que sua afeição crescera com sua ausência.

Laura balançou. Pedro a convenceu a fazerem juntos uma viagem até Paris a negócios e ela concordou.

Não se pode dizer que foi uma lua de mel, pois não havia o fogo da juventude, mas houve razoável calor humano.

Uma preocupação de Laura era com o antigo sogro, inimigo figadal de Pedro, outra era com Afonso, extremamente ligado ao avô, tomando suas dores em tudo.

Perder o filho e o sogro a troco de Pedro como marido era um negócio ruim no entendimento de Laura. Para que correr riscos se podia mantê-lo como um discreto namorado. Todavia, Pedro pressionava em direção ao casamento.

Laura sabia que a condição de Pedro do ponto de vista econômico era muito inferior à sua. Pedro tomou a dianteira, exigindo o casamento com separação de bens. Na verdade, isso não era um ato de desprendimento de Pedro, ele apenas considerava que, nessa altura da vida, o que lhe importava era qualidade de vida e para isso necessitava renda, não patrimônio, e estando casado com Laura, renda e alto nível de vida estavam garantidos.

Para convencer Laura da necessidade do casamento, Pedro começou a fazer que "vazasse" a informação do namoro que Laura mantinha com cuidadosa discrição. Laura começou a ouvir comentários de uma amiga aqui, outra acolá, sobre o seu romance com Pedro. Embora não fosse puritana, a perspectiva de o romance chegar aos ouvidos da família, provocando conflitos principalmente com Afonso, levou-a a considerar o casamento como a melhor hipótese.

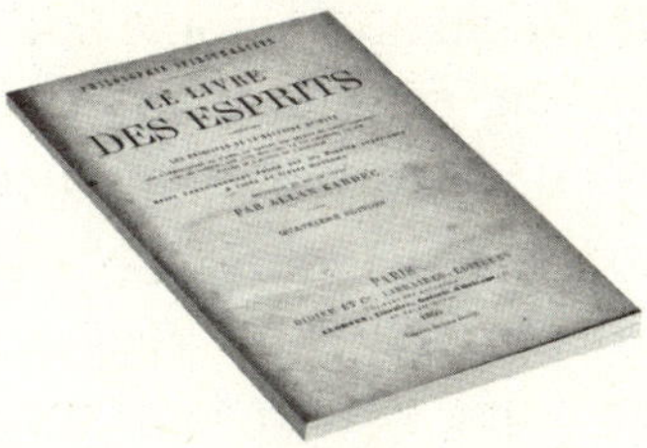

63

Perdão, pré-requisito para um casamento

Laura chegou de Sevilha pela manhã. Era praxe que pelo menos uma vez a cada mês, viesse visitar o filho.

Logo depois de chegar pediu a Diego uma conversa particular. Depois de acomodados no espaçoso gabinete de trabalho, foi direto ao assunto:

— Caro Dom Diego, embora me reserve o direito de tomar as decisões sobre a minha vida, o senhor hoje é a pessoa que mais se aproxima para mim da figura de um pai, além disso é avô de meus filhos e para Afonso é muito mais que um avô, por isso quero informá-lo em primeira mão: Pedro Armendariz pediu a minha mão em casamento e resolvi concedê-la.

Aquilo soou para Diego como uma bofetada. O primeiro pensamento que lhe veio é que ela continuava a trair o marido, mesmo depois de morto. Mas logo a seguir lhe veio o pensamento de que ela era livre, que Javier estava morto, que ela não era mais casada e sim viúva. Conteve as emoções e respondeu com simplicidade e frieza:

— Pensava que o havia esquecido, mas me enganei; estou informado.

— Dom Diego, perdoe-me a má expressão, mas não vim simplesmente informá-lo; estou pedindo o seu apoio. Não quero que o meu casamento seja um abismo entre nós e temo inclusive as reações de meus filhos, principalmente de Afonso. Não quero sua frieza, quero o seu auxílio, quero a sua amizade, quero que a sua casa esteja aberta para nós, como a nossa estará aberta para o senhor.

Laura falou não num tom racional, como era seu hábito, mas com uma voz tremida, e parou de súbito com os olhos vermelhos.

Diego percebeu que estava numa ponte apertada, sem guarda-corpos, com outro cavaleiro vindo em sentido contrário, e que se os dois não se entendessem, ambos cairiam no abismo; decidiu que precisava de tempo:

— Eu a quero como filha e os filhos dão tristezas e alegrias, mas querem muito e nem tudo podemos dar-lhes. Você me pediu coisas difíceis, eu vou pedir-lhe apenas uma e que vai ser fácil me dar: dê-me algum tempo para pensar.

Laura fez um leve aceno de cabeça e saiu da sala.

*

Diego começou a pensar: "receber Pedro? O homem que há 40 e tantos anos teve que encarar naquele mesmo Solar temendo um assassinato do avô? Apertar a mão do homem que quase transformou a sua vida num inferno ao manter um romance adúltero com Laura? Ceder um dos quartos de sua casa para que ele partilhasse o leito com sua nora, a poucos metros de suas netas? Não, isso era inaceitável!".

Pensou no papel ridículo que faria, visitando Laura, cumprimentando Pedro e conversando amenidades enquanto tomavam uma xícara de chá.

Mas de outro lado entrar em guerra com a mãe de seus netos não era fácil: se as meninas tomassem as dores da mãe, como faria para visitar as netas? E se as filhas, de outro lado, tomassem o seu partido e rejeitassem a mãe, e Laura insistisse no casamento? Seria justo relegar Laura, que tinha sido uma boa mãe nos últimos anos a uma situação de solidão e extremo constrangimento?

*

Declarou-se indisposto e não compareceu ao almoço. Ficou no seu quarto pensando, pensando...

Quem poderia ajudá-lo a achar uma solução? Afonso, fora de questão, muito envolvido; Javier, Isabel, Maria, Carlos? Todos mortos. Não se sentia confiante nas suas conversas com Maria. Veio-lhe à mente a figura do velho frei Manoel.

Pediu a um serviçal que avisasse o frade que queria confessar-se e que o frade estivesse às 14 horas na capela da Virgem Santíssima.

*

Às 13h30 saiu de casa. Empregados atenciosos já haviam preparado um coche, porque aquela caminhada, mesmo pequena, lhe era penosa. Dispensou o coche dizendo:

— Vou valer-me dos próprios pés. Além de levar-me, vão, com suas dores, fazer com que eu esqueça as dores do meu coração.

A seguir caminhou lentamente pelas alamedas até a capela.

Frei Manoel já estava lá. Diego foi logo dizendo:

— Preciso do seu auxílio. Meu coração não está bom. Uma raiva surda que tenho há mais de 40 anos e que dormia há mais de oito, foi despertada esta manhã.

A seguir historiou todo o caso, desde a tentativa de Pedro se apropriar dos bens da família, o romance com Laura e os acontecimentos da manhã, e concluiu:

— Que faço? Acolho o inimigo para manter os amigos ou me arrisco a perder os amigos para manter o inimigo longe de minha casa?

*

— *Amai os vossos inimigos, fazei bem aos que vos tem ódio, orai pelos que vos perseguem e caluniam, para serdes filhos de vosso Pai que está nos céus: o qual faz nascer o sol sobre bons e maus e faz cair a chuva sobre justos e injustos. Porque se amais apenas aos que vos amam que recompensa tereis, não fazem os publicanos também o mesmo? E se saudardes apenas os vossos irmãos, que fazeis nisso de especial? Não fazem assim também os gentios? Porque eu vos digo que se a vossa justiça não for maior e mais perfeita do que a dos escribas e fariseus, não entrareis no reino dos céus*[16] .

Com essas palavras do Evangelho de Jesus, frei Manoel respondeu às dúvidas de Diego, em relação a qual atitude tomar junto ao futuro marido de Laura e padrasto de seus netos. E o frei disse mais:

— *Reconcilia-te com o teu adversário enquanto estás a caminho, para que não aconteça que o adversário te entregue ao juiz, e o juiz ao oficial e te encerrem na prisão*[17] .

— Palavras de Jesus, Diego, não minhas. Jesus é o mestre do perdão.

Esperou alguns instantes para que a expressão de surpresa se abrandasse no semblante de Diego e prosseguiu nas suas ponderações, com voz meiga e bondosa:

[16] Evangelho segundo Mateus, cap. 5, vers. 44 a 47.

[17] Evangelho segundo Mateus, cap. 5, vers. 5 a 25.

— Você já está velho, Diego, se avizinha o dia da sua partida, por que levar essa mágoa, essa raiva surda, que envenena seu íntimo há mais de 40 anos, para além da vida? Se for embora desse mundo carregado de ódio, de nada valeram as suas dores. Diz que segue a Jesus, critica a violência dos maus sacerdotes, mas se segue Jesus, não apenas com palavras, deve andar por onde ele andou, e no seu caminho nós o vemos no alto da cruz de braços abertos perdoando aos seus algozes. Deus não lhe pede efusões de amizade e confiança em quem você não pode confiar; deseja apenas que não o maltrate, que não lhe seja causa de embaraço, que não ponha mais tropeços no caminho de quem já caiu muito na vida, que use seu pensamento e sua palavra para orar por ele, não que troque confidências inoportunas.

E continuou com voz firme:

— Receba-o em sua casa; case sua filha, por afinidade, nesta mesma capela onde casou a sua filha carnal. Não pense que Javier seja homem mesquinho, não pertence mais a esse mundo, não mais detém a posse de Laura, como Laura também não tem direitos sobre ele, uniram-se em vida, a morte os separou. Laura, segundo o que sinto, está enveredando por um caminho espinhoso, mas tem o direito de experimentá-lo e deve ser respeitada na sua escolha.

Perante o silêncio de Diego concluiu com seu último argumento:

— Tenho certeza de que se sua falecida esposa aqui estivesse e fosse decidir esse assunto com você, teria essa mesma conclusão.

Diego mergulhou em profundas reflexões: havia sido fiel à esposa, mas não se entregara ao álcool em vários momentos? De certa forma não era o responsável pelo suicídio do seu sogro Antônio? Quem era ele para sentir-se tão superior a Pedro e causar constrangimentos a Laura e ao seu neto Afonso? Afonso era seu sucessor, proprietário daquela casa, seu procurador plenipotenciário, ele, Diego, detinha apenas o usufruto. Como impedi-lo de receber alguém na própria casa? E, finalmente, tinha que concordar com o frade. Se Maria estivesse viva procuraria dar todo apoio a Laura.

— Sua argumentação é sensata. Não causarei embaraços a Laura. E ela, como mãe de Afonso, o legítimo proprietário dessas terras, tem inclusive o direito de fazer seu casamento nessa mesma capela, sobre os ossos de Maria, Isabel e Javier, como prova de que a nova união não nos constrange.

*

A tarde estava muito azul e um tanto fria, prenunciando o inverno.

Diego saiu da capela e foi caminhando lentamente em direção ao Solar, talvez pela dor nos pés, talvez para postergar a entrada no Solar, talvez para poder usufruir a tarde por mais tempo.

O vento acariciava de leve seus cabelos brancos. Sentia o vento como se fossem as mãos de Maria afagando-o nos cabelos. Desapareceram as dores dos pés.

Uma enorme solidão o invadia, sentia que toda posse, todo orgulho o deixavam e iam embora com aquele vento frio que atravessava sua camisa de seda bege. Via-se irmão das velhas árvores que perdiam suas folhas, era como se fosse ficando nu.

Curiosamente uma grande sensação de liberdade invadia o vazio de sua alma com um gosto de despedida de tudo aquilo. As disputas com Pedro foram diminuindo, diminuindo, até que ficaram menores que um grão de areia. A raiva surda que sentira por tantos anos do primo foi esquecida.

Uma ternura imensa parecia sugá-lo para o céu. Um desejo imenso de morrer se fez presente, a morte se afigurando como um mergulho naquele azul imenso em direção aos seus três tesouros: Maria, Javier e Isabel.

De repente um pensamento quebrou toda aquela sedução: ainda não era hora, havia coisas a fazer.

Voltou a sentir as dores. Apressou o passo, apesar delas.

*

No Solar chamou Laura para uma conversa:

— Das coisas que você me pediu, vou lhe conceder as seguintes: o seu casamento não será um abismo entre nós; você não terá a minha frieza, esteja certa de que nesse peito bate um coração que a quer bem; o Solar, que hoje pertence a seu filho, está aberto para você e para o seu futuro marido, acho inclusive que o casamento deve ser feito na capela da fazenda; vez por outra, se necessário, irei visitá-la na sua casa; não lhe causarei constrangimentos junto a seu marido. De outro lado, a sinceridade me obriga a dizer: me sinto incapaz de manifestações de amizade para com Pedro e procurarei manter o menor contato possível com meu primo. Amo você como a uma filha, quanto a seu futuro marido, não me é possível esquecer o que ele já fez.

— Obrigada, Dom Diego. Comunicarei agora o fato aos meus filhos, expondo inclusive sua posição.

— Desejo-lhe felicidades, Laura, do fundo do meu coração.

O casamento se deu efetivamente na capela da Virgem Santíssima, oficiada por frei Manoel, sem maiores novidades, numa cerimônia íntima que contou apenas com a presença dos filhos de Pedro e de Laura.

Diego, fiel à sua promessa assistiu ao casamento. Laura foi conduzida ao altar por Afonso.

Depois de casados passaram a residir no "Palácio de Verão" em Sevilha; Laura vinha regularmente à fazenda, mas sozinha. Pedro, com exceção do dia do casamento, nunca mais pisaria no Solar.

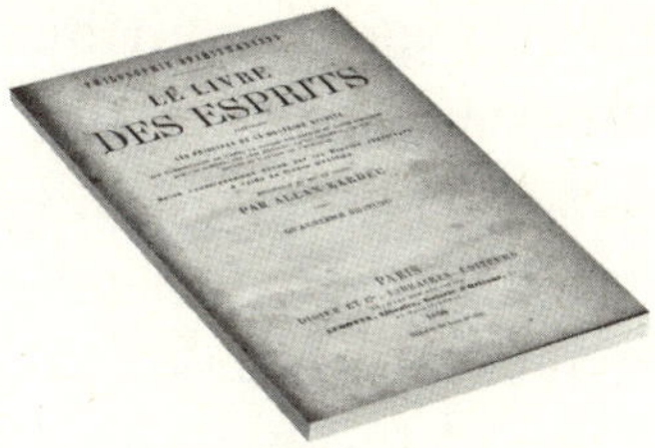

64

Dois pregadores estimulam um frade

Frei Manoel não via com bons olhos, regra geral, seus colegas de batina. Havia, entretanto, uma importante exceção: Domingos Lacordaire, principal da Ordem dos Dominicanos, que restaurara a ordem na França e estimulara o seu crescimento em todo o mundo.

Embora somente tivesse visto Lacordaire uma vez, era seu admirador inconteste e acompanhava todos os lances de sua vida com toda a atenção que os meios de comunicação, ainda bastante incipientes na época, permitiam. Ao longo dos anos, a admiração foi se transformando numa quase veneração por Lacordaire. Naquela época em que era comum clérigos se perderem na ambição e na arrogância, a coerência de Lacordaire, cultivando o desprendimento dos bens materiais, a humildade, o amor ao próximo e a Deus, a castidade, a isenção de qualquer preconceito econômico, racial, intelectual ou religioso, tudo isso aliado a uma inteligência fulgurante, deslumbravam frei Manoel.

*

Lacordaire por duas vezes, uma em 1845, outra em 1852, saiu de Paris, fez longa viagem, para visitar um humilde cura, padre Jean Marie Baptiste Vianney, responsável pela pequena igreja da aldeia de Ars, perto de Lion na França.

Essas viagens tiveram grande repercussão não só dentro da ordem dos dominicanos, como também na imprensa e chegaram até a Espanha, ao frei Manoel.

As notícias davam conta, inclusive, do diálogo entre os dois, que humildes por natureza, como convém a todos que querem seguir Jesus, se referiam um ao outro de forma notável:

Falando sobre o encontro com Lacordaire, Jean Marie comentou:

— Foi o encontro da suma sabedoria com a suma ignorância.

De outro lado sendo percebido por Jean Marie, durante o sermão na pequena igreja de Ars, e sendo convidado pelo cura para assumir a palavra, Lacordaire recusou o convite, respondendo qualquer coisa como:

— Estou aqui para aprender e não para falar.

*

Segundo frei Manoel, todo exemplo de Lacordaire deveria ser seguido; se Lacordaire foi a Ars, visitar o seu cura, era quase um dever "ir a Ars e visitar o seu cura".

Um plano veio à mente de frei Manoel:

Dom Diego tinha, além da gota, os três punhais no coração que eram a morte de sua esposa e a dos dois filhos, mas frei Manoel preocupava-se mais com um espinho que não havia sido retirado de todo que era a rixa com Pedro Armendariz. Quem sabe o cura d'Ars não poderia aliviá-lo?

Pedro, por seu lado, estava cada vez mais enfermo, praticamente desenganado pelos médicos. Embora sem conhecer os detalhes de sua vida, frei Manoel pressentia ali um homem sem fé, sem Deus, sem boas obras. Armendariz era a imagem do mau rico da parábola de Jesus[18], que encontraria, além da morte, terríveis surpresas.

Laura era uma boa mulher, mas distante da religião. Para frei Manoel: "muito interessada em doutrinas esotéricas, mas pouco afeita a Jesus".

---

[18] A parábola do mau rico, anotada por Lucas no seu Evangelho, no capítulo 16, conta a seguinte história: Havia um homem rico que se vestia de linho puríssimo e todos os dias se regalava num banquete com as mais finas iguarias. À sua porta jazia um mendigo coberto de úlceras. Lázaro queria alimentar-se dos restos que caíam da mesa do rico, mas o homem rico não permitia que seus criados lhe dessem as sobras. Apenas os cães eram amigos de Lázaro e vinham lamber-lhe as feridas. Morreram os dois com pequeno intervalo. O rico foi para o inferno e de lá viu Lázaro no paraíso recostado no seio de Abraão. Inconsciente da sua nova situação, o rico, com arrogância, pede a Abraão que ordene a Lázaro trazer-lhe um pouco d'água, Abraão lembra-lhe que na vida Lázaro somente teve males, e ele gozos. Lázaro estava no paraíso e não poderia mandá-lo ao inferno onde o rico se encontrava, e que por ora é impossível atender-lhe o pedido. A seguir o rico pede então que ordene a Lázaro ir até sua casa avisar aos seus filhos para que não tenham a mesma sorte que ele; Abraão responde que é igualmente impossível e também inútil, pois se não ouvem Moisés e os profetas, por que haveriam de ouvir a Lázaro?

Por que não conduzir essas três almas para mais perto de Jesus, proporcionando-lhes o encontro com um verdadeiro cristão, como o era o padre Jean Marie Vianey? Por que não provocar um encontro entre Diego e Pedro num ambiente que favorecesse a sua completa reconciliação, de maneira que, livres do fardo dessa inimizade, pudessem entregar melhor suas almas a Deus?

E para tudo isso tinha um pretexto, mais que um pretexto, uma razão: a possibilidade de obtenção da cura com o padre Jean Marie.

Procurou inicialmente Laura, expôs suas razões e conseguiu sua adesão.

Laura não teve dificuldades em convencer Pedro, que estava disposto a tudo para conquistar a própria saúde.

Diego, que era o mais difícil, foi atacado por duas frentes: de um lado Laura de outro o frade e como resistisse ainda, Laura arregimentou Afonso, as filhas e os sobrinhos.

Completamente ilhado, Diego finalmente capitulou com um seco:

— Está bem, como isso deixa a todos felizes, irei.

Lacordaire

Lacordaire foi um grande pregador: pelas ideias, pela atração que exerceu, pela coerência.

Nasceu no alvorecer do século XIX, em 1802 na França, e ali morreria em 1861.

Vindo de uma família de juristas, órfão de pai aos quatro anos, foi criado pela mãe.

Inicialmente foi advogado, mas resolveu dedicar-se à carreira eclesiástica; ordenou-se sacerdote católico em 1827.

Em 1829, passou a colaborar no L'Avenir (O Futuro)*, um jornal a serviço da causa "Deus e Liberdade"; pretendia a renovação do catolicismo pelo abandono da conversão através da imposição, do preconceito e da violência.*

Lacordaire tinha o excepcional dom da palavra: conciso, direto, falava ao mesmo tempo ao erudito e ao homem sem instrução, cativando a ambos; mas a Igreja Católica suspendeu a publicação do jornal; Lacordaire com humildade resolveu continuar a sua luta, porém sem um confronto direto com a Igreja.

Passou a pregar na igreja de Nossa Senhora de Paris; às suas conferências acorriam milhares de pessoas famintas de luz interior; em 1848, perdeu o mandato e viveu num quase anonimato até a sua morte.

Segundo suas próprias afirmativas, sua vida dividiu-se em duas partes: a primeira dedicada à questão: "o que é a fé e como convém crer"; a segunda, "o que é a vida e como convém viver".

Cerca de 30.000 pessoas compareceram ao seu funeral: príncipes da igreja, aristocratas, operários e lavadeiras se misturavam na homenagem àquele homem que a todos ofereceu sua inteligência e sua bondade.

Cura D'Ars

Ao sul da França, próximo de Lion, brilhou outro vulto eclesiástico.

De caráter diametralmente oposto ao de Lacordaire, assumiu seu cargo como cura[19] na pequena aldeia de Ars. Jean Marie Vianney era o seu nome. Dedicado ao exercício da caridade, aprofundou-se muito nessa virtude. Manteve-se na Igreja Católica, conforme seus votos, até o fim dos seus dias, embora tendo inúmeras divergências com a hierarquia católica.

Amava profundamente a Deus e aos homens e com o auxílio de Deus agia aliviando o sofrimento dos seus irmãos: curava pela prece e imposição das mãos, lia os corações como um livro aberto e dava conselhos muito oportunos para erradicar o mal que se escondia sob o véu da hipocrisia, assim como fazia aflorar o bem, muitas vezes, oculto pela timidez e pela ignorância.

Amigo das crianças, das mães, dos enfermos e dos desvalidos de todo tipo, a todos acolhia como irmãos. Também não desdenhava os fidalgos e os ricos da época, pois sabia que os que sentam à mesa farta, vestem-se de veludo e seda, dão ordens, são o mais das vezes carentes de paz e verdadeira felicidade.

A sua capacidade de trabalho era notável, mesmo já entrado em anos era comum trabalhar 21 horas por dia.

No fim de sua vida, mais de 100.000 peregrinos acorriam anualmente a Ars para ouvi-lo e receber suas orientações.

Jean Marie Vianney nasceu em fins do século XVIII e morreu em 1859. No século XX foi canonizado como santo pela Igreja Católica.

[19] Cura: pároco de aldeia.

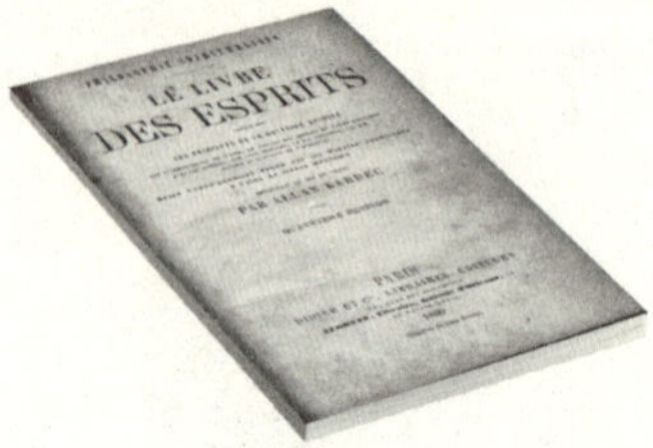

65

Conversando numa viagem cansativa

Decidida a viagem, seguiram os quatro: Laura e Pedro, Diego e frei Manoel. Levaram pouca bagagem, uma criada e dois criados.

Embarcaram no porto de Sevilha, desceram o rio Guadalquivir e foram contornando a costa até Marselha.

Em Marselha passaram dois dias para repousar um pouco, pois especialmente para Pedro Armendariz, todo esforço era penoso.

Alugaram duas carruagens, uma para eles e outra para os criados e a bagagem, e seguiram para o norte rumo a Lion.

*

Os cavalos trotavam céleres pela estrada de terra, puxando a carruagem e levantando poeira. Num banco Diego e frei Manoel, no outro Laura e Pedro.

Os dois passageiros adoentados preferiram os solavancos e a rapidez da viagem ao conforto e a lentidão.

Os cerca de trezentos quilômetros que separam Marselha e Lion foram vencidos em apenas quatro dias. Quatro dias sentados frente a frente dois homens que por 40 anos se viram como inimigos.

No primeiro dia foram 10 horas de viagem marcadas por angustiante silêncio.

No segundo dia o frade interveio:

— Senhores, estamos indo ao encontro de um servo de Jesus, indo buscar a misericórdia de Deus para as nossas dores. Como pedintes que somos, devemos nos revestir de solidariedade e perdão. Como rogar o perdão ao Senhor da Vida, já que fomos atingidos pela justiça em sofrimentos diversos, se nós mesmos não nos perdoamos do fundo do coração? Proponho a Laura que os deixemos a sós para se entenderem.

Laura completou:

— Pedro, meu marido e Diego, meu segundo pai, sepultem o passado. Em comum vocês têm "dois Afonsos": o Afonso que é o avô e o Afonso que é seu enteado e neto. Frei Manoel tem toda a razão. Hajam de forma ajuizada.

Dito isso, sinalizou ao cocheiro que parasse a carruagem. Laura e o frade subiram para a boleia deixando os dois a sós.

Após quase meia hora de silêncio Diego resolveu falar:

— Pedro, você me atraiçoou duas vezes na vida: uma na sequência do meu casamento e outra, muito mais grave, quando ainda vivo Javier, desonrou-lhe o lar. Não sei o que eu tenha feito para prejudicá-lo. Nada mais fiz senão impedi-lo. Na primeira, não permitindo que me furtasse os bens, na segunda, que furtasse por completo a honra de meu filho. Eu fui o ofendido, mas não lhe quero mal, o recebi em minha casa na oportunidade de seu casamento, tenho orado por você nas minhas preces, pedindo a Deus que o cure e que viva ainda por muitos anos. Sou homem de poucas palavras, nem sei por que me estendo tanto, talvez por ter ouvido o nome Afonso que me é tão grato ao coração.

Pedro pensou: "e se ele soubesse que mandei matar-lhe o filho...", um rubor desconfortável subiu ao seu rosto. Serenou as emoções, procurou acalmar-se, porém um acesso de tosse o envolveu. Esperou que passasse e considerou que nada tinha a perder, reconciliando-se com o primo:

— Nos dois fatos que você mencionou também há que se considerar o meu lado. No primeiro, não era a cobiça que me movia, nem tentei praticar um furto, estava atendendo ao dever moral de salvaguardar os bens de nossa família que estavam ameaçados com a sua deserção. No segundo, fui movido por um amor puro, profundo e abrasador. Amor que foi correspondido, mas que dominando os meus impulsos, não permiti que saísse do campo dos sentimentos, jamais tocando a mulher do meu primo. Amor tão forte que sobreviveu ao tempo e que no momento certo transformou-se num casamento respeitável.

E concluiu:

— Sou um homem probo, que acima de tudo preza a honra.

Mesmo mostrando uma expressão de contrariedade, Diego retrucou:

— Pois que seja, não tenho elementos para entrar na sua mente e dizer se você está certo ou errado. Ponhamos uma pedra sobre esses episódios. Eu o perdoo e você me perdoa e passemos uma borracha sobre tudo isso.

Essas palavras custaram um grande esforço a Diego. Sentia algo falso no primo, mas elas foram saindo de sua boca quase aos borbotões, involuntariamente, como se alguém as colocasse.

— De acordo, esqueçamos essas velhas disputas de família – concordou Pedro.

O silêncio voltou por mais quase meia hora, com os dois homens de olhar perdido no infinito.

Diego pensava: "Fiz o que era certo. Deus já o castigou bastante. Preciso do perdão de Deus para reaver os meus tesouros. Perdoar esse pobre homem adoentado é um preço insignificante a pagar".

Pedro pensava: "Me saí melhor, a iniciativa foi dele e fez um mau negócio. Na verdade, perdoou muito mais do que pensa; a morte de Javier e a surra que levou de Ortiz e seus comparsas bastaram para saciar a minha vingança; já é hora de pôr um ponto final nessa história tediosa".

A seguir, Pedro decidiu quebrar o silêncio:

— Chamemos os nossos companheiros de viagem, pois não convém expô-los às intempéries por acontecimentos tão antigos – e gritou pela janela:

— Laura, frei Manoel, voltem para cá que prometemos nos comportar melhor.

Os dois quase não conversaram no resto da viagem, mas passaram a participar das conversas entre Laura e o frade, amenizando o ambiente. Trocaram até algumas gentilezas, como ceder o lugar, abrir portas para que o outro passasse etc.

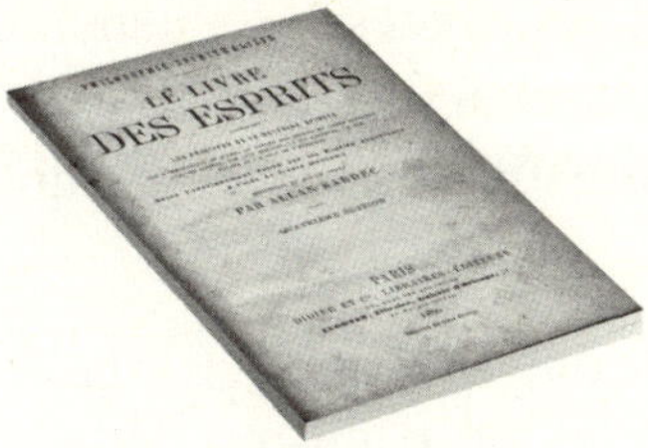

66

Uma aldeia com um pároco destacado

Chegados a Lion, descansaram por um dia e uma noite, e no dia seguinte, antes que o sol nascesse, seguiram para Ars que ficava próxima.

Ao entrarem na pequena vila de Ars, surpreenderam-se com a multidão que encontraram: nobres e plebeus, pobres e ricos, velhos e moços, todos à procura dos milagres que o cura produzia. Ali estava representado todo o tecido social.

Com esforço conseguiram entrar na pequena igreja para assistir à missa.

A figura do cura não impressionava: velhinho, calvo, um tanto gordo, batina rota.

O rito litúrgico foi rápido, a maior parte do tempo o cura Jean Marie Vianney dedicou ao sermão. Não eram fluentes em francês, à exceção de Laura e Pedro, mas entenderam a maior parte do que ele dizia. Sua voz era direta, quase contundente, mas havia algo que cativava, um amor profundo pela humanidade. Para espanto deles afirmou, explicitamente:

— Temos muitas vidas, nascemos e renascemos muitas vezes para aprendermos a caridade e a humildade. Vós nobres não vos iludais, experimentareis em outras vidas, no futuro, como já experimentastes no passado, a condição de plebeus; e vós pobres, vivereis novamente a situação de ricos para comprovar perante Deus que entendestes a verdadeira finalidade do dinheiro, que é de servir como instrumento de amor e compaixão.

*

— Vos queixais de familiares ingratos, de doenças, de infortúnios. Queixai-vos, em suma, de vós mesmos, já que tudo isso são os frutos da plantação de desatinos que fizestes em vidas passadas, e que a justiça de Deus vos devolve em frutos amargos para que façais deles, a peso de dores e sofrimentos, a nova sementeira de bênçãos que colhereis no futuro.

*

— Não descreiais nunca nem da justiça, nem da esperança; da justiça, porque todos pagarão até o último ceitil, da esperança porque, das ovelhas que estão confiadas ao divino pastor que é Jesus, nenhuma se perderá, ou seja, ao longo das vidas sucessivas, entre dores e tropeços, iremos marchando rumo à perfeição.

Ao concluir o sermão disse:

— Logo mais me disporei a ouvi-los em confissão. Escutarei suas mazelas e implorarei a Deus por vós. Mas não farei acepção de pessoas: que os nobres esqueçam sua nobreza e arrogância; que os pobres esqueçam sua pobreza e subserviência. Que todos compareçam perante o Senhor de pureza investidos exclusivamente do título de filhos do eterno Pai. Não esperem nada de mim, tão pecador quanto vós, mas confiem na bondade de Deus.

Enquanto o padre Jean Marie falava, um forte magnetismo se espalhou sobre os fiéis ali presentes, todos sentindo um encantador bem-estar.

À tarde, iniciaram-se as confissões, que o cura também fazia de forma inusitada: ao invés do penitente ajoelhar-se no confessionário, separando-os uma treliça que não permitia se encararem, as confissões na pequena igreja eram feitas na sacristia. O cura sentava-se numa cadeira e o penitente noutra e conversavam face a face, pois o cura fazia questão de olhar nos olhos do penitente.

Laura, Diego e Pedro entraram na fila e ficaram aguardando a vez. Os criados conseguiram algumas cadeiras para que ficassem sentados pelas longas horas. Tomaram as refeições na própria fila.

Enquanto esperavam, observaram vários resultados das confissões: alguns saíam chorando, outros sorrindo alegres, e alguns louvando a Deus por suas curas.

Um caso que lhes impressionou bastante foi o de um jovem cego que se encontrava à sua frente, com os olhos muito inflamados, e conduzido pela mãe. Pelo vestuário se concluía que eram pobres e que tinham vindo de longe em busca de um milagre. O jovem cego saiu do confessionário com os olhos vermelhos, mas limpos de pus e enxergando. A mãe chorava e dizia:

— O santo homem impôs as mãos sobre meu filho e ele agora vê, graças a Deus, graças a Deus.

*

Foram atendidos somente às 20h30.

O primeiro a entrar foi Diego.

O padre Jean Marie olhou Diego bem nos olhos, este também olhou o cura nos olhos:

— A velhice me trouxe essa gota, num presente de aniversário, mas as dores maiores estão aqui no peito. Deus me deu três tesouros: uma mulher e dois filhos, e depois de eu experimentar sua riqueza, os levou. Procuro ser fiel, mas às vezes sinto três punhais cravados no meu coração.

— Nossa estrada já se alonga, Diego, estamos próximos do fim, não saia dos trilhos, que ao termo uma boa e bela mulher o espera com seus dois filhos. Maria está viva e ao teu lado, como sempre esteve nesses mais de 50 anos. Você foi fiel a eles e eles são fiéis a você. A morte não existe, Diego, a vida continua além do túmulo, e os tesouros do seu coração não estão perdidos, Deus os devolverá multiplicados. O motivo dessa viagem não foi a cura da tua gota, ou o encontro com os seus tesouros, pois isso somente a morte irá lhe proporcionar. Ter vindo ao lado de Pedro, tê-lo perdoado, isso sim foi uma cura para o seu coração. A morte de seus entes queridos não deve ser sentida como um punhal, pois estes estão sempre ao seu lado, como você também reside em seus corações. O punhal que estava cravado no seu coração e que foi arrancado era a mágoa que você cultivou, durante tantos anos, e que agora a compaixão limpou. Veja em cada criatura que a vida puser em seu caminho uma Maria, um Javier, uma Isabel e você estará se tornando mais fiel à sua família. Os animais foram muito importantes para você; graças ao amor aos cavalos, pôde ganhar seu pão e ajudar a muitos a ganhá-lo; procure amar também aos animais selvagens que ainda povoam as suas terras, e incentivar a todos que o cercam a fazer a mesma coisa, não permitindo a caça nas suas propriedades. Que Deus o abençoe!

Diego sentiu uma alegria enorme. Deu um forte abraço no padre, que também o abraçou. Ficaram alguns segundos assim, silenciosos, depois Diego disse ao despedir-se:

— Me lembrarei sempre do senhor nas minhas preces à Virgem Santíssima, por dar-me tão bons conselhos.

— Também me lembrarei de você, Dom Diego Rodrigues. Deu-me um pouco de alívio no atendimento a essa multidão de almas necessitadas.

*

Pedro postou-se frente ao padre Jean Marie, e começou:

— O que me traz a sua presença é essa tosse que me acompanha há quatro anos e que não consigo debelar. Embora tenha procurado os melhores médicos de Sevilha, cada um me diz uma coisa.

— Infeliz. Teu corpo tem uma enfermidade que efetivamente irá matá-lo e nisso em nada posso ajudá-lo. Porém, suas feridas na alma são muito piores. O que tens feito nesta vida? Desonrou lares, matou chefes de família, viveu à sombra de seu país, sugando o dinheiro público como um parasita. O que esperas da justiça divina? Misericórdia? Pois você tem a misericórdia, a misericórdia desse leito de dores que põe termo aos seus crimes e lhe dá tempo de refletir antes da partida. Mas não basta que se arrependa e sofra. Procura ajudar as famílias de todos a quem você matou, que alguns estão sofrendo privações e uma vida difícil até hoje. Liberte-se do resto do seu dinheiro sujo de crimes e furtos; distribua-o a quem necessita, patrocina as boas obras, agasalha aos pobres. Não que com isso vá comprar a justiça divina, como muitas vezes comprou a justiça humana. Mas é um indício concreto de arrependimento. Conduza suas dores com resignação e humildade, lembrando-se de quanto fez sofrer aos outros, pois várias de suas vítimas contraíram doenças pulmonares e morreram tossindo em escuros calabouços. Reconheça em Deus seu Senhor e Pai, e peça-lhe a oportunidade de começar desde já a resgatar seus crimes.

Pedro foi se tornando cada vez mais pálido e assustado. Não era capaz de retrucar coisa alguma, dominado pelo poder moral daquele simples padre de aldeia. Repentinamente, ferido no âmago de sua consciência, desatou num choro convulso, e atirou-se aos pés do padre Jean Marie. O padre o levantou e prosseguiu.

— Não se ajoelhe perante o homem que nada é. Ajoelhe-se perante Deus que tudo sabe e tudo vê. Chore, que isso é bom, mas não é senão o princípio. Mais uma vez repito: aproveita o tempo que lhe resta e procure redimir-se pelo menos de uma pequena parte de seus crimes; reconcilie-se com seus adversários, para que os juízes não o entreguem aos carrascos e tenha que pagar até o último ceitil.

Ainda chorando, Pedro retirou-se do confessionário.

Alarmada, Laura perguntou:

— O que aconteceu, Pedro? Ele o desenganou?

— Sim, esse homem é um santo, ele vê o nosso íntimo, os nossos erros.

E nada mais disse, nem Laura achou oportuno fazer perguntas.

*

Chegada a vez de Laura, sentou-se frente a frente com o pároco Jean Marie:

— Busco no íntimo a razão de ser da vida. Tenho lido muitos livros, mas a minha mente está cheia de dúvidas, e sinto muitas vezes o peito opresso por inquietações, não sei se estou no caminho certo...

— Investigas as bases do destino humano. Compreenda que a base do destino é o amor de Deus. Esse amor imenso e onipresente é que gera a alegria para nos estimular à prática do bem, e as tristezas para nos afugentar dos caminhos do mal e fazer-nos pensar na nossa pequenez. Esse amor infinito fará que, em breve, se acenda um grande clarão na França. Desse país, assolado por vícios e desatinos de toda espécie, se levantará uma luz forte como o Sol, na figura de um apóstolo de Jesus, que trará a mensagem dos anjos do Senhor para ser novamente ouvida na Terra.

Após pequena pausa, observando a intensa emoção que tomava conta de Laura, o velho Jean Marie prosseguiu:

— Sua palavra consolará a humanidade de suas dores e reviverá os ensinamentos de Jesus, revelando as leis que regem o destino humano. Sob a figura de um simples mestre-escola ele lançará as bases da próxima civilização que porá termo aos sofrimentos terrestres.

— Como o reconhecerei – balbuciou Laura.

— Terá como emblema a parreira, pois ela é o símbolo do trabalho do criador. E você será chamada a participar na construção do novo degrau de esclarecimento da humanidade. Ele explicará o poder de curar que jorra de suas mãos, onde você dá daquilo que não lhe pertence.Vá em paz, minha filha, que Deus a abençoe – concluiu despedindo-se.

Laura retirou-se tomada de viva emoção. Naquela pequena sacristia percebeu o portal de um mundo novo, que se anunciava.

*

Pernoitaram em Ars e no dia seguinte, bem cedo, iniciaram a viagem de volta.

Falaram pouco, imersos em profundas reflexões.

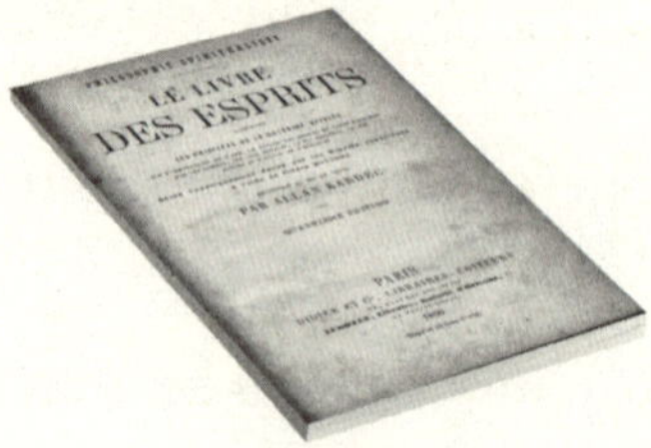

67

Breve epílogo para um curto casamento

A agonia de Pedro foi longa.

A moléstia, não diagnosticada na época, era na verdade um câncer de pulmão, provocado pelo uso imoderado do charuto, por muitos anos.

Laura procurava aliviá-lo com suas imposições de mãos, mas os resultados eram pequenos.

Apesar de seus muitos defeitos e hipocrisia, a doença foi amolecendo Pedro e aumentando seu apego a Laura, que de esposa transformou-se, nos últimos dois anos, em enfermeira apenas.

Pedro atendeu, em parte, às recomendações do padre Jean Marie. Utilizou o dinheiro e os préstimos de Laura para auxiliar viúvas e órfãos, cujos maridos e pais foram mortos em duelo público, e também suas ex-amantes e filhos, aos quais não reconhecia e continuou não reconhecendo, pois sempre pretextava alguma traição que poderia ter sofrido.

Antes de morrer, no delírio final, dizia coisas que assustavam:

— Não quero morrer, não quero morrer... Garcia, vá embora daqui; eu já o matei, não tenho por que enfrentá-lo novamente. Ortiz eu te paguei até o último centavo, por que você está aqui? Fora do meu quarto, todos vocês.

Cerca de oito meses após a viagem a Ars, entregou sua alma a Deus.

O segundo casamento de Laura não chegou a três anos.

*

Embora tendo dado poucas alegrias, e muito trabalho e dissabor, Laura não se arrependeu do casamento com Pedro.

Pelo menos, dizia consigo mesma, "foi uma história com começo, meio e fim".

Sentia-se aliviada. Pedro, a seu modo, a amara com loucura; ela fora fiel e agira com dedicação e carinho. O caráter de Pedro era cheio de nódoas? Sem dúvida, mas tinha também seus valores: determinação, inteligência e, sob certo aspecto, muita coragem.

*

Uma das consequências do casamento com Pedro foi "esfriar" Laura. Não mais procurou nem teve relacionamentos "românticos".

Seu dinheiro principalmente e, em segundo lugar, seu brilho intelectual motivaram diversas ações de conquista, as quais punha em debandada de forma ríspida e direta:

— Cavalheiro, nada lhe posso dar. Nem as minhas pesetas, que dinheiro se ganha com trabalho, nem meu corpo, que já está envelhecendo e que tenho de preservar, nem meu tempo, que tenho filhos, netos e negócios a cuidar, e o pouco que me sobra jamais gastaria com o senhor.

68

O Livro dos Espíritos

Paris, 1858.

A primavera caminhava para o fim, anunciando o verão.

As flores iam começando a perder o seu viço enquanto a temperatura subia.

Um coche de aluguel parou numa região central. Uma senhora aparentando uns sessenta anos, elegante e ainda ágil, desceu e passou a caminhar pela rua. Observava o céu, os edifícios e as pessoas com discrição e interesse. Rodava sua sombrinha rendada e se divertia com os desenhos projetados no chão pelo sol: bola de luz em campo azul.

Entrou numa livraria, fechou a sombrinha, e passou a olhar distraída os títulos expostos. Vez por outra levava os óculos, presos numa fina haste de marfim, aos olhos, para ver melhor as letras pequenas.

Repentinamente, seu olhar foi atraído por uma brochura que ostentava o título: *O Livro dos Espíritos*.

Ao ver o título, lembrou-se vagamente de uma referência ao livro, que sua amiga, a senhora Dufetre, tinha feito numa reunião de adeptos das ideias de Mesmer. A senhora Dufetre havia dito qualquer coisa como:

— Estou lendo *O Livro dos Espíritos*, é interessantíssimo, estou gostando muito e recomendo sua leitura a todos.

Ao abrir e folheá-lo, Laura viu um ramo de parreira desenhado; sua atenção foi imediatamente atraída e leu o seguinte:

"Porás no cabeçalho do livro o ramo de parreira que te desenhamos, porque ele é o emblema do trabalho do Criador. Todos os princípios materiais que podem representar o corpo e o espírito nele se encontram reunidos: o corpo é o ramo; o espírito é a seiva; a alma, ou o espírito ligado à matéria, é o bago. O homem é a quintessência do espírito pelo trabalho, e tu sabes que não é senão pelo trabalho do corpo que o Espírito adquire conhecimentos".

As palavras do padre Jean Marie, cura do vilarejo de Ars, vieram-lhe à mente: "Terá como emblema a parreira, pois ela é o símbolo do trabalho do Criador."

Uma forte excitação apoderou-se de Laura, comprou o livro e saiu rapidamente.

No coche em direção ao Hotel De Ville, onde se hospedava nas suas idas a Paris, começou a lê-lo.

Já na introdução emocionou-se: ali estava exposto o fio condutor do destino; as encarnações sucessivas, encadeando-se umas às outras, através da liberdade e da justiça divina, explicavam que os fatos do destino tidos como azares da sorte, na verdade obedeciam a causas justas e sábias.

Ao entrar no hotel, avisou à portaria que não queria ser incomodada e que não estava para ninguém. Entrou no quarto, abriu a janela para ter bastante luz, solicitou à criada que a auxiliasse a tirar o espartilho e a vestir uma roupa bem leve de dormir. Pediu ainda que providenciasse um almoço frugal, acomodou-se no leito amplo, pois gostava de ler deitada.

Continuou a leitura que havia iniciado no coche, lendo a primeira pergunta constante do livro: "O que é Deus?"

Por alguns dias permaneceu ali reclusa, saindo apenas uma hora, pela manhã, para esticar as pernas num curto passeio nas redondezas do hotel.

Laura não apenas lia; refletia também sobre o conteúdo do livro. Seus olhos saíam do papel das páginas e se fixavam em um ponto distante: ou no céu, ou no teto do quarto, ou na chama de uma das velas do candelabro, pois a leitura ia por noite adentro. Depois, os olhos verdes voltavam às páginas, absorvendo as ideias, tirando conclusões, aplicando os conceitos expostos à sua própria vida.

Após uma semana, o livro estava lido e digerido.

Voltou à livraria, comprou uma dúzia de exemplares, crivou o livreiro de perguntas:

— Tem ideia de como eu faço para falar com o autor, o Sr. Allan Kardec?

— Ao que me consta, ele fundou uma associação, a "Sociedade Parisiense de Estudos Espíritas", que fica na Galeria Valois, nº 35, aqui mesmo no Palais Royal; eles reúnem-se às sextas, às 20 horas.

Era tudo o que Laura precisava. Agradeceu ao livreiro e esperou a próxima sexta-feira.

Paris - Palais Royal

Praça do Palais Royal - Fotografia de 1871 (Dionis)

Durante o seu primeiro ano a Sociedade Parisiense de Estudos Espíritas teve seu endereço na Galeria Valois, 35 e depois na Galeria Montepensier, ambas no ***Palais Royal.***

69

A Sociedade Espírita de Paris

A tarde esplendia em cores na terra e no céu, quando Laura dirigiu--se ao Palais Royal, para a reunião semanal da "Sociedade Parisiense de Estudos Espíritas".

Laura chegou à sede da sociedade às 19 horas, quase uma hora antes da reunião.

Era uma sala modesta, com três mesas e algumas cadeiras colocadas em semicírculo, formando um pequenino auditório[20].

Havia apenas alguns senhores e senhoras na sala, conversando.

Um tanto constrangida, Laura entrou, os homens levantaram-se em sinal de cortesia e ela apresentou-se:

— Meu nome é Laura Rodrigues, sou espanhola. Por muitos anos pratico o magnetismo, há uma semana adquiri *O Livro dos Espíritos*, o li com grande atenção, fiquei profundamente sensibilizada pelas suas ideias, que me ofereceram respostas que eu procurava há muitos anos. Informei-me com o livreiro onde poderia encontrar o seu autor, para me aprofundar mais no assunto, e aqui estou.

Um dos cavalheiros tomou a iniciativa das apresentações. Era um homem de meia estatura, cheio de corpo, já um tanto calvo, de olhar penetrante e meigo; sua voz aliava doçura, energia, e uma espécie de complacência que tornava encantador ouvi-lo.

---

[20] A cena apresentada a seguir é verossímil, como atestam descrições de Kardec e a Sociedade Espírita de Paris; quanto à sua absoluta veracidade, nada podemos garantir. As imagens vêm à nossa mente com pouca nitidez e lacunas são preenchidas com pesquisas e imaginação (Vide "Autoria", na Introdução).

— Encantado em conhecê-la, meu nome é Rivail, e meu pseudônimo, Allan Kardec. Não sou o autor do livro, já que seus ensinamentos vêm dos Espíritos, mas me responsabilizei pela sua organização e publicação.

Em seguida, estendendo o olhar para um jovem loiro, alto e magro, que aparentava uns dezoito anos, embora com expressão muito inteligente, continuou:

— Este é o sr. C..., um dos nossos principais médiuns e membro da sociedade, e prosseguiu apresentando os outros membros.

A Sociedade apresentava notável diversidade nos seus membros: desde jovens mal entrados na maioridade, até anciãos; desde simples operários até doutores notáveis pelo saber. Não havia acepção de pessoas: o calceteiro que assentava pedras nas ruas tinha o mesmo tratamento que o industrial e o cientista.

A sociedade, além de ouvintes, admitia três tipos de sócios:

Sócios livres: podiam assistir às reuniões, mas não participavam da administração da sociedade.

Sócios titulares: além de participar das reuniões, colaboravam na administração da sociedade.

Sócios correspondentes: residentes fora de Paris, participavam da sociedade trocando cartas, correspondência.

*

Na primeira reunião, Laura sentiu um pouco de medo, depois vergonha por tomar consciência que os mais íntimos segredos de sua vida eram conhecidos pelos Espíritos.

Embora organizada e disciplinada a reunião era muito simples, direta e sem qualquer coisa que lembrasse um rito: inicialmente uma prece de abertura, a seguir os candelabros eram mantidos acesos e iniciavam-se as manifestações mediúnicas e finalmente era feita uma prece de agradecimento.

À primeira mesa, sentavam-se os médiuns, na maioria psicógrafos; na segunda ficavam as pessoas encarregadas das anotações e na terceira a diretoria, presidida por Allan Kardec.

*

Laura assistiu às primeiras reuniões como ouvinte, depois foi admitida como sócia correspondente, visto residir na Espanha.

Naquele ambiente singelo no centro de Paris, Laura sentia-se como simples marujo na tripulação de um navio que descobria um novo mundo, o mundo espiritual, que revolucionaria a história de forma mais profunda do que a descoberta da América.

Voltava das reuniões caminhando pelas ruas movimentadas de Paris, com sua vida noturna, alheia a tudo, mergulhada em reflexões, caminhando sobre nuvens.

Tendo adquirido o hábito da prece ao deitar, agradecia a Deus por ter tido a oportunidade de participar daquele movimento nascente, que por meio da razão lhe devolvera a fé.

Allan Kardec

Leon Hippolite Denizard Rivail (França, 1804-1869) foi educado por Pestalozzi, na Suíça, quando se identificou sobremaneira com o grande pedagogo. Voltando à França dedica-se à instrução primária, escreve livros didáticos, monta um colégio, que posteriormente é obrigado a fechar. Casa-se com Amélie Boudet, não tendo filhos. Participa de inúmeras sociedades científicas.

Tendo conhecimento do fenômeno das mesas girantes, decide estudá-lo e depara-se, naquela brincadeira de salão, com um portal para o mundo dos Espíritos.

Passa a investigá-lo, interrogando os Espíritos como um viajante faria para conhecer um país através dos olhos dos seus habitantes.

*Organiza essas questões e as comenta, codificando-as n'*O Livro dos Espíritos *que publica em 1857. Cria a palavra "espírita" e "espiritismo" para designar a nova visão do mundo que apresenta.*

A seguir, funda a "Sociedade Espírita de Paris" e a "Revista Espírita".

É muito combatido, principalmente pela Igreja, mas em todos os pontos do mundo surgem simpatizantes, e os grupos espíritas proliferam.

Seguem-se outros livros O Livro dos Médiuns, O Evangelho segundo o Espiritismo, O Céu e o Inferno *e finalmente* A Gênese, *seu último livro.*

De uma coerência impecável, sua vida foi um testemunho constante de correção, sensatez, amor a Deus e ao próximo.

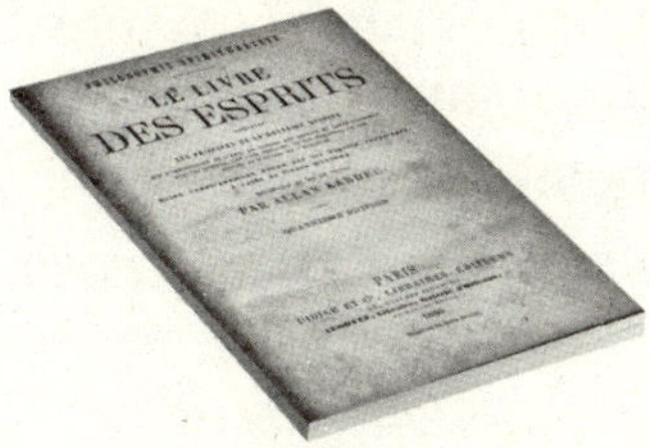

70

Laura se apaixona

A paixão que dominou o coração de Laura poderia ser classificada da seguinte forma:

• quanto à causa: o conjunto de ideias codificadas por Allan Kardec, que está resumido em *O Livro dos Espíritos*, e que pode ser denominado Doutrina Espírita;

• quanto à duração: longa;

• quanto à profundidade: muito profunda.

A busca da verdade por quase 20 anos foi aguçando o desejo de resolver o cerne das questões morais, filosóficas, espirituais e mesmo fenomênicas, como, por exemplo, as estranhas curas produzidas pela simples imposição das mãos. Quando Laura finalmente encontrou o que buscara há tantos anos, busca entremeada de avanços e retrocessos, certezas tênues e dúvidas fragorosas, foi um embevecimento que nada tinha de infantil ou de "fogo de palha". Era um encantamento amadurecido, numa mulher que estava próxima de completar 60 anos, descrente das futilidades da vida, que experimentara a pobreza e a riqueza, a simplicidade da vida no campo e o fausto da alta sociedade sevilhana, tendo passado por dois casamentos e quatro filhos, reconhecendo erros clamorosos e também vivência de acertos incontestes.

Laura era culta e prática: culta devido aos livros, prática pelo convívio, por muitos anos, com a arte de comprar e vender.

Na nova paixão, o seu raciocínio se encontrava por inteiro e se reconciliava na busca de Deus e do bem; a sua prática via na vivência e propagação das novas ideias um mundo de problemas a resolver e trabalho a realizar.

Duas perguntas constantes de *O Livro dos Espíritos* definiam os dois eixos dos pensamentos que dominavam Laura:

O eixo intelectual podia ser visualizado na pergunta:

919. Qual o meio prático mais eficaz para se melhorar nesta vida e resistir ao arrastamento do mal?

R — Um sábio da antiguidade vos disse: "conhece-te a ti mesmo".

Revisar-se, recapitular os diversos lances de sua vida, observar-se para identificar-se, diariamente pesar suas ações, pensamentos e gestos, identificando virtudes e vícios, forças e fraquezas. Adentrar no mundo interior, cheia de coragem, com disposição para enfrentar os problemas e achar os tesouros que se encontram dentro de nós mesmos.

Na dimensão moral a pergunta era esta:

625. Qual o tipo mais perfeito que Deus ofereceu ao homem para servir-lhe de guia e modelo?

R — Vede Jesus.

Jesus é para o homem o tipo da perfeição moral a que pode aspirar a humanidade na Terra. Deus no-lo oferece como o mais perfeito modelo, e a doutrina que ele ensinou é a mais pura expressão da lei de Deus, porque ele estava animado do espírito divino e foi o ser mais puro que já apareceu sobre a Terra.

Se alguns dos que pretenderam instruir os homens na lei de Deus, os desviaram para falsos princípios, foi por se terem deixado dominar por sentimentos demasiado terrenos, e por terem confundido as leis que regem as condições da vida da alma, com as que regem a vida do corpo. Muitos deles apresentaram como leis divinas o que não era mais que leis humanas, instituídas para servir às paixões e dominar os homens.

Laura passava a ver Jesus com outros olhos, não mais um mártir, mas o emblema da perfeição a expressar-se em doação, auxílio, humildade, numa palavra: amor. Mas um amor grande, imenso, que abarcava Deus e a humanidade toda. Viver esse amor infinito de possibilidades era a chave da felicidade.

*

Ela não tinha a insegurança própria dos que apenas apregoam, mas no íntimo descreem; tinha convicção e sabia que aquelas ideias triunfariam a despeito dos obstáculos que teriam de enfrentar.

E assim, Laura entregou-se à nova e duradoura paixão com toda a sua alma, com todo o seu entendimento e com todo o seu coração.

Classificação das paixões

Há inúmeras espécies de paixões:

Paixões, quanto ao objeto:

- paixão por uma pessoa;
- por um animal;
- por um imóvel;
- por uma ideia.

Paixões quanto à duração:

• Efêmeras: é comum na adolescência estarmos perdidamente apaixonados por Maria ou por João, com confissões entremeadas de "amor eterno", e no dia seguinte mudar o foco e já o "amor eterno" ser dedicado a Pedro ou Helena.

• Duradouras: paixões que duram uma vida inteira e, às vezes, se espraiam por várias vidas. A paixão de Pablo pelas artes plásticas já dura há várias vidas e tudo leva a crer que continuará por mais algumas.

Paixões quanto à profundidade:

• Superficiais: ficam apenas na aparência, não têm raízes, não afetam a pessoa; se o apaixonado for falante poderemos dizer que são paixões da "boca para fora", não sujeitam a alma a grandes gestos.

• Profundas: enraizadas na alma, levam o indivíduo a atos extremos, como, por exemplo, dar a própria vida por um sentimento que o domine.

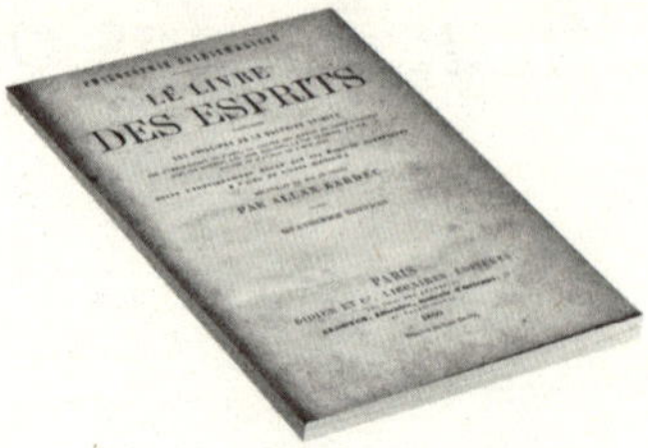

71

Laura experimenta - II

Seguindo recomendações do próprio Allan Kardec, Laura decide experimentar a psicografia, ou seja, a escrita mediúnica. A psicografia é uma faculdade muito comum, e ela, cujas mãos que eram intermediárias dos Espíritos nos fenômenos de cura, transmitindo energias curativas, não poderiam ser também instrumentos para que transmitissem suas ideias por meio da palavra escrita? Apenas a experiência poderia dar resposta cabal a essa pergunta.

Laura passou a fazer esses experimentos nas noites de quinta-feira, de maneira muito simples: às 20 horas em ponto orava por alguns minutos e depois sentava-se à mesinha que dispunha no seu quarto de hotel, com um lápis na mão, apoiado numa folha de papel, colocava-se à disposição dos Espíritos. Após trinta minutos dava por encerrado o exercício, fazendo uma prece de agradecimento.

Na primeira quinta-feira, os resultados foram tímidos: a única coisa que sentiu foram leves e estranhas sensações na mão. Sua mão ficou levemente dormente e em certa ocasião deu-lhe a impressão que crescia. Essas sensações poderiam ser efeito de influências espirituais ou simplesmente consequência de ter a mão imobilizada por largo tempo, o que poderia levar a problemas de circulação e consequente dormência e sensação de inchaço.

Na segunda quinta-feira, os resultados foram mais animadores: impulsionada por uma força estranha, sua mão traçou diversos rabiscos, traços aleatórios no papel, e no fim uma simples palavra que a comoveu: "Pablo". Embora não fosse nada conclusivo, sentiu a presença do pai, e uma saudade imensa a invadiu.

Refletiu que aquele homem simples e trabalhador que lhe ensinara tanta coisa, com penosos sacrifícios, não a esquecera e, passados tantos anos, ali estava novamente, ajudando-a a aprender a comunicar-se com os Espíritos.

Na terceira quinta-feira, com grande emoção, cobrindo o papel com lágrimas abundantes, escreveu o seguinte:

Minha filha,

Eu e sua mãe estamos unidos e continuamos a amá-la.

Os materiais aqui são diferentes e ensejam grandes possibilidades de expressão artística. Não pinto quadros para Nosso Senhor, mas com a graça de Deus tenho muito trabalho no campo das artes.

Você encontrou o caminho, siga-o; estaremos ao seu lado.

Javier está bem; Pedro recupera-se lentamente.

Leve o nosso amor aos nossos netos e nossa amizade a Diego.

Pablo.

Laura levava seus exercícios ditados por outros Espíritos, como Maria e Vicente, seu protetor, até às reuniões da Sociedade Espírita de Paris, onde eram analisados pelos companheiros de crença e por outros médiuns, que apontavam interferências, e trechos de inquestionável fidelidade, além dos pontos positivos e negativos que ia aperfeiçoando.

Sentia-se novamente inteira. A sensação de morrer um pouco, com a perda de cada ente querido, desaparecera, e foi substituída por uma nova sensação que Laura denominou: "o prazer do reverdecimento da alma".

Além dessa incursão na psicografia, Laura encontrou preciosos esclarecimentos quanto ao dom de curar n'*O Livro dos Espíritos*, em que aprendeu que os Espíritos auxiliam nessa atividade, quando apoiada na pureza de sentimentos e no desejo de fazer o bem.

Embora na posição de ouvinte, Laura, em virtude de seus conhecimentos e dons magnéticos, era convidada a apoiar os médiuns por meio de seus "passes", o que muito a gratificava.

Alguns médiuns videntes afirmaram que nessa atividade Laura era auxiliada por um médico, Vicente, que dizia ter vivido na Espanha no século XVII, e que fora ele o responsável pelo encontro dela com Mesmer, por meio do livreiro Aguiar; que sempre a acompanhava nas atividades curativas e que procurava protegê-la e orientá-la.

Nas reuniões, Laura pôde observar inúmeras comunicações, dos mais variados Espíritos: sábios e ignorantes, uns que haviam praticado o bem e outros que haviam sido perversos; nomes que todos conheciam e outros absolutamente anônimos. Nelas tinha um quadro realista da humanidade desencarnada, que não é senão a mesma sociedade terrestre, com seus erros e acertos, virtudes e vícios, vivendo, porém, no "mundo da verdade", onde o poder de cada um é proporcional ao adiantamento moral.

Nessas novas experiências, Laura não seguia sem rumo, mas com mapa, bússola e companheiros dedicados.

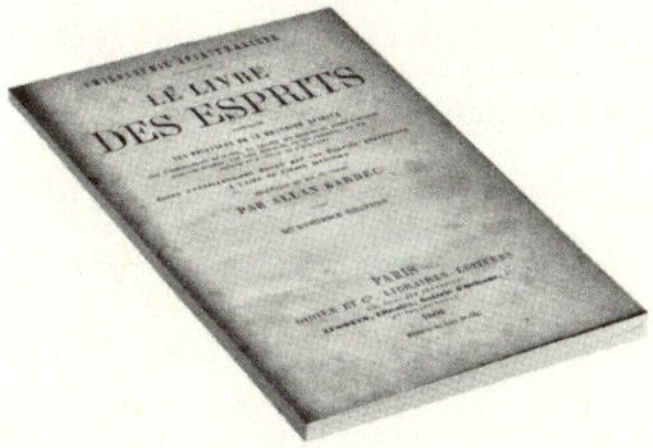

72

Despedindo-se de uma nova família

O verão chegava ao fim e Laura tinha que voltar: filhos, netos, negócios a aguardavam, todavia estava em dúvida.

Na última quinta-feira de agosto, solitária no seu quarto no Hotel De Ville, sentou-se à pequena escrivaninha, e como de hábito às 20 horas, iniciou seu exercício de psicografia.

Sentiu a presença de seus familiares, sua mão ficou dormente e passou a escrever o seguinte, enquanto grossas lágrimas desciam pelo seu rosto:

Minha filha,

A tarefa aí está, imensa e diversificada, aguardando-te, bem como a todos aqueles que cônscios de suas limitações querem servir a Deus.

O "ide e pregai" de Jesus ressoa, mais uma vez, no chamado à propagação da verdade nova que restaura e amplia os ensinos do Cristo. Não é Ele pessoalmente que te conclama, mas os seus enviados que te inspirarão nas novas atividades.

Volte à Espanha, reúna companheiros dedicados que possam auxiliar-te na divulgação das verdades reveladas pelos Espíritos.

Tu deves agir com toda a segurança, valendo-te do método socrático, não tanto persuadir, mais que isso ensinar, e não tanto ensinar como, principalmente, fazer com que aflorem à consciência conhecimentos que jazem adormecidos no fundo da alma.

Não busques contagiar pelo fenômeno: o que impressiona os olhos passa rápido, lembra o ensino de Jesus, "bem-aventurado aquele que não viu mas acreditou". Fala, portanto, ao coração humano, toca na busca da felicidade e oferece soluções aos problemas morais. O fenômeno é importante, não em si mesmo, mas sim pelas suas consequências.

Um morto fala, eis o fenômeno que impressiona. A morte não é o fim, a vida continua plena de oportunidades, eis a consequência que fica, enchendo a alma de esperança, dando novo alento à busca do melhor.

As dificuldades serão muitas, será um caminho cheio das pedras da indiferença, ladeado pelo espinheiro da incompreensão daqueles que não querem que nada mude, para que não precisem mudar também. Os primeiros, tentando desanimá-la pela sua imobilidade, os segundos, feri-la, distorcendo suas palavras e, procurando pelo sofrimento que lhe trazem, frear a sua marcha.

Para enfrentá-los, o primeiro requisito é a calma; cultiva a tranquilidade, esforçando-te em seguir os conselhos dos Espíritos bons e principalmente de tua consciência, mantendo o pensamento firme nos objetivos que almejas. O segundo é tratar a todos com doçura, mansidão e tolerância, que a doçura atrai, enquanto a rispidez e a severidade afastam.

Seus maiores inimigos não estão fora de você, mas dentro, e são o egoísmo, o orgulho e a vaidade. Procura extirpá-los do teu coração; não recue perante as humilhações que são um excelente antídoto para o orgulho e a vaidade, e atende aos que lhe pedirem, que a doação é mãe do desprendimento e onde há desprendimento não há egoísmo.

Naqueles, cujas mãos estão calejadas pelo trabalho e os corações enternecidos e purificados pelas humilhações, dificuldades e sofrimentos é que tu encontrarás os ouvidos mais atentos e as mãos que colaboram com mais dedicação na tarefa a fazer.

Começa por semear no Solar, entre os familiares e trabalhadores, que aquele que busca a servir a Jesus não distingue os homens pelas suas posses ou condições de nascimento.

Ali, tu aprenderás, num ambiente amigo, a trabalhar pelo Senhor, plantando uma primeira árvore. Quando tu sentires que a nova árvore deitou raízes, entrega-a a pessoas de confiança e, sem se desligar de todo, vais para Sevilha.

Em Sevilha ocorreu a tua queda moral mais expressiva, em Sevilha estão teus maiores investimentos e teu estabelecimento comercial mais lucrativo.

Que em Sevilha tu mostres a Deus o teu reerguimento moral, que em Sevilha também tu organizes uma instituição exemplar de auxílio ao corpo e à alma que permita a ti fazer os mais expressivos investimentos na vida futura, auxiliando aos necessitados.

Invista em atividades que gerem empregos, que o trabalho remunerado é cem vezes melhor que a esmola. Guarda, todavia, parcela importante para o auxílio direto, que muitos não têm condições do trabalho remunerado. Olha com especial ternura as mães, as crianças, os velhos e os doentes. Dá roupa aos que têm frio e alimento aos que têm fome. Não se esqueça, todavia, do agasalho da esperança e do pão da fé.

Que importa se tu morreres pobre perante os homens, como nasceste, aliás, mas fores embora rica perante Deus.

Envolva seus familiares nesse trabalho; incentivá-los à prática da caridade é o melhor tesouro que poderás acumular.

Não te intimides perante a prisão ou o bordel, estende a eles a tua fraternidade cristã, que também são teus irmãos e dignos do teu auxílio e do teu amor.

Siga teu caminho, minha filha, lembra-te dos trabalhadores de última hora, a tua encarnação se aproxima do fim, caminha enquanto há luz, aproveite os anos que te restam e resgate teus débitos para com Deus.

Vicente

*

Laura leu e releu várias vezes o papel escrito a lápis e concluiu que não havia dúvida: chegara a hora da partida.

No esforço sincero de conhecer-se, reconhecia que sua elaborada formação intelectual enriquecida e aprofundada pela Doutrina Espírita era o seu patrimônio maior. Colocá-lo a serviço de todos, principalmente dos mais carentes de instrução, divulgando e ensinando aquelas ideias que vinham revivescer o cristianismo, era a sua maior contribuição.

Seus filhos estavam crescidos e bem economicamente. Podia dispor amplamente do seu dinheiro na caridade material, mas seria principalmente pela educação, pelo ensino que conseguiria oferecer uma nova perspectiva aos seus irmãos em humanidade, auxiliando-os a descobrir o sentido de suas vidas, levantando o véu sobre os problemas da morte, do destino, da dor e oferecendo a chave da felicidade.

A Espanha, eivada de preconceitos e de misérias, mas também povoada por homens e mulheres que valorizavam as coisas do coração, seria o seu campo de luta.

Arregimentaria colaboradores em todas as classes sociais, mas se dedicaria principalmente à classe trabalhadora, tantas vezes sofrida e humilhada, mas por isso mesmo preparada e disposta a uma revolução.

Revolução que se faria não com mortes, mas vencendo a morte, mostrando que os túmulos estão vazios, visto que todos vivem após a perda de um corpo passageiro.

Revolução da Educação, onde a fé e a razão se olham face a face e caminham de mãos dadas, na construção de um mundo renovado.

Revolução da Justiça, em que se compreende a perfeita justiça de Deus, nas vidas sucessivas regidas por precisas leis de causa e efeito, retificando os desvios da pobre justiça humana.

Revolução do Amor, firmado na virtude, na honra do perdão e na sublimidade da misericórdia.

Com isso no coração, partiu para a sua luta, com seus cabelos brancos, com seus olhos verdes, que adquiriram um novo e meigo brilho, aliado ao fulgor de uma inteligência que se focava no bem. Nos traços do seu rosto não se encontravam mais sinais de arrogância e as suas palavras e gestos agora refletiam a humildade de quem encontrou o que queria.

Do ponto de vista material iria sozinha começar algo novo, sobraçando o livro que modificara sua vida. Do ponto de vista espiritual, uma equipe de benfeitores espirituais a acompanhava, atraídos pela sua sinceridade.

Não ignorava que iria enfrentar todo o tipo de obstáculo que a ignorância humana é capaz de criar, mas ia com fé e esperança, sabendo que a força das leis maiores estava com ela.

E com esse estado de espírito, Laura deixou a França para se engajar na batalha espiritual pela Espanha.

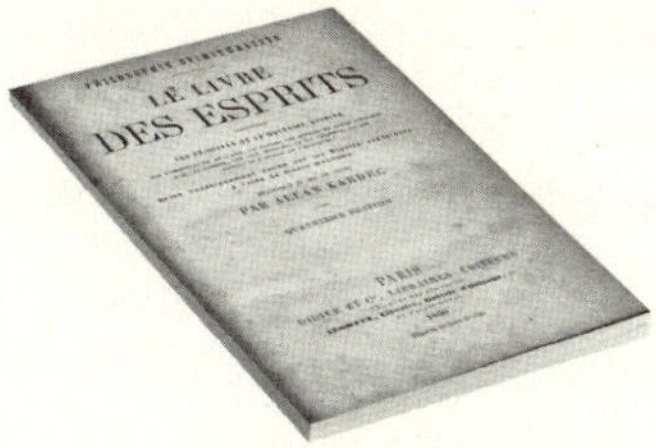

73

A volta por cima - III

De volta à Espanha, Laura dirigiu-se de imediato ao Solar. Solicitou uma reunião de família e manteve um certo suspense sobre o assunto.

Eram 20 horas.

Afonso à cabeceira da mesa, tendo ao lado Marta, sua esposa; Diego na sua cadeira de rodas; Carmensita e o marido, que residiam no Solar; Juan Carlos, o filho caçula de Isabel, e braço direito de Afonso e frei Manoel, especialmente convidado.

Laura começou a falar:

— Fiz importante descoberta em Paris: a morte não existe – e dirigindo-se a cada um dos presentes:

— Maria, sua esposa, dirigindo-se a Diego; Javier seu pai, olhando para Afonso; Isabel e Antero seus pais, fazendo um gesto para Juan Carlos; Pablo, o avô de sua infância, pondo o braço em Carmensita...

Laura fez uma pausa, e sorrindo contendo a emoção, completou:

— ... estão todos vivos, bem e mandam notícias.

E relatou por quase uma hora as suas experiências e acontecimentos em Paris.

Ao concluir leu as comunicações que havia recebido.

Todos ficaram emocionados.

Diego disse, com os olhos vermelhos:

— Abençoada Laura, suas mãos que tantas vezes aliviaram minhas dores, hoje escrevem as cartas dos que partiram. Você está tirando do meu coração os punhais que lá estavam por tantos anos.

Frei Manoel perguntou:

— E os santos e mártires também se manifestam?

Laura respondeu com entusiasmo:

— João Evangelista, Agostinho, Vicente de Paulo, São Luiz, Fénelon estão à frente do movimento. Jesus é proclamado como sublime modelo. É o cristianismo primitivo revivendo.

— E o que você pretende com relação a isso tudo, mãe? – perguntou Afonso.

— Inicialmente organizarmos reuniões semelhantes às de que participei em Paris.

— Creio que deveremos fazê-las na capela da Virgem Santíssima para preservarmos a privacidade da família e não incomodar as crianças – opinou frei Manoel.

E a conversa prosseguiu animada até às 23 horas.

*

Inicialmente era uma reunião por semana, frequentada apenas pela família, onde havia uma parte de estudos, conduzida por Laura que preparava uma pequena palestra, seguida de exercícios mediúnicos onde ela recebia mensagens por meio da psicografia.

Num segundo momento começaram a participar alguns moradores da fazenda, convidados por frei Manoel. A esposa de um desses moradores, Ester, apresentou o dom mediúnico da vidência, enriquecendo sobremaneira as reuniões.

Com o aumento da frequência, Laura abriu mais uma reunião, sob a orientação de Vicente, seu Espírito protetor, destinada exclusivamente às curas.

Surgiram os primeiros casos de obsessão e outras perturbações espirituais e as reuniões foram se multiplicando e o Grupo Espírita Estudo e Caridade foi se ampliando e ganhando força.

Maria em Espírito frequentemente comparecia, enviando suas mensagens a Diego e a outros familiares.

*

O estado de saúde de Diego era cada vez pior. Além da gota, adquirira um reumatismo deformante que lhe trazia muitas dores e desconforto; já não caminhava mais, locomovendo-se exclusivamente por meio da cadeira de rodas. Na festa de seus oitenta e quatro anos, não pôde sequer sair do quarto.

Embora esse desconforto, Diego leu atentamente *O Livro dos Espíritos* e encontrou as explicações para os muitos fenômenos espíritas que presenciara na sua longa existência.

A sua ligação com o Espírito de Maria adquiriu clareza para ele.

A morte trágica da esposa e dos filhos finalmente foi explicada nas equações da justiça divina a manifestar-se nas vidas sucessivas.

A certeza de um reencontro próximo com a esposa e os filhos trouxe-lhe grande consolação, em meio às dores físicas que sofria, com a costumeira resignação.

As suas conversas com a esposa falecida passaram a ser plenamente compreendidas, a identificação da sua presença mais clara.

Embora sem poder participar diretamente, Diego acompanhava o movimento espírita que se formava no Solar com interesse.

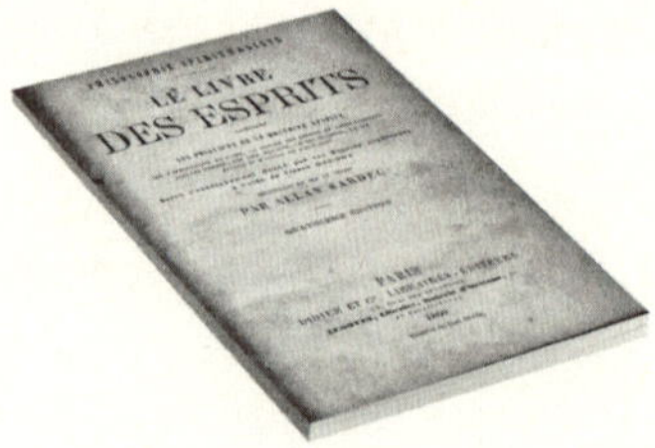

74

Amor e saudade

Há cerca de seis meses da volta de Laura da França, Diego, deitado na sua cama, olha as estrelas pela janela aberta. A lua nova é pouco mais que uma pequena faixa num canto do céu. Meia-noite, noite bonita, noite estrelada.

Brancos como a luz da lua, os cabelos, os bigodes e a barba emolduram sua face enrugada. Os olhos negros deixavam clara a lucidez de sua mente, apesar da idade.

Dores várias passeiam pelo seu corpo, doem os pés pela gota, dói o braço quebrado há tantos anos, dói o peito, o velho coração dá sinais de grande cansaço.

Os pensamentos, no entanto, fluem do seu cérebro como a água pura, derramada de um copo de cristal num dia de sol.

Vendo tantas estrelas no céu, pela janela aberta, pensa nas estrelas que haviam iluminado sua vida e que haviam partido e desfilavam imagens no seu pensamento: o avô à testa da fazenda tomando decisões; Maria tão bonita na viagem de núpcias para a Itália dançando à noite, ao lado do bom e fiel Carlos com sua Dolores; sua mãe, Mercedes, com sua meiguice; Javier correndo pela casa em suas brincadeiras e brigas com Isabel e terminando por sentar nos seus joelhos; Pablo trabalhando na sua prancheta e conduzindo os operários; empregados da fazenda que há muito haviam partido. Rememora as tragédias que puseram termo às encarnações da esposa e dos filhos.

Depois de relembrar esses acontecimentos que animaram sua vida, decide repousar o pensamento em Maria; há mais de 50 anos ela partiu, mas está tão viva e tão presente em sua lembrança como estivera sempre em sua vida.

O Solar está silencioso.

Repentinamente ouve no meio do silêncio uma risada cristalina, pura, alegre, como uma rosa abrindo-se num dia ensolarado de primavera.

Arregala os olhos para poder ver alguma coisa, ali no quarto, iluminado frouxamente pela luz que vinha do céu. Um vulto, inicialmente tênue e imerso em névoa, vai se condensando dentro de uma nuvem de luz.

Surpreso vê Maria, a esposa querida. O rosto sorridente, numa alegria que ela não consegue conter, e que explode novamente numa gargalhada sonora.

Bonita, jovem, ricamente vestida, Maria não está só: no seu colo reconhece Isabel embora com o rosto renovado e sem o defeito nas pernas, pela mão tem Javier, crianças[21] ainda, como quando brincavam no "Palácio de Verão".

Maria beija-o, suavemente, na boca, como é seu hábito, os filhos o abraçam, e ela fala:

— Meu amor, por que essa expressão de espanto? Uma alegria imensa invade meu coração hoje. Após todos estes anos, chegou o dia de nos reunirmos novamente. Viemos buscá-lo para conduzi-lo ao nosso lar, no espaço. A sua longa jornada na Terra chegou ao fim. Você me deu proteção, lar, filhos e quase 60 anos de fidelidade. Com a ajuda de Deus e de nossa Mãe Santíssima, posso agora retribuir algo do muito que recebi: posso dar-lhe proteção, um lar, devolver-lhe nossos filhos, equilibrados e operosos e prometer-lhe igualmente a fidelidade eterna do meu amor. Dê-me a sua mão, abandone esse corpo cansado que tanto lhe serviu.

Diego estende a mão e sente o calor da mão terna e macia de Maria pegando a sua mão, vai se elevando no ar e experimentando uma enorme leveza, as dores desapareceram. Maria prossegue:

— Vamos agora nos ajoelhar e orar, pois é tradição em nossa família morrer fazendo uma prece à Mãe de Jesus. Acompanhe-me com seu pensamento.

---

[21] Os Espíritos, por ação da vontade, ou sob uma emoção muito forte podem dar ao seu perispírito forma diferente da que habitualmente usam. A grande emoção da reunião da família, fez com que se sentissem novamente crianças, e sua forma retomou o aspecto que tinham quando a família estava completa na Terra. Embora a mudança de forma, conservaram o patrimônio intelectual e de maturidade que possuíam.

Os quatro se ajoelham, no quarto amplo, que naquele momento parece muito maior, e Maria faz a seguinte prece:

Maria Santíssima, Mãe de Jesus, mãe de todos nós, que na Terra abençoada reconstruímos nossos Espíritos.

Nós vos agradecemos as dores e as alegrias, a saúde e a doença, facilidades e dificuldades que nos aproximaram de Deus e do bem.

Ajuda-nos, Senhora Santa, a repartir esse nosso pequeno entendimento da vontade de Deus com nossos irmãos que se desencaminham da verdade e do amor.

Diante do criminoso tenhamos misericórdia.

Diante do ignorante, compreensão.

Diante do desesperado, esperança.

Diante do revoltado, bom ânimo e paciência.

Diante do necessitado, auxílio.

Diante do orgulhoso, humildade.

Diante do vaidoso, modéstia.

Diante do descrente, fé.

Que nossos atos afirmem sempre o bem e a verdade, que são a vontade de Deus.

Que saibamos valorizar a vida em suas infinitas oportunidades e enc*ontrar a felicidade pelo amor.*

Pelos que ficam aqui na Terra, não pedimos apenas as facilidades e o bem-estar, suplicamos, sobretudo, a paz da consciência e o trabalho, a resignação e a coragem, para que possam ser dignos da felicidade que eles próprios fizeram por merecer.

Abençoa, Senhora Santa, esta casa, esta fazenda, a Espanha e a todos os países do mundo com o seu amor.

Enquanto Maria ora, raios de luz descem do céu e iluminam todo o quarto.

Após a prece, todos abraçam Diego novamente, que está muito comovido, com o contraste de uma expressão alegre num rosto banhado de lágrimas. Os filhos fazem questão de beijar as suas mãos. Numa dada altura Maria diz:

— Agora, meu amor, você vai dormir um pouco para podermos completar o seu desligamento do corpo. Quando despertar, já estará na nossa nova casa, onde irá rever muitos amigos que estão na pátria espiritual.

— Antes de dormir, Maria, quero me despedir de uma velha senhora, minha segunda mãe, a quem muito devo – disse Diego.

Maria entendeu seu pensamento, e se dirigem ao jardim do Solar, onde Diego novamente se ajoelha e beijando o solo, diz objetivamente:

— À Espanha, que por 84 anos me sustentou, o testemunho de minha gratidão e do meu amor.

A seguir levanta-se, já meio sonolento. Maria o abraça e ele dorme nos seus braços, como uma criança.

Os quatro volitam, abraçados, pela noite estrelada de volta ao lar.

*

No outro dia bem cedo, Laura foi até o quarto do sogro. A princípio julgou que dormia, depois percebeu que as cobertas estavam imóveis. Aproximou-se para ver melhor, quase encostou o ouvido na boca de Diego para ouvir sua respiração. Apenas o silêncio. Chamou-o por duas vezes:

— Dom Diego, Dom Diego, acorde!

Entendeu então que estava morto. Silenciosa fez uma prece, após o que estendeu suas mãos sobre o cadáver para auxiliar num eventual desligamento que não se houvesse completado. A seguir foi procurar Afonso para comunicar a morte do avô.

Diego foi sepultado na capela da Virgem Santíssima, ao lado de Maria e dos filhos.

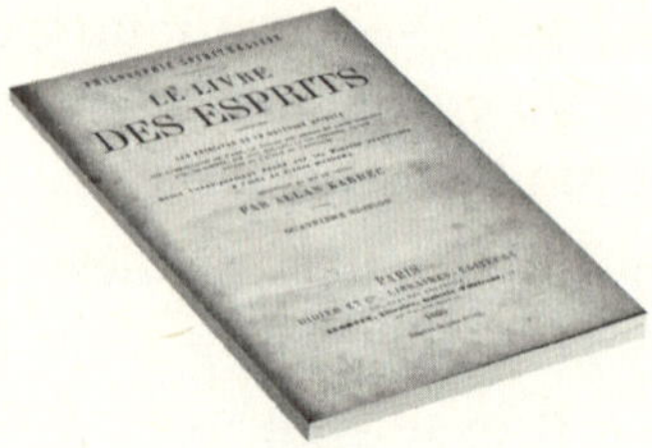

75

A vida continua - II

Afonso não foi feliz em formar um sucessor. Morrendo aos 55 anos, a fazenda foi vendida e depois desmembrada em propriedades menores.

Com o tempo, a capela, já em ruínas, foi demolida, mas até as primeiras décadas do século XX, se ouviam na região as histórias, que com o correr dos anos a imaginação popular foi enriquecendo de lendas, de Dom Diego Rodrigues, o criador de cavalos andaluzes e de sua bondosa mulher, Maria, que amava os filhos dos pobres e mesmo depois de morta vinha ajudá-los.

*

Laura, tendo consolidado o Grupo Espírita Estudo e Caridade no Solar, passou a concentrar seu trabalho em Sevilha.

Lá, considerou que o principal meio de divulgação seria a palavra impressa; lembrou-se de Aguiar que ainda vivia na Argentina, trocaram cartas, e conseguiu trazê-lo para a Espanha onde fez uma considerável divulgação da doutrina, traduzindo e espalhando obras espíritas em espanhol.

Sofreu muitas perseguições pelo governo e principalmente pela Igreja, assistiu ao auto de fé de Barcelona e trabalhou com afinco até os 73 anos quando encerrou sua vida carnal.

Conheceu a salvação, pois, perante a justiça divina, os créditos superavam os débitos de sua encarnação.

*

Frei Manoel sofreu um processo de excomunhão pela Igreja, processo que não se consumou, pois morreu antes, cercado pelas suas crianças e inúmeros amigos.

*

Natal de 1876.

Um grande templo se destaca num imenso jardim, numa região do mundo espiritual, ligada à Espanha.

O templo é circular. No centro uma torre que termina numa agulha altíssima a perder-se no céu estrelado; grandes porções do teto são transparentes, permitindo ver as estrelas do céu e a lua que derrama sua claridade.

Não há imagens, nem esculturas.

Cerca de 400 Espíritos estão reunidos; constituem uma família espiritual.

Alguns que estão enfermos são tratados com grande carinho, entre eles encontram-se Pedro Armendariz e seu ex-comparsa, Ortiz; ambos se apresentam cegos no mundo espiritual. Rosa ampara Pedro com uma ternura quase maternal.

Outros manifestam um semblante pacífico. Há também os que brilham como se tivessem uma lâmpada de dulcíssima claridade dentro do peito; fios luminosos envolvem alguns, atestando que são encarnados, desligados do corpo físico e trazidos à reunião; embora essas diferenças, um clima de grande simpatia e intimidade permeia todo o ambiente.

Num dos ângulos do enorme salão um grupo de familiares se organizou num coral e cantam canções natalinas desconhecidas na Terra.

Essa reunião ocorre todos os anos, já há mais de 300 anos.

Em outro ângulo do templo estão reunidos os chefes da família: são 12 masculinos e 12 femininos: diferenciam-se dos demais por serem todos muito luminosos.

Laços carnais desfeitos, visto que seus corpos ao longo das vidas sucessivas desfizeram-se em pó, o que os une são as afinidades resultantes de vidas e experiências vividas em comum; atos de amor doados e recebidos; feridas abertas por desencontros e ódios, mas cicatrizadas pelo perdão; problemas em comum e que exigem união de esforços para serem resolvidos; compromissos de auxílio mútuo; enfim, um grupo enriquecido pela diversidade, unido pela afinidade, com um objetivo comum: crescer em sabedoria e amor e aproximar-se de Deus.

Diego, Maria, Javier, Laura, Isabel, Antero, Afonso e vários netos de Diego; Pablo, Cecília e familiares; frei Manoel, ex-professores da Escola Afonso Rodrigues, capatazes, simples cavalariços do Solar dos Rodrigues; Pedro, Rosa, "tio" José, filhos e netos; Carlos, Dolores e familiares; o "livreiro" Aguiar e seus familiares; Juan Carlos, "capitão do Brigue Constelación"; a maioria dos personagens, apresentada neste romance, está ali reunida, havendo também muitos outros que não foram citados no romance, porque na época estavam desencarnados ou realizando suas provas e tarefas em outros cenários.

Despidos das posições que ocuparam na Terra, as conquistas de cada um apresentam-se na sua realidade: por exemplo, uma das seis chefes que lideram a família é Violeta, que na sua última encarnação foi a humilde esposa de um cavalariço, mas que exerce posição de destaque na condução dos destinos do grupo.

A presença de cada um fortalece os demais: olhando do ponto de vista espiritual vemos inúmeros fios luminosos se entrelaçando, por exemplo: diversos fios luminosos passam pelo peito de Diego: um unindo-o a Maria, Javier e Isabel; outro ligando-o a Antero, Pablo, aos músicos Meliton e Esmeralda; um terceiro associando-o a Carlos, Dolores e Mercedes etc.; cada um desses fios dá um tipo de alegria e uma espécie de energia interior a Diego, alimentando-o e fortalecendo-o espiritualmente, da mesma forma que alimenta os outros com suas próprias riquezas afetivas.

Esse tecido afetivo pode ser comparado ao sistema circulatório de um organismo, direcionando para cada um as energias de que necessita. É também um círculo virtuoso, no sentido em que o todo fortalece a parte, a parte fortalecida provê mais energia ao todo, e assim sucessivamente, num crescendo que multiplica as condições espirituais do conjunto.

Num dado momento a música se torna mais vibrante, os 12 Espíritos luminosos se levantam e oram, todos da família espiritual os acompanham.

No alto se forma um quadro com o retrato de Maria, jovem como quando deu à luz ao menino Jesus. O quadro é belíssimo, a maioria se comove e lágrimas descem pelos olhos.

Num pequeno pedestal, de dois palmos de altura, abaixo do quadro, uma nuvem se condensa e um ancião torna-se visível: Bartolomeu.

Sua voz é suave e amorosa:

— Irmãos! Reunidos sob as bênçãos de Maria, nossa mãe e protetora, nesta noite em que a cristandade comemora o nascimento de Jesus, estamos aqui para reforçar e sublimar os laços que nos unem, e estendê-los a toda humanidade num trabalho secular, cumprindo a promessa de Jesus: "um só rebanho, sob um só pastor". Ódios, mágoas e desafetos a serem dissolvidos em lágrimas, arrependimento e perdão; amor a ser tecido em fidelidade, compreensão, respeito, renúncia, sublimação e devotamento; inimigos a vencer: orgulho, egoísmo, vaidade, preguiça, avareza, apego e sensualidade; amigos a conquistar: como aliados, humildade, compaixão, desprendimento, diligência, sublimação.

E Bartolomeu prosseguiu com suas orientações para o fortalecimento de sua família espiritual.

À medida que falava, o tecido luminoso dos inumeráveis fios que representavam os elos de afeição que uniam todos naquela sala foram ficando cada vez mais luminosos. Do céu também começaram a descer fios de luzes das mais variadas cores, enviados por Espíritos superiores, que amavam aqueles que ali estavam.

Num certo momento, um verdadeiro manto envolvia a todos, e os presentes sentiam um sentimento inefável, unindo e aquecendo-os interiormente.

Nisto surgiu um fio mais luminoso que todos, que enfeixou a parte dianteira do tecido maravilhoso que se afunilava sobre os 12 Espíritos que estavam à frente. Desenhou-se no mesmo tempo um globo retratando o planeta Terra e o fio mais luminoso enlaçou o globo, significando que a Mãe de Jesus também acompanhava aquela reunião e desejava que a afeição não somente envolvesse aquela família mas que se espalhasse por toda a Terra.

Bartolomeu nesse ponto, observou:

— Eis o manto de Maria, que nos compete tecer e fortalecer, e ofertar à Mãe Santíssima o tecido da afeição pura, do amor incondicional, trabalhando com afinco no grande tear da vida, trabalho de cada dia a estender-se pelos séculos.

Após breve prece de encerramento de suas palavras, Bartolomeu desceu do pequeno pedestal e abraçou cada um dos presentes; seguindo seu exemplo, todos se abraçaram.

Fim

Anexos

O Espiritismo na Espanha

Colecionamos neste anexo, algumas informações esparsas sobre o Espiritismo na Espanha, na época em que a personagem Laura exercia suas atividades de propagação.

1.1.Auto de Fé[22] de Barcelona

A perseguição aos espíritas na Espanha foi violenta, mesmo no século XX. Mas foi a 9 de outubro de 1861, que aconteceu o fato mais marcante; transcrevemos a seguir o relato recebido por Kardec[23] dos espíritas espanhóis:

"Hoje, nove de outubro de 1861, às dez e meia da manhã, na esplanada da cidade de Barcelona, lugar onde são executados os criminosos condenados ao último suplício, por ordem do bispo desta cidade, foram queimados 300 volumes e brochuras sobre o espiritismo, a saber:

A *Revista Espírita*, diretor Allan Kardec;

A revista espiritualista, diretor Piérard;

O Livro dos Espíritos, por Allan Kardec;

O Livro dos Médiuns, pelo mesmo;

Que é o Espiritismo, pelo mesmo;

Fragmentos de sonata ditada pelo Espírito Mozart;

Carta de um católico sobre o Espiritismo, pelo dr. Grand;

A História de Jeanne D'Arc, ditada por ela mesma a srta. Ermance Dufaux;

---

[22] Auto-de-fé, cerimônia em que eram proclamadas e executadas as sentenças do Tribunal de Inquisição.

[23] Conforme artigos publicados na *Revista Espírita* de novembro e dezembro de 1861 e agosto de 1862.

A realidade dos Espíritos demonstrada pela escrita direta, pelo barão de Goldenstubbé.

Assistiram ao auto de fé:

– um sacerdote com os hábitos sacerdotais, com a cruz numa mão e uma tocha na outra;

– um notário encarregado de redigir a ata do auto de fé;

– o secretário do notário;

– um empregado superior da administração das alfândegas;

– três serventes da alfândega, encarregados de alimentar o fogo;

– um agente da alfândega representando o proprietário das obras condenadas pelo bispo;

– uma inumerável multidão enchia as calçadas e cobria a imensa esplanada onde se erguia a fogueira.

Quando o fogo consumiu os 300 volumes ou brochuras espíritas, o sacerdote e seus ajudantes se retiraram, cobertos pelas vaias e maldições de numerosos assistentes que gritavam: "Abaixo a Inquisição".

Várias pessoas, a seguir, aproximaram-se da fogueira e recolheram as suas cinzas.

Os livros haviam sido importados por um livreiro, Lachatre, e a Alfândega ao desembaraçar a mercadoria pediu o parecer do bispo sobre os livros; o bispo os condenou, Lachatre solicitou, então, que a Alfândega os devolvesse ao exportador; esta negou-lhe o pedido, alegando que a autoridade não podia permitir que os livros fossem perverter a moral e a religião de outros países, e os entregou ao bispado, para que promovesse o auto fé. Apesar disso, Lachatre foi constrangido a pagar todos os impostos aduaneiros. Tudo isso executado pelas autoridades espanholas, sem o mínimo amparo legal, com a conivência dos poderes constituídos.

Kardec fez diversos comentários sobre o fato. A seguir, transcrevemos alguns:

"A perseguição sempre foi proveitosa para a ideia que se quer proscrever".

"Podem queimar-se livros, mas não se queimam ideias".

"A despeito do que tenham feito, o Espiritismo já tem numerosas raízes na Espanha, as cinzas da fogueira vão fazê-las frutificar".

"Espíritas de todos os países! Não esqueçais a data de 9 de outubro de 1861. Será marcada nos fastos do espiritismo. Que ela seja para vós um dia de festa, e não de luto, porque é o penhor de vosso próximo triunfo!"

Laura assistiu ao auto de fé e recolheu algumas cinzas como lembrança.

Havia importado muitos livros da França, por meio da casa comercial de Sevilha, onde vinham misturados a uma série de mercadorias e por isso passavam despercebidos.

Todavia, a livraria que montara em Sevilha com o auxílio de Aguiar passou a sofrer rudes ameaças e ela preferiu distribuir os livros gratuita e discretamente, não mais os expondo ao público.

A 9 de agosto de 1862, dez meses depois, o bispo de Barcelona morria. Compareceu como Espírito à Sociedade Espírita de Paris e entre outras coisas disse:

"Orai por mim. Orai, porque é agradável a Deus a prece que lhe é dirigida pelo perseguido em favor do perseguidor".

E assinou a mensagem desta forma:

"Aquele que foi bispo e que não passa de um penitente".

Não tenhamos ilusão, os títulos e pompas terrestres são deixados à beira da sepultura, e compareceremos perante Deus tais quais somos.

Kardec fez a seguinte recomendação, quanto ao pedido do bispo:

"Espíritas, perdoemos-lhe o mal que nos quis fazer, como quereríamos que nossas ofensas fossem perdoadas e roguemos por ele no aniversário do auto de fé a 9 de outubro de 1861."

1.2 Espiritismo em Cádiz

Em artigos publicados na *Revista Espírita* em abril de 1868, Kardec publicou interessante artigo sobre o Espiritismo em Cádiz; eis alguns trechos:

"Por diversas vezes temos tido ocasião de dizer que o Espiritismo conta com numerosos adeptos na Espanha, o que prova que a compressão das ideias não as impede de se produzir. Desde muito tempo sabíamos que Cádiz era a sede de um importante centro espírita. Um dos membros dessa sociedade, tendo vindo a Paris o ano passado, deu-nos a respeito, detalhes circunstanciados de alto interesse, e que depois nos lembrou em sua correspondência. Só a abundância de matéria nos impediu de os publicar mais cedo".

"Os espíritas de Cádiz reivindicam para a sua cidade a honra de ter sido uma das primeiras, senão a primeira na Europa a possuir uma reunião espírita constituída, e recebendo comunicações regulares dos Espíritos, pela escrita e pela tipologia[24], sobre temas de moral e de filosofia. Tal pretensão é com efeito justificada pela publicação de um livro em 1854".

Kardec nesse artigo publica trechos de uma carta recebida dos espíritas de Cádiz; vejamos alguns:

"Reunimo-nos cinco vezes por semana. O Espírito presidente de nossa sociedade chama-se Pastoret. Temos em Dona J. uma excelente médium vidente e falante..."

"Cada noite a sessão é aberta pela presença do Espírito do doutor Gardoqui, que conhecemos e que, em vida, exercia a medicina em Cádiz. Depois de dar conselhos aos nossos irmãos presentes, vai visitar os doentes que lhe recomendamos; indica os remédios necessários, quase sempre com sucesso."

"Depois da visita do médico, vem o Espírito familiar do círculo, que nos traz outros Espíritos tanto superiores para nos instruir, quanto inferiores para que os ajudemos com os nossos conselhos e o nosso encorajamento. Por indicação dos nossos guias realizamos, periodicamente, missões de caridade em favor dos pobres."

"Além do ridículo, contra o qual vós, franceses, tendes que lutar tanto quanto nós, lutamos contra a intolerância. Contudo, não desanimamos, porque a força da convicção que Deus nos dá é mais poderosa que os obstáculos."

[24] **Tipologia**, maneira de comunicação em que os espíritos produzem sons de batidas; é feita uma convenção, por exemplo: uma batida "A", duas "B" etc., e assim vão se transmitindo as palavras letra a letra e estabelece-se a comunicação.

Terminamos a sessão com a seguinte prece:

“Pai universal! Senhor todo-poderoso! Nós nos dirigimos a ti, porque te reconhecemos como o Deus único e eterno Pai! Não desejamos incorrer no teu desagrado, mas ao contrário avançar a nossa purificação para nos aproximarmos de ti, único bem verdadeiro, suprema felicidade prometida aos que retornam junto a ti.”

“Senhor! Nós te lembramos continuamente os nossos pecados, a fim de que no-los perdoes, após a expiação que merecem. Quanto já devemos à tua grande bondade! Sê misericordioso para conosco.”

“Pai eterno, tu me deste a vida e com a vida a inteligência para te conhecer, um coração para te amar e para amar os meus semelhantes. Minha inteligência crescerá quando eu pensar em ti e quando me elevar a ti.”

“Pai universal de todos os seres, grande arquiteto do Universo, água bendita com que estancamos a sede do amor divino, nem o curso do tempo, nem a diferença das inteligências impedem de te reconhecer, porque teu grande poder e teu grande amor se veem por toda parte.”

“Pai! Recomendamo-nos a tua misericórdia e como prova de nossa sinceridade, nós te ofertamos as nossas vidas, os nossos bens, tudo quanto nos deste. Nada possuímos que não venha de ti; pomos tudo à disposição dos nossos irmãos necessitados, para que aproveitem o fruto de nossa inteligência e do nosso trabalho.”

“Somos teus filhos, Senhor! E solicitamos de tua infinita bondade um raio de luz para nos conduzir no caminho que nos mostraste, até que cheguemos ao complemento de nossa felicidade.”

“Pai nosso que estás nos céus, santificado seja o teu nome; que a tua vontade seja feita na Terra como no céu. Dá-nos, hoje, o nosso pão de cada dia. Perdoa-nos as ofensas como perdoamos aos que nos ofenderam, agora e sempre, até a hora de nossa morte.”

“Nós te dirigimos as nossas preces, pai infinitamente bom, por todos os nossos irmãos que sofrem na Terra e no espaço. Nosso pensamento é para eles e a nossa confiança está em ti.”

Kardec no parágrafo final de seu artigo considera:

“Que os nossos irmãos em Cádiz recebam por nosso intermédio as sinceras felicitações de seus irmãos de todos os países”.

Laura conheceu os espíritas de Cádiz? Provavelmente, pois Cádiz pertencia à Andaluzia, e era caminho quase obrigatório para a França.

Mas o motivo de transcrevermos esse artigo é dar ideia da sinceridade dos espíritas daquela época, sinceridade que animava também os espíritas de outras regiões da Espanha e que os levava a pôr tudo que possuíam – reputação, bens e à própria vida – à disposição do amor a Deus e ao próximo.

1.3 Jornal[25] *El Criterio Espiritista*, órgão da "Sociedade Espírita Espanhola"

As autoridades espanholas proibiram a circulação do jornal acima, por submetê-lo à censura eclesiástica, que vetou o título em julho de 1867.

A Sociedade Espírita Espanhola, com sede em Madri, fundada em 1865, colocando-se sob o patrocínio do Espírito de Sócrates, também foi impedida de funcionar pelas mesmas autoridades eclesiásticas.

Os espíritas, para manterem pelo menos a publicação quinzenal, alteraram o título para *El Criterio,* revista quinzenal científica.

Passado um ano, houve uma revolução na Espanha que devolveu novamente a liberdade de expressão, o jornal voltou ao seu primitivo título *El Criterio Espiritista,* e a Sociedade Espírita Espanhola igualmente reabriu as portas, o que foi motivo de grande alegria para os espíritas espanhóis.

Curiosamente, o primeiro número de *El Criterio Espiritista* menciona uma comunicação assinada por Sócrates e recebida num grupo espírita de Sevilha.

Seria um grupo frequentado por Laura?

Os Espíritos que nos assistem afirmam que sim.

Nesta ocasião, Allan Kardec dirigiu aos espíritas da Espanha o seguinte apelo:

"Aconselhamos com insistência aos nossos irmãos espíritas da Espanha a sustentar com todo o seu poder, esse órgão de sua crença. Pela sabedoria e prudência de sua redação, ele não pode deixar de ser-

[25] Com base em texto publicado na *Revista Espírita* de dezembro de 1868.

vir utilmente à nossa causa. Será um laço que estenderá relações entre os adeptos disseminados em diferentes pontos da Espanha. O diretor, sr. Alverico Perón, não é um novato em nossas fileiras; seus esforços para a propagação da doutrina datam de 1858 e lembramos com prazer a *Formula Del Espiritismo*, que teve a bondade de nos dedicar".

Cinco anos mais tarde, no entanto, as autoridades espanholas voltariam a proibir a prática e a propagação da doutrina espírita. Todos os grupos espíritas se dissolveram e os espíritas espanhóis tiveram que cultivar sua crença na clandestinidade.

Resumo da Doutrina Espírita[26]

Os seres que se manifestam designaram-se a si mesmos, como dissemos, pelo nome de Espíritos ou Gênios, e dizem ter pertencido, alguns pelo menos, a homens que viveram na Terra. Constituem eles o mundo espiritual, como nós constituímos, durante a nossa vida, o mundo corporal.

Resumimos aqui, em poucas palavras, os pontos principais da doutrina que nos transmitiram, a fim de mais facilmente respondermos a certas objeções:

Deus é eterno, imutável, imaterial, único, todo-poderoso, soberanamente justo e bom.

Criou o Universo, que compreende todos os seres animados e inanimados, materiais e imateriais.

Os seres materiais constituem o mundo visível ou corporal, e os seres imateriais o mundo invisível ou espírita, ou seja, dos Espíritos.

O mundo espírita é o mundo normal, primitivo, eterno, preexistente e sobrevivente a tudo.

O mundo corporal não é mais do que secundário, poderia deixar de existir, ou nunca ter existido, sem alterar a essência do mundo espírita.

Os Espíritos revestem temporariamente um invólucro material perecível, cuja destruição, pela morte, os devolve à liberdade.

Entre as diferentes espécies de seres corporais, Deus escolheu a espécie humana para encarnação dos Espíritos que chegaram a um certo grau de desenvolvimento, sendo isso que lhe dá superioridade moral e intelectual perante as demais.

---

[26] Resumo feito por Allan Kardec, codificador da doutrina espírita, em *O Livro dos Espíritos*, item VI da Introdução.

A alma é um Espírito encarnado, do qual o corpo não é mais que um invólucro.

Há no homem três coisas:

1) O corpo ou ser material, semelhante aos animais e animado pelo mesmo princípio vital.

2) A alma ou ser imaterial, Espírito encarnado no corpo.

3) O laço que une a alma ao corpo, princípio intermediário entre a matéria e o espírito.

O homem tem assim duas naturezas: pelo seu corpo, participa da natureza dos animais, dos quais possui os instintos; pela sua alma, participa da natureza dos Espíritos.

O laço ou perispírito, que une o corpo e espírito, é uma espécie de invólucro semimaterial. A morte é a destruição do invólucro mais grosseiro, a carne. O Espírito conserva o segundo, que constitui para ele um corpo etéreo, invisível para nós no seu estado normal, mas que ele pode tornar com permissão, visível e mesmo tangível, como se verifica nos fenômenos de aparição.

O Espírito não é, portanto, um ser abstrato, indefinido, que só o pensamento pode conceber. É um ser real, circunscrito, que, em certos casos, pode ser apreciado pelos nossos sentidos da vista, da audição e do tato.

Os Espíritos pertencem a diferentes classes, não sendo iguais nem em poder, nem em inteligência, nem em saber, nem em moralidade. Os da primeira ordem são os Espíritos superiores, que se distinguem dos demais pela perfeição, pelos conhecimentos e pela proximidade de Deus, a pureza dos sentimentos e o amor do bem: são esses os anjos ou Espíritos puros. As demais classes se distanciam mais e mais desta perfeição. Os das classes inferiores são inclinados às nossas paixões: o ódio, a inveja, o ciúme, o orgulho etc., e se comprazem no mal. No seu número, há os que não são nem muito bons, nem muito maus; antes, perturbadores e intrigantes já que a malícia e a inconsequência parecem ser as suas características; são eles os Espíritos estouvados ou levianos.

Os Espíritos não pertencem eternamente à mesma ordem. Todos se melhoram, passando pelos diferentes graus da hierarquia espírita. Esse melhoramento se verifica pela encarnação, que a uns é imposta como uma expiação, e a outros como missão. A vida material é uma prova a que devem submeter-se repetidas vezes, até atingirem a perfeição absoluta; é uma espécie de peneira ou depurador, de que eles saem mais ou menos purificados.

Deixando o corpo, a alma volta ao mundo dos Espíritos, de onde havia saído para reiniciar uma nova existência material, após um lapso de tempo mais ou menos longo, durante o qual permanece no estado de Espírito errante.

Devendo o Espírito passar por muitas encarnações, conclui-se que todos nós tivemos muitas existências, e que teremos ainda outras, mais ou menos aperfeiçoadas, seja na Terra, seja em outros mundos.

A encarnação dos Espíritos verifica-se sempre na espécie humana. Seria um erro acreditar-se que a alma ou Espírito pudesse encarnar-se no corpo de um animal.

As diferentes existências corporais do Espírito são sempre progressivas e jamais retrógradas, mas a rapidez do progresso depende dos esforços que fazemos para chegar à perfeição.

As qualidades da alma são as do Espírito que encarnamos. Assim o homem de bem é a encarnação de um bom Espírito, e o homem perverso, a de um Espírito impuro.

A alma tinha a sua individualidade antes da encarnação, e a conserva após a separação do corpo.

No seu regresso ao mundo dos Espíritos, a alma reencontra todos os que conheceu na Terra, e todas as suas existências anteriores se delineiam na sua memória, com a recordação de todo o bem e todo o mal que tenha feito.

O Espírito encarnado está sob a influência da matéria. O homem que supera essa influência, pela elevação e purificação de sua alma, aproxima-se dos bons Espíritos, com os quais estará um dia. Aquele que se deixa dominar pelas más paixões, como a inveja, o orgulho, a avareza etc., e põe todas as suas alegrias na satisfação dos apetites grosseiros, aproxima-se dos Espíritos impuros, dando preponderância à natureza animal.

Os Espíritos encarnados habitam os diferentes globos do Universo.

Os Espíritos não encarnados, ou errantes, não ocupam nenhuma região determinada ou circunscrita; estão por toda parte, no espaço e ao nosso lado, vendo-nos e acotovelando-nos sem cessar. É toda uma população invisível que se agita ao nosso redor.

Os Espíritos exercem sobre o mundo moral e mesmo sobre o mundo físico uma ação incessante. Eles agem sobre a matéria e sobre o pensamento, e constituem uma das forças da natureza, causa eficiente de uma multidão de fenômenos até agora inexplicados ou mal explicados, e que não encontram uma solução racional.

As relações dos Espíritos com os homens são constantes. Os bons Espíritos nos convidam ao bem, nos sustentam nas provas da vida e nos ajudam a suportá-las com coragem e resignação; os maus nos convidam ao mal: é para eles um prazer ver-nos sucumbir e nos assemelharmos ao seu estado.

As comunicações ocultas verificam-se pela influência boa ou má que eles exercem sobre nós, sem o sabermos, cabendo ao nosso julgamento discernir as más e boas inspirações. As comunicações ostensivas realizam-se por meio da escrita, da palavra ou outras manifestações materiais, na maioria das vezes, por meio de médiuns que lhes servem de instrumentos.

Os Espíritos se manifestam espontaneamente ou pela evocação. Podemos evocar todos os Espíritos: os que animaram homens obscuros e os dos personagens mais ilustres, qualquer que seja a época em que tenham vivido; os de nossos parentes, de nossos amigos ou inimigos, e deles obter, por comunicações escritas ou verbais, conselhos, informações sobre a situação que se acham no espaço, seus pensamentos a nosso respeito, assim como as revelações que lhes seja permitido fazer-nos.

Os Espíritos são atraídos na razão de sua simpatia pela natureza moral do meio que os evoca. Os Espíritos superiores gostam das reuniões sérias, em que predominam o amor ao bem e o desejo sincero de instrução e melhoria. Sua presença afasta os Espíritos inferiores, que encontram, ao contrário, um livre acesso, e podem agir com inteira liberdade, entre as pessoas frívolas ou guiadas apenas pela curiosidade, e por toda parte onde encontram maus instintos. Longe de obtermos deles bons conselhos e informações úteis, nada mais devemos esperar do que futilidades, mentiras, brincadeiras de mau gosto ou mistificações, pois frequentemente se servem de nomes veneráveis para melhor nos induzirem ao erro.

Distinguir os bons e os maus Espíritos é extremamente fácil. A linguagem dos Espíritos superiores é constantemente digna, nobre, cheia da mais alta moralidade, livre de qualquer paixão inferior, seus conselhos revelam a mais pura sabedoria, e têm sempre por alvo o nosso progresso e o bem da humanidade. A dos Espíritos inferiores, ao contrário, é inconsequente, quase sempre banal e mesmo grosseira; se dizem às vezes coisas boas e verdadeiras, dizem com mais frequência falsidades e absurdos, por malícia ou por ignorância; zombam da credulidade e divertem-se à custa dos que os interrogam, lisonjeando-lhes a vaidade e embalando-lhes os desejos com falsas esperanças. Em resumo, as comunicações sérias, na perfeita acepção do termo, não se verificam senão nos centros sérios, cujos membros estão unidos por uma íntima comunhão de pensamentos dirigidos ao bem.

A moral dos Espíritos superiores se resume, como a do Cristo, nesta máxima evangélica: "Fazer aos outros o que quereríamos que os outros nos fizessem", ou seja, fazer o bem e não fazer o mal. O homem encontra nesse princípio a regra universal de conduta, mesmo para as menores ações.

Eles nos ensinam que o egoísmo, o orgulho, a sensualidade são paixões que nos aproximam da natureza animal, prendendo-nos à matéria; que o homem que, desde este mundo, se liberta da matéria, pelo desprezo das futilidades mundanas e o cultivo do amor ao próximo, se aproxima da natureza espiritual; que cada um de nós deve tornar-se útil, segundo as faculdades e os meios que Deus nos colocou nas mãos para nos provar; que o forte e o poderoso devem apoio ao fraco, porque aquele que abusa da sua força e de seu poder, para oprimir o seu semelhante, viola a lei de Deus. Eles ensinam, enfim, que, no mundo dos Espíritos, nada pode permanecer escondido, o hipócrita será desmascarado e todas as suas torpezas reveladas; que a presença inevitável e em todos os instantes daqueles que prejudicamos é um dos castigos que nos estão reservados; que aos estados de inferioridade e de superioridade dos Espíritos correspondem penas e alegrias que são desconhecidas na Terra.

Mas eles ensinam, também, que não há faltas irremissíveis que não possam ser apagadas pela expiação. O homem encontra o meio necessário, nas diferentes existências, que lhe permitem avançar, segundo o seu desejo e os seus esforços, na via do progresso, em direção à perfeição, que é o seu objetivo final.

No cenário geográfico e histórico do Brasil físico, humano e espiritual, entre 1750 e 1925, acompanhamos Manuel, um Espírito mediano, atravessando encarnações malsucedidas e tomadas de consciência no plano espiritual, estacionado na sua evolução.

Autor: Edison Carneiro | 16 x 23 cm | 384 páginas
Manuel Antonio Soares

Neste romance, aprendemos o lado espiritual da infância, adolescência e mocidade, acompanhando Manuel que vive essas idades num leprosário. São duras fases de provas e expiações, planejadas antes do nascimento e que ele vai vencendo com o amparo da Providência Divina.

Autores: Edson Carneiro e | 16 x 23 cm | 320 páginas
Manuel Antonio Soares

O Voo da Borboleta é o terceiro volume da trilogia iniciada com a obra Buscando a Luz e continuada no Chagas de Luz.

Neste romance, baseado em fatos reais, acompanhamos Manuel que, tendo contaído lepra na infância, curada ao fim de sua juventude, amargou as sequelas da doença por mais de sessenta anos.

Autores: Edson Carneiro e | 16 x 23 cm | 224 páginas
Manuel Antonio Soares

Campanha de Preservação da Vida
EDITORA ALIANÇA
Tema: ABORTO

O Livro dos Espíritos, Allan Kardec - questão 358:

Pergunta: *O aborto provocado é um crime, qualquer que seja a sua concepção?*

Resposta dos Espíritos: *Há sempre crime quando se transgride a lei de Deus. A mãe ou qualquer pessoa cometerá sempre um crime ao tirar a vida de uma criança antes do seu nascimento, porque isso é impedir a alma de passar pelas provas de que o corpo devia ser instrumento.*